U0453163

社会工作参与社会治理

基于宝丰县的实地调查

刘学民 主编

中国社会科学出版社

图书在版编目（CIP）数据

社会工作参与社会治理：基于宝丰县的实地调查 / 刘学民主编.
—北京：中国社会科学出版社，2019.8
ISBN 978-7-5203-4912-3

Ⅰ.①社… Ⅱ.①刘… Ⅲ.①社会管理—案例—宝丰县
Ⅳ.①D676.14

中国版本图书馆 CIP 数据核字（2019）第 183994 号

出 版 人	赵剑英
责任编辑	姜阿平
责任校对	胡新芳
责任印制	张雪娇

出　　版	中国社会科学出版社
社　　址	北京鼓楼西大街甲 158 号
邮　　编	100720
网　　址	http://www.csspw.cn
发 行 部	010-84083685
门 市 部	010-84029450
经　　销	新华书店及其他书店

印　　刷	北京君升印刷有限公司
装　　订	廊坊市广阳区广增装订厂
版　　次	2019 年 8 月第 1 版
印　　次	2019 年 8 月第 1 次印刷

开　　本	710×1000　1/16
印　　张	19
插　　页	2
字　　数	227 千字
定　　价	108.00 元

凡购买中国社会科学出版社图书，如有质量问题请与本社营销中心联系调换
电话：010-84083683
版权所有　侵权必究

目 录

导 论 …………………………………………………………（1）
    第一节 研究背景 ……………………………………………（2）
    第二节 研究意义 ……………………………………………（10）
    第三节 研究方法 ……………………………………………（13）
    第四节 基本框架 ……………………………………………（15）
    第五节 研究过程和研究人员 ………………………………（16）

第一章 宝丰县情概述 ………………………………………（18）
    第一节 历史概况 ……………………………………………（20）
    第二节 资源概况 ……………………………………………（27）
    第三节 文化发展概况 ………………………………………（30）
    第四节 经济发展概况 ………………………………………（39）
    第五节 社会发展概况 ………………………………………（42）
    第六节 帮扶活动概况 ………………………………………（50）

第二章 社会工作与社会管理和社会治理 …………………（56）
    第一节 社会工作 ……………………………………………（56）
    第二节 社会管理和社会治理 ………………………………（64）
    第三节 社会工作在社会治理中的工具性作用 ……………（73）

第三章 社会治理呼唤社会工作——以宝丰县留守儿童为视角 (97)

第一节 宝丰县关爱留守流动儿童工作概述 (97)

第二节 宝丰县留守儿童现状及需求分析 (100)

第三节 "供需失衡"背景下折射出留守儿童发展所面临的困境 (114)

第四节 留守儿童所面临的困境呼吁社会工作的介入 (119)

第五节 社会需求背景下社会工作介入留守儿童发展的路径 (122)

第六节 宝丰县社会工作发展的保障性条件 (125)

第四章 宝丰县社会工作人才队伍建设 (131)

第一节 宝丰县社工人才队伍建设现状 (135)

第二节 宝丰县与郑州大学的合作 (156)

第三节 宝丰县社会工作人才建设的启示 (158)

第五章 宝丰县社会工作制度建设 (165)

第一节 社会工作制度 (165)

第二节 社会工作制度发展与现状 (168)

第三节 宝丰县社会工作发展政策现状 (178)

第六章 宝丰县社会工作组织建设 (196)

第一节 宝丰县社会工作相关部门和组织 (197)

第二节 社工组织参与假期留守儿童托管项目 (203)

第三节 宝丰县社会工作组织发展的瓶颈与展望 (211)

第七章　宝丰县农村留守儿童治理的"宝丰模式" ………… (214)
  第一节　"宝丰模式"的创建及发展 …………………… (215)
  第二节　宝丰县农村留守儿童方面存在的问题………… (223)
  第三节　"宝丰模式"的运行机制 ……………………… (226)
  第四节　"宝丰模式"的管理机制 ……………………… (250)
  第五节　"宝丰模式"的实践意义和推广价值 ………… (258)

第八章　社会工作介入社会治理的"宝丰模式"的
    总结与展望 ……………………………………… (264)
  第一节　宝丰县社会工作介入社会治理的概要回顾…… (265)
  第二节　宝丰县社会工作介入社会治理的实践意义…… (269)
  第三节　社会工作介入社会治理的总结与展望………… (280)

参考文献 ……………………………………………………… (290)

后　　记 ……………………………………………………… (294)

导　　论

　　社会工作是一种助人自助的活动。斯基摩尔在其1994年出版的《社会工作导论》一书中，对社会工作下过一个综合性定义：社会工作是一种艺术、一种科学，也是一种专业，其目的在于协助人们解决其个人、群体（尤其是家庭）、社区的问题，以及运用个案工作、群体工作、社区工作、行政和研究等方法，促使个人、群体和社区之间的关系达到满意的状态。中国社会工作教育协会会长王思斌认为："社会工作是以利他主义为指导，以科学的知识为基础，运用科学的方法进行的助人服务活动。社会工作的本质是一种助人活动，其特征是提供服务。更确切一点说，社会工作是一种科学的助人服务活动，它不同于一般的行善活动。"[①]

　　社会治理作为社会建设的重要内容，是在党的十八届三中全会做出的《中共中央关于全面深化改革若干重大问题的决定》中首次使用的概念。从社会管理到社会治理，虽一字之差，却是我国改革发展理念的巨大突破与转变，是我国社会建设理念的高度升华。治理不仅仅是工具和手段，而且是一门驾驭和引导社会和组织的艺术，它决定权力如何应用，决策如何

---

① 王思斌：《社会工作概论》，高等教育出版社2014年版。

做出，居民或利益相关者如何参与的结构之间、过程之间以及传统之间的互动。社会治理不仅决定走向哪里，而且也决定谁应当参与决策和以什么样的资格参与。姜晓萍认为，"社会治理是以实现和维护群众权利为核心，发挥多元治理主体的作用，针对国家治理中的社会问题，完善社会福利，保障改善民生，化解社会矛盾，促进社会公平，推动社会有序和谐发展的过程"[①]。综上所述，我们认为，为实现这一过程，社会工作无论是在理论上还是实际中都将成为社会治理创新的重要制度安排和实践工具。

第一节 研究背景

社会工作最早在西方国家产生，从一开始，社会工作是伴随工业化引发的社会问题而产生的，是以缓解西方资本主义国家社会问题的方式而兴起的。其中西方国家的济贫传统、慈善组织和睦邻运动，对社会服务的兴起及社会工作的发展影响最为广泛。工业化先行国家解决社会问题的理念和方法为社会工作的产生奠定了实践基础。这种多半由教会或私人举办的、无组织的个人施舍或慈善，成了此后有组织的社会救济和社会服务乃至全国性社会保障制度的基础。

社会工作在我国的发展并不是一帆风顺的，专业社会工作于20世纪50年代以前就已传入中国，1952年的院系调整被取消。1987年民政部和北京大学签订了联合办学的协议，决定在北京大学社会学系建立社会工作与管理专业，这标志着社会工作教育在中国内地开始逐步恢复。

---

① 姜晓萍：《国家治理现代化进程中的社会治理体制创新》，《中国行政管理》2014年第2期。

2006年7月20日，原国家人事部、民政部下达了关于印发《社会工作者职业水平评价暂行规定》和《助理社会工作师、社会工作师职业水平考试实施办法》的通知。2006年10月11日中国共产党第十六届中央委员会第六次全体会议通过了《中共中央关于构建社会主义和谐社会若干重大问题的决定》，其中明确提出："建设宏大的社会工作人才队伍。造就一支结构合理、素质优良的社会工作人才队伍，是构建社会主义和谐社会的迫切需要。建立健全以培养、评价、使用、激励为主要内容的政策措施和制度保障，确定职业规范和从业标准，加强专业培训，提高社会工作人员职业素质和专业水平。制定人才培养规划，加快高等院校社会工作人才培养体系建设，抓紧培养大批社会工作急需的各类专门人才。充实公共服务和社会管理部门，配备社会工作专门人员，完善社会工作岗位设置，通过多种渠道吸纳社会工作人才，提高专业化社会服务水平。"[1] 重视社会工作人才队伍的建设，已成为构建社会主义和谐社会的重要内容。

2010年中共中央、国务院出台的《国家中长期人才发展规划纲要（2010—2020年）》明确提出，要培养造就"一大批职业化、专业化的高级社会工作人才"，明确提出发展目标为："适应构建社会主义和谐社会的需要，以人才培养和岗位开发为基础，以中高级社会工作人才为重点，培养造就一支职业化、专业化的社会工作人才队伍。到2015年，社会工作人才总量达到200万人。到2020年，社会工作人才总量达到300万人。"[2] 其中的主要举措包括："建立不同学历层次教育协调配套、专

---

[1]《中共中央关于构建社会主义和谐社会若干重大问题的决定》，《人民日报》2006年12月29日。

[2]《国家中长期人才发展规划纲要（2010—2020年）》，《人民日报》2010年6月7日。

业培训和知识普及有机结合的社会工作人才培养体系。加强社会工作学科专业体系建设。建设一批社会工作培训基地。加强社会工作从业人员专业知识培训，制定社会工作培训质量评估指标体系。建立健全社会工作人才评价制度。加强社会工作者队伍职业化管理。加快制定社会工作岗位开发设置政策措施。推进公益服务类事业单位、城乡社区和公益类社会组织建设，完善培育扶持和依法管理社会组织的政策。组织实施社会工作服务组织标准化建设示范工程。研究制定政府购买社会工作服务政策。建立社会工作人才和志愿者队伍联动机制。制定加强社会工作人才队伍建设意见。"[1]

为加快推进我国社会工作专业人才队伍建设，切实增强构建社会主义和谐社会的人才支撑能力，河南省民政厅根据《中共中央关于构建社会主义和谐社会若干重大问题的决定》和《国家中长期人才发展规划纲要（2010—2020年）》，制定了《河南省社会工作专业人才队伍建设中长期规划（2011—2020年）》。其中客观地分析了河南省社会工作的发展现状，认为："近年来，根据中央和省委有关决策部署，我省加强实践探索，稳步推进社会工作专业人才队伍建设，积极开展理论研究，大力实施教育培训，认真组织职业水平考试，形成了一支近万人的社会工作专业人才队伍，为和谐中原建设增添了新力量。但是，当前我省社会工作专业人才队伍建设仍处于起步阶段，主要问题是：社会工作及专业人才队伍建设认知度较低，人才总量不足、分布不平衡，人才开发政策机制不完善，与人民群众日益增长的社会服务需求以及建设城乡经济繁荣、人民生活富裕、生态环境优良、社会和谐文明的中原经济区要求还不相适

---

[1] 《国家中长期人才发展规划纲要（2010—2020年）》，《人民日报》2010年6月7日。

应。"因此,"加强社会工作及专业人才队伍建设是经济社会发展到一定阶段的必然选择。未来十年是加快中原崛起河南振兴的关键时期,要按照实现全面建设小康社会、构建和谐中原的奋斗目标,切实增强使命感和责任感,像高度重视选拔培养经济建设人才那样,高度重视选拔培养社会工作专业人才,有效促进我省经济社会全面协调可持续发展"。①

2013年11月12日,中国共产党第十八届中央委员会第三次全体会议通过了《中共中央关于全面深化改革若干重大问题的决定》(以下简称《决定》)。《决定》指出:"全面深化改革的总目标是完善和发展中国特色社会主义制度,推进国家治理体系和治理能力现代化。"② 同时指出:"创新社会治理,必须着眼于维护最广大人民根本利益,最大限度增加和谐因素,增强社会发展活力,提高社会治理水平,全面推进平安中国建设,维护国家安全,确保人民安居乐业、社会安定有序。"③ 要"紧紧围绕更好保障和改善民生、促进社会公平正义深化社会体制改革,改革收入分配制度,促进共同富裕,推进社会领域制度创新,推进基本公共服务均等化,加快形成科学有效的社会治理体制,确保社会既充满活力又和谐有序"④。

2015年3月,十二届全国人大三次会议首次将社会工作写入政府工作报告,强调要支持群团组织依法参与社会治理,发展专业社会工作、志愿服务和慈善事业,加强和创新社会治理,在理论和实践层面为社会工作介入社会治理留下了广阔的空间。

---

① 《河南省社会工作专业人才队伍建设中长期规划(2011—2020年)》,河南省民政厅网站(http://www.henanmz.gov.cn/system/2012/09/20/010334260.shtml)。
② 《中共中央关于全面深化改革若干重大问题的决定》,中国共产党十八届三中全会通过,2013年11月12日。
③ 同上。
④ 同上。

2017年6月,《中共中央国务院关于加强和完善城乡社区治理的意见》正式印发,其作为首个以党中央、国务院名义对城乡社区工作进行专门部署的政策文件,充分体现了以习近平同志为核心的党中央对城乡社区治理的高度重视和高瞻远瞩,对于提升党的执政能力、创新基层治理机制、维护社会和谐稳定具有重大而深远的意义。习近平总书记多次强调指出:"社区虽小,但连着千家万户,做好社区工作十分重要","社会治理的重心必须落到城乡社区"。党的十八届三中、四中、五中、六中全会明确提出"统筹城乡基础设施建设和社区建设""增强社区服务功能,实现政府治理和社会调节、居民自治良性互动"等重大任务。

2017年10月,在党的十九大报告中,习近平总书记提出要打造共建共治共享的社会治理格局。加强社会治理制度建设,完善党委领导、政府负责、社会协同、公众参与、法治保障的社会治理体制,提高社会治理社会化、法治化、智能化、专业化水平。加强预防和化解社会矛盾机制建设,正确处理人民内部矛盾。加强社区治理体系建设,推动社会治理重心向基层下移,发挥社会组织作用,实现政府治理和社会调节、居民自治良性互动。

经过近三十年的重建与发展,社会工作在国内粗具规模,在有些地区如上海、广州的社会工作理论和实务方面都走在全国的前列,并取得了良好的成效,为全国社会工作的发展指明了方向。但就全国范围而言,我国社会工作总体水平较低,层次参差不齐,普及性不够、城乡差别、城域差别很大,社会工作开展的深度不够,缺乏规范化和制度化的问题,因此面临的任务还很艰巨。

在我国社会工作现状和创新社会治理的要求下,以推进社会工作的发展为抓手创新社会治理有着必然性和必要性。在创新社会治理的前景下，结合社区社会工作专业服务的经验，探索基层社会治理的路径，主要运用专业服务嵌入治理主体的关系与认知，以政策倡导协助基层社会治理部门构建社会治理新思维，通过优化社区治理体制，重建社区居民的主体责任，明晰基层社会治理的目标，建构基层社会治理的文化，培育社区居民的参与意识，凝聚社区治理力量，努力实现社区公共利益最大化，促进社区幸福、和谐、稳定与发展。①

社会工作是社会工作者通过为困难群体和有需要人士提供适当的服务，并向政府提出改进措施以解决和预防社会问题的专业活动。社会工作以组织起来的方式开展社会服务，其工作场域涉及政府、社会服务机构和困难群体以及由它们的相互关系交织而成的复杂场域。当前，我国社会工作群体主要通过承接政府购买服务、利用社会资源等形式开展服务，解决困难群体和其他有需要人士所面临的问题，并向政府提出进一步的政策建议。同时，社会工作者通过服务增加服务对象对所遇问题的产生原因和解决之道的认识，增强他们自己解决问题的能力。这些方面都体现了社会个体直接或间接的参与治理，这便是社会工作在社会治理中所具有的工具性的作用。②

近年来，河南省宝丰县在社会工作专业人才培养、社工机构培育、开展社工专业服务等方面进行了积极有效的探索和实践，取得了良好的成效。2007年，宝丰县被民政部确定为社会工作人才队伍建设试点地区。2014年1月，民政部下发《关于确定首批全国社会工作服务示范地区、社区和单位的通知》

---

① 周昌祥：《创新基层社会治理的有效方式：以服务为本的社区社会工作》，《社会工作》2014年第2期。
② 王思斌：《以社会工作为核心实现服务型治理》，《中国社会科学报》2015年1月23日。

(民发〔2014〕4号），在全国范围内确定了北京市朝阳区等61个首批全国社会工作服务示范地区。宝丰县由于在社会工作方面的积极探索，成为全国仅有的两个农村示范地区（见图1）。

图1　2014年宝丰县被民政部确认为社会工作服务示范地区

2014年5月，宝丰县民政局就与郑州大学社会工作系签订了"合作建设社会工作服务示范区战略协议"，并在宝丰县建立了郑州大学社会工作实践基地暨社会工作专业人才培训基地（见图2、图3）。以此平台为基础，郑州大学社会工作系根据工作需要，组织社会工作专业的师生到宝丰县进行专业服务和相关研究，并为宝丰县民政局每年开展社会工作专业人才培训提供师资力量；宝丰县民政局则提供一定的经费支持和服务保障，双方进行长期合作。

为深入贯彻党的十八大、十九大的精神，贯彻习近平总书记系列重要讲话精神，落实河南省"十三五"规划中"深入推进平安河南建设，完善党委领导、政府主导、社会协同、公众参与、法治保障的社会治理体制，推进社会治理精细化，构建全民共建共享的社会治理格局"的要求，我们开展了此次关于

图2　宝丰县与郑州大学合作建设社会工作服务
示范区战略合作协议签字仪式

图3　郑州大学社会工作实践基地暨社会
工作专业人才培训基地

河南省平顶山市宝丰县社会工作介入社会治理的相关研究。试图通过实证研究的方法，分析宝丰县近年来在社会工作方面进行的先行探索和积极创新，总结探索过程中的经验，并结合借鉴社会工作先进国家和地区的做法，在对比分析的基础上，立足宝丰县的实际情况，提出进一步的发展目标，力图把社会工作介入社会治理的"宝丰模式"进行初步的梳理和总结，并做出行之有效的推广。

第二节 研究意义

党的十八大报告指出："加强社会建设，是社会和谐稳定的重要保证。必须从维护最广大人民根本利益的高度，加快健全基本公共服务体系，加强和创新社会管理，推动社会主义和谐社会建设。"[1] 同时，"加强社会建设，必须以保障和改善民生为重点"，"加强社会建设，必须加快推进社会体制改革。要围绕构建中国特色社会主义社会管理体系，加快形成党委领导、政府负责、社会协同、公众参与、法治保障的社会管理体制，加快形成政府主导、覆盖城乡、可持续的基本公共服务体系，加快形成政社分开、权责明确、依法自治的现代社会组织体制，加快形成源头治理、动态管理、应急处置相结合的社会管理机制"。[2]

十八届三中全会通过的《中共中央关于全面深化改革若干重大问题的决定》进一步指出："紧紧围绕更好保障和改善民生、促进社会公平正义深化社会体制改革，改革收入分配制度，促进共同富裕，推进社会领域制度创新，推进基本公共服务均

---

[1] 《中国共产党第十八次全国代表大会报告》。

[2] 同上。

等化，加快形成科学有效的社会治理体制，确保社会既充满活力又和谐有序。"①

党的十九大报告指出："要打造共建共治共享的社会治理格局，加强社会治理制度建设，完善党委领导、政府负责、社会协同、公众参与、法治保障的社会治理体制，提高社会治理社会化、法治化、智能化、专业化水平。"同时，"加强社区治理体系建设，推动社会治理重心向基层下移，发挥社会组织作用，实现政府治理和社会调节、居民自治良性互动"。②

宝丰县作为社会工作服务示范地区，在近几年的实践和探索中，从起步发展到平稳过渡，再到创新形式重新出发，并不是在一帆风顺中发展的，但其已初步展示了将社会工作作为社会治理创新突破口的强大生命力，初步形成了社会工作介入社会治理的"宝丰模式"，对我国中西部农村地区社会工作的发展起到了示范作用，形成了可资参考的模式。笔者认为，对这一模式的分析大致有以下几点意义：

第一，推进社会工作介入社会治理，不仅是宝丰县委、县政府贯彻落实党的全面深化改革的战略部署，推进宝丰治理能力现代化的重要保障，同时也是创新社会治理体制，维护最广大人民根本利益的必然要求。平顶山市"十三五"规划纲要主要任务分解方案要求："推进社会治理体系和治理能力现代化，加强城乡基层组织建设，拓展社区网格化管理服务，创新服务管理模式，培育壮大多元社会组织，深入开展双拥共建。"③从

---

① 《中共中央关于全面深化改革若干重大问题的决定》，中国共产党十八届三中全会通过，2013年11月12日。
② 《中国共产党第十九次全国代表大会报告》。
③ 《平顶山市人民政府办公室关于印发平顶山市"十三五"规划纲要主要任务分解方案的通知》，2017年1月9日，平顶山市人民政府门户网站（http://www.pds.gov.cn/contents/10343/61436.html）。

而，最大限度地解决社会问题，服务广大人民群众利益诉求。

第二，推进社会工作介入社会治理是推进社会治理精细化，构建全民共建共享的社会治理格局的实务探索。宝丰县政府高度重视，成立了县社会工作专业人才队伍建设领导小组，在组织部召开的人才会议上，专门要求就社会工作专业人才队伍建设拟定人才发展规划，计划形成组织部门牵头抓总，民政部门具体负责，相关部门密切配合，社会力量广泛参与的工作格局。在全县范围内组织社会工作者职业水平考试报名工作。县民政局设置了社会工作指导中心，由取得职业水平证书的人员专门负责，大力宣传社会工作知识，开展社会工作专业人才队伍建设试点工作。

第三，深入分析社会工作介入社会治理的宝丰模式，对于宝丰县"十三五"期间的社会发展和社会治理创新具有重要的指导意义。近年来，宝丰县县域经济快速发展、综合实力明显提升；经济结构加快调整、发展方式快速转变；基础设施建设加快、城乡面貌显著改善；文化建设繁荣发展、社会事业全面进步；人民群众得到更多实惠、生活明显改善。但是，宝丰县的发展还处于转型升级、爬坡过坎的关键时期，依然面临着许多困难和挑战。深入分析社会工作介入社会治理的宝丰模式，对于在"十三五"期间攻坚克难，促进社会发展具有重要的指导意义。

第四，系统分析社会工作介入社会治理的宝丰模式，对于在其他地方政府及农村区域开展社会工作有着重要的借鉴价值和启示意义。在民政部确定的首批全国社会工作服务示范地区、社区和单位中，宝丰县成为全国仅有的两个农村示范地区之一。宝丰县位于我国中西部地区，经济社会发展相对落后，在此特殊的情况下，宝丰县对社会工作介入社会治理的探索具有宝丰自身的特点，但同时也对中西部地区以及广大农村推进社会工作和创新社会治理具有借鉴和示范意义。

第三节 研究方法

此课题研究经过课题组的反复讨论设计，最终确定了此次调查研究所采用的几种方法，具体包括个案分析法、文献研究法、实地考察法、深入访谈法、问卷分析法和参与观摩法等方法。

个案分析法。研究小组选取全国社会工作示范社区中具有代表性的宝丰县进行分析，对社区内的居民、居委会成员、自治组织、社会工作者进行专门的访谈，通过走访、座谈、观察的形式获取与研究内容有关的第一手资料，使资料搜集更直接、真实、可信。

文献研究法。调查小组对宝丰县的基本资料和民生方面的资料进行了收集整理，在县政府和民政局等部门的配合下，了解了有关问题的历史和现状，了解了相关活动的开展情况。

实地考察法。研究小组成员曾从2015年6月至2017年10月在宝丰县多次进行调研考察，并参与社会工作服务，作为开展一线服务的工作人员，能够直接了解和观察到宝丰县内不同群体对社会工作服务的了解、认可程度，以及能够观察发现社会工作介入社区治理中存在的问题及原因等。在研究过程中，通过实地考察得到的资料为本次研究进行相关论述提供了有力支持。

深入访谈法。本次研究过程采用半结构式访谈，根据研究内容，分别针对政府相关官员、居委会办事人员；社会工作者；社区居民、社区自治组织成员三类群体设计出不同的访谈提纲，然后根据实际情况选择 2—3 名试访者进行试访谈，依据试访谈中出现的问题修改完善访谈提纲，再依据目的抽取原则选取合适样本进行面对面访谈。在访谈过程中，访谈顺序、访谈提纲中的问题并非固定僵化，可根据当时访谈互动情境进行灵活调整，尽可能获得更为详细的资料，全面了解研究问题相关者的感受、想法与建议，整理总结访谈资料。通过深入访谈得到的第一手资料，是本次研究分析论述的重要资料来源。

问卷分析法。调查小组成员设计了几种针对不同受访者的问卷，在进行了相关调查后，又对收集到的问卷进行了分析整理。具体步骤如下：

（1）问卷编码。将收集上来的调查问卷进行分类编码，以此来区分不同的访谈对象，提高搜集、整理资料的工作效率。具体编码如下：政府官员（包括街道办事人员）A1、A2、A3……；居委会成员 B1、B2、B3……；社区居民 C1、C2、C3……；社区自治组织成员 D1、D2、D3……；社会工作者 W1、W2、W3……。

（2）提炼。针对不同的研究内容挑选出相关问题答案，整理、提炼出与研究内容相符的相关要点，挑选对本次研究有价值的信息。

（3）分析总结。介于以上整理的基础之上，结合本书的研究问题、研究目的，对资料进行归纳分析，并做接下来的研究。

参与观摩法。研究小组成员和社工人员通过系统的计划，深入到宝丰县政府相关人员、社会工作人员和留守儿童家庭的相关工作背景和生活背景中，并与他们进行互动、观摩，从而获取相关事实资料。这可以更直接地了解到政府社会工作相关人员的工作现状和留守儿童的生活现状，更直接地观测到社会工作介入社区治理中存在的问题及原因等。

第四节 基本框架

本书研究的基本框架主要包括导论、宝丰县情概述、社会工作在社会治理中的作用和地位、宝丰县对社会工作的社会需求、宝丰县社会工作的人才培养、宝丰县社会工作的组织建设、宝丰县社会工作的制度供给、宝丰县社会工作介入社会治理的实务探索以及对宝丰县社会工作助推社会治理的总结与展望九个部分。

第一部分导论。导论部分主要介绍本次研究的研究背景、研究意义、研究方法、基本框架、研究过程和研究人员。

第二部分宝丰县情概述。主要从自然地理、建制沿革、历史文化、行政区划、人口民族宗教、物产资源和经济社会等方面展示宝丰县的政治、经济、文化和社会的基本情况。

第三部分社会工作在社会治理中的作用和地位。介绍了社会工作和社会治理的相关概念，以及社会工作作为社会治理工具的应用价值。

第四部分宝丰县对社会工作的基本需求状况以及宝丰县社会工作发展情况概述。

第五部分宝丰县社会工作的人才队伍建设。

第六部分宝丰县社会工作的制度建设。

第七部分宝丰县社会工作的组织建设。

第八部分宝丰县农村留守儿童治理的"宝丰模式"的实务探索。

第九部分宝丰县社会工作介入社会治理的总结与展望。

第五节　研究过程和研究人员

本次课题研究从 2015 年 6 月到 2018 年 10 月届时三年有余，课题组首先查阅了大量的资料，掌握了宝丰县社会工作的基本情况，并多次组织召开研讨会，组织学习宝丰县社会工作的相关内容并制定了详细的调查研究方案。

第一次课题调查工作于 2015 年 7 月开展，参与此次调查的有郑州大学公共管理学院的刘学民教授、韩煜旻老师、徐冰老师、桂玲玲老师；还有郑州大学公共管理学院的 8 名研究生，分别是徐茜、汤晨、雷云翔、梁亚丹、张鹏远、白倩云、何梦、周慧婷，以及两名本科生李宁和阮银萍。在调查过程中，调查组得到了宝丰县政府和宝丰县民政局的大力支持，以及妇联、关工委、司法局等部门的积极配合。调查中收集了大量宝贵资料，包括：县政府、县民政局开展各项活动的文件、统计、报表、地方法规；口述资料，主要为与领导干部、工作人员的非结构化访谈；影像资料，主要为调查小组在现场所拍到的有关自然风光、开展各种活动的图片，以及访谈录音、会议录音；调查组成员根据所见所闻所思所想写成的笔记、日记等。调查结束后，调查组开始进行数据资料的整理和统计，初步完成了调研报告的写作。

在资料整理和调研报告写作过程中，课题组发现对宝丰县社会工作介入社会治理的资料收集不够充分翔实，还有几个部门在第一次调查时没有涉及，此外，由于第一次调查主要针对宝丰县开展社工活动的部门，对社会组织、相关机构和相关群众的调查也比较少，这就造成了研究资料的不全面。在 2016 年 7 月，课题组又开展了第二次调查，在第一次调查的基础上，对缺失的资料进行补充。参加第二次调查的有郑州大学公共管理学院的 4 位老师，分别是刘学民教授、韩煜旻老师、李照作老师、桂玲玲老师；11 名研究生分别是何弢、张鹏远、陈含秋、凡东伟、谷庆紫、杨婷、刘晓文、王柏秀、段阿玉、齐一鸣、张浩。调查结束后，课题组对数据资料进行了进一步整理，并完善了调研报告。

通过两次实地调查，我们已经基本掌握了宝丰县在社会建设方面进行的一系列探索和所取得的成果。在调研报告的基础上，课题组着手写作《社会工作参与社会治理——基于宝丰县的实地调查》，经过几个月的写作和不断的修改，到 2016 年 12 月底，《社会工作参与社会治理——基于宝丰县的实地调查》的写作初步完成，在写作修改的过程中，我们又于 2017 年 7 月至 9 月对所缺信息进行实地收集和整理，完善了部分内容。2018 年 10 月份我们又组织研究生讨论修改，对初稿进行了整理，并由孙永哲、陈怡璇两位研究生深入到宝丰补充、校对有关资料，最后由刘学民老师统筹修改定稿。

此次研究从最初酝酿、前期准备、中期调查到最后的写作历时三年，课题组成员尽心尽力、相互支持、群策群力，并且始终坚持贯彻"真实、准确、全面、深刻"的原则，不仅顺利完成了两期的各项调查任务，同时也保证了最终研究成果的质量。

第一章

宝丰县情概述

宝丰县位于河南省中西部，隶属平顶山市，总面积722平方公里，辖9镇3乡1办事处1林站，321个行政村，总人口51.7万（见图1—1）。① 北宋宣和二年（1120年），因境内矿藏丰富，宝货兴发，物宝源丰，奉敕赐名宝丰县。宝丰县是"中国曲艺之乡""魔术之乡"和"民间文化艺术之乡"，为河南省八大文化改革发展试验区之一。同时还是"国家卫生县城""国家园林县城"和"全国文明城市提名城市"。宝丰县境内有观音文化发源地、中南财经政法大学创办地、诺贝尔奖获得者崔琦教授故居、刘邓大军"宝丰会议"旧址名胜和革命历史纪念地。宝丰县马街书会延续700余年，被世界吉尼斯协会认定为世界最大规模的民间曲艺大会。民间魔术更是文艺百花园中的一朵奇葩，在全国取得了各项优异成绩，成功登上2013年央视春晚。

焦枝铁路纵穿南北，漯宝铁路横贯宝丰县东西方向，平顶山西站为国家二级编组站。洛平漯高速、宁洛高速、武西高速、207国道、省道金孟线、时南线、南石线、长安大道在县内交

---

① 《宝丰县情》，2011年11月7日，宝丰县政府门户网站（http://www.baofeng.gov.cn/publicfiles/business/htmlfiles/bfxzfw/jbgk/201111/26219.html）。

汇，形成了四通八达的公路网络。宝丰县百公里内有机场3个，两小时可到达省内各大主要城市，五小时可到达周边八个省会城市。交通方便，区位优势明显，促进了宝丰县经济快速发展。

宝丰县已探明有原煤、铝矾土、石灰石、耐火黏土、紫砂陶土等矿产资源20余种。全县有大小河流18条，中小型水库17座，总容量1.45亿立方米，有日流量2800吨的天然优质矿泉水源。近年来，在平顶山市委、市政府的正确领导下，县委、县政府决策制定了"建五宝，争百强，三化协调发展奔小康"的奋斗目标，不断加快经济结构调整步伐，着力抓好重点项目建设、集聚区建设、品牌招商，现代制造、新能源光电、新型建材、新型煤化工、食品加工、文化服务六大主导产业粗具规模，县域经济实现了科学持续快速发展。

全县生产总值完成233.7亿元，增长11.9%，总量、增速均居全市第一；公共财政预算收入完成10.35亿元，增长12%，总量全市第一。宝丰县连续4年被平顶山市委、市政府授予发展县域经济先进县。在2017年3月份公布的河南省108个县（市）县域经济综合实力排序中，宝丰县排名第40位；在2016年1月公布的中部6省百强县排序中，宝丰县在499个县（市）中位居第49位，比上届（2010年）前移15个位次。根据2018年宝丰县政府工作报告显示，2017年城镇居民人均可支配收入24335元，增长7.5%；农民人均纯收入14540元，增长9.1%。村村通自来水工程已普及80%，普及率全省第一。

2013年12月，宝丰县说唱文化生态保护实验区顺利通过文化部考察验收，有望成为河南省第一个国家级文化生态保护实验区；同年平顶山职业学院顺利通过省政府评估审验，成为宝丰县第一所高等职业院校；红英农业公司院士工作站正式挂牌，是全省第一家农业院士工作站。

宝丰全县森林覆盖率达28.1%，县城建成区绿化覆盖率47.9%，人均公共绿地面积25.58平方米；建成省、市、县生态乡镇、生态村和新型林业生态社区67个。宝丰县被市委、市政府授予创建国家森林城市先进单位、秸秆禁烧及综合利用先进县。安全生产杜绝重大事故、实现零死亡，公众安全感位居全市前列，宝丰县被评为全省安全生产先进单位、平安建设工作显著进步县和信访工作优秀县。

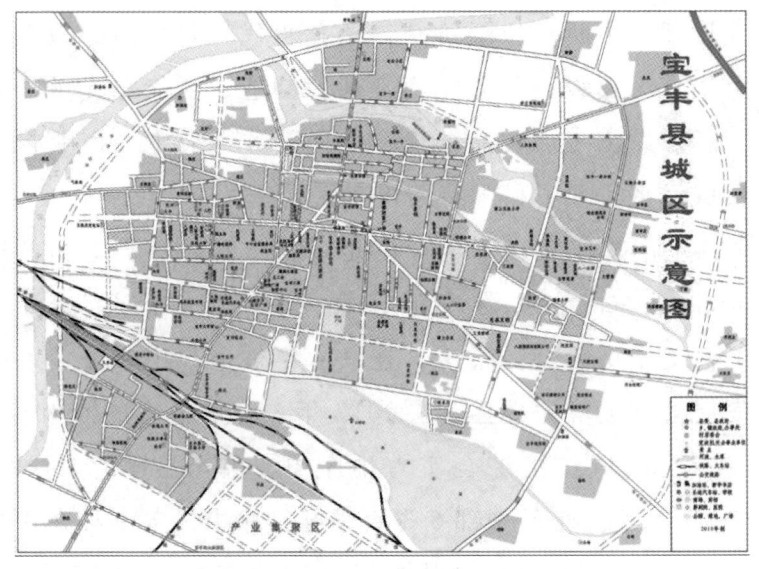

图1—1　宝丰县区示意图

第一节　历史概况

一　宝丰县历史演变

宝丰县是历史悠久的古城，远在旧石器时代，已有先民在此劳作生息。商周时为应国属地，春秋初属郑，后属楚，战国初期属韩。秦置父城县，汉因之。隋、唐时先后为汝南县、滍阳县、武兴县、龙兴县。宋徽宗宣和二年（1120年），因当时县境内有白酒酿造、汝官瓷烧制、冶铁工场等，物宝源丰，宝货兴发，奉敕赐名"宝丰县"。明崇祯十六年（1643年），李自成曾改宝丰为宝州，清初复名宝丰至今。民国初年宝丰县属汝州直隶；1913年，属河洛道；1927年，属河南省行政督察区；1933年，属河南省第五行政督察区；1947年，属豫陕鄂解放区第五专区；1948年，属豫西解放区第五专区。中华人民共和国建立后，宝丰县属河南省许昌专区；1960年，撤销县制，原辖行政区域归平顶山管辖；1961年，恢复县制仍属许昌专区；1983年至2010年，属平顶山市市辖县。1989年始，宝丰县行政建制发生较大变化，1991年，小店乡改为杨庄镇；1992年，商酒务乡撤乡建镇。1993年，张八桥乡、闹店乡先后撤乡建镇；1995年，周庄乡撤乡建镇；2005年11月，宝丰县撤销观音堂乡，原辖区并入大营镇。至2010年，宝丰县有城关、周庄、闹店、杨庄、张八桥、大营、商酒务、石桥8个镇，李庄、赵庄、肖旗、前营4个乡和1个铁路办事处。①

二 宝丰县的前身——父城②

宝丰县在两汉魏晋时期称父城县。父城故址在今县城东18公里李庄乡古城村。此地在秦以前为城父邑。这一点为现代学术界所公认。20世纪30年代初臧励和主编的《中国古今地名大辞典》"父城县"条释曰："春秋楚城父邑，汉置父城县，后魏废：故城在河南宝丰县东，今曰父城保。""城父"条释曰："春秋楚邑，在今河南宝丰县东四十里。《左传》昭公十九年费无极言于楚子曰：'若大城城父而置太子焉，以通北方，王收

---

① 《历史沿革》，2011年8月31日，宝丰县政府门户网站（http://www.baofeng.gov.cn/publicfiles/business/htmlfiles/bfxzfw/jbgk/201108/404.html）。

② 《父城》，2015年11月7日，宝丰县政府门户网站（http://www.baofeng.gov.cn/publicfiles/business/htmlfiles/bfxzfw/jbgk/201201/31498.html）。

南方，是得天下也。'王悦，从之。故太子建居于城父。"1979年版《辞源》"城父"条释曰："春秋时楚邑。《左传》昭公十九年楚太子建居于城父，即此。汉置父城县属颍川郡。见《嘉庆一统志》二二四《汝州·宝丰县》。它在今河南宝丰县。"1980年版《辞海》"城父"条释曰："古邑名。春秋楚邑。在今河南襄城西。秦王政二十二年（公元前225年）遣李信破楚，与蒙恬会于城父。即此。汉置父城县。"①这条解释虽没以今河南宝丰为参照，但所指仍是宝丰东18公里之城父邑。因为此地正位于襄城县西。1986年版复旦大学历史地理研究所编《中国历史地名大辞典》"城父邑"条释曰："在今河南宝丰县东。《左传》昭公十九年楚太子建居于城父。即此。"

最早指明汉魏父城县的前身为春秋楚国城父邑的是西晋《春秋左氏传》专家杜预。"城父"在《左传》中凡三见。一见于昭公九年（公元前534年）"二月庚申，楚公子弃疾迁许于夷，实城父。然丹迁城父人于陈，以夷濮西田益之"。二见于昭公十九年（公元前524年）"夏五月，费无极言于楚子曰'晋之伯也，迩于诸夏；而楚避陋，故弗能与争。若大城城父，而置太子焉，以通北方，王收南方，是得天下也。'王悦，从之。故太子建居于城父"。三见于哀公六年（公元前489年）"秋七月，楚子在城父，将救陈。将战，王有疾。庚寅，昭王攻大冥。卒于城父"。杜预在《春秋左氏经传集解》中认为昭公九年的城父是陈国夷邑。"夷，一名城父，在今谯国城父县"。而昭公十九年及哀公六年的城父是楚国之邑。在"今襄城（郡）城父县"。据《晋书·地理志》襄城郡有父城县而无城父县名，显系杜预把"襄城（郡）父城县"笔误成了"襄城

---

① 《父城》，2015年11月7日，宝丰县政府门户网站（http://www.baofeng.gov.cn/publicfiles/business/htmlfiles/bfxzfw/jbgk/201201/31498.html）。

（郡）城父县"。把这一点笔误纠正过来后，杜预"两汉魏晋父城县的前身为春秋楚国城父邑"的观点就非常明确了。

杜预之后进一步肯定父城县的前身为楚城父邑的是北魏地理学家郦道元。郦道元在《水经注》卷21《汝水注》中指出："汝水又东南与龙山水会。水出龙山龙溪，北流，际父城县故城东。昔楚平王大城城父，以居太子建。故杜预曰：即襄城（郡）之城父也。"龙山水即今发源于宝丰县李庄乡南龙山北麓的运粮河，经父城遗址古城村东，至郏县堂街西入汝河。《水经注》这条材料可以证明两点：其一，汉魏父城县故城即春秋楚太子建所居之城父邑；其二，郦氏自用"父城"，引杜氏语为"城父"，指明了杜氏之"襄城（郡）之城父"系循《左传》原文而所致之笔误。

唐代大一统，对魏晋南北朝文化进行了总结。唐初魏王李泰主编的大型地理书《括地志》记载："汝州郏城县东南四十里有父城故城，即服虔云'城父，楚北境者也'。又许州叶县东北四十五里亦有父城故城，即杜预云'襄城（郡）城父县者也'。"这里所言两处父城故城，其实均指位于宝丰东18公里李庄乡古城村的汉魏父城县故城。只是参照地不同方向偏错了一点而已。以郏县为参照地，父城故城在郏县南偏东四十里；以叶县为参照地，父城故城在叶县北四十五里。弄清这一点之后，可知《括地志》所载对"汉魏父城县的前身是楚国城父邑"还是明确肯定的。晚唐地理学家李吉甫所著地理总志《元和郡县志》更是言之凿凿："汝州郏城县，城父故城在县东南四十里，故殷时应国也。《左传》：'楚大城城父使太子建居之。'"春秋楚太子建所居之城父故城与汉魏父城故城同处一地，不容置疑。

清代考据学大盛，对汉以降之典籍进行清理。段玉裁《左传》校本、王引之《述闻》、孔广林《校经录》、江永《地理考实》、沈钦韩《地名补注》，根据《汉书·地理志》颍川郡有父城县而无城父县和《晋书·地理志》襄城郡有父城县而无城父县的记载，认为《左传》昭公十九年，哀公六年之城父为"父城"之误倒。但顾栋高《春秋左传大事表》考之更详，认为春秋时代有两城父，一在西北，即楚之北境太子建所居者，一在东南，原为陈夷邑。西北者在河南汝州宝丰东四十里汉魏父城县故城；东南者在安徽亳县东南七十里汉魏城父县故城。

现代《左传》权威杨伯峻先生集历代《左传》研究之成果，断以己识，著成《春秋左传注》。在昭公九年（公元前534年）"城父"下，杨先生注曰："楚有两城父。此所谓夷城父，取自陈。僖公二十三年楚伐陈，取焦、夷。杜云：'夷一名城父'。即此夷，今安徽亳县东南七十里城父故城。又有北城父，见昭公十九年及哀公六年《传》。详顾栋高《大事表》七之四。"在昭公十九年（公元前524年）"城父"下，杨先生注目："春秋同名异地者多，城父亦有二。昭公九年《传》之城父，本陈国夷邑，汉于此置城父县。此城父则本属楚之邑。在今河南宝丰县东四十皇，汉以避同名故，改名父城县，今名曰父城保。段玉裁校本、王引之《述闻》、孔广林《校经录》、江永《地理考实》、沈钦韩《地名补注》皆据《汉志》、《晋志》、《水经汝水注》诸书说汉以后地理者谓此'城父'为'父城'之误倒，实难依据。况《史记·楚世家》及张守正《正义》引《括地志》亦作'城父'耶！唯顾栋高《大事表》谓楚有两城父，甚确。《史记正义》引服虔说亦作'城父'。"杨先生这两则注释以其真知灼见辨析"两汉魏晋父城县之前身是楚太子建所居之城父邑"甚精。为这个问题做了最后结论。

总之，位于今宝丰县李庄乡古城村的春秋时期楚太子建所居及楚昭王崩逝之地的城父邑，到西汉置县时为避免与沛郡的城父县重名，而更名为父城县，沿用两汉魏晋四代。

三 最早的宝丰县城

宝丰县城位于县境中部偏南，系东汉建武二年（公元26年）刘秀大将执金吾贾复，击郾王尹尊时所建，史称贾复城，又称金吾城。北魏太和二十三年（499年），孝文帝南征，行至此城遇大雾，得三鸦引路，遂过南山，故亦称通鸦城。唐武德四年（621年），为龙兴县治；而后，武兴、中兴县，乃至宝丰县治所均在此。明崇祯十六年（1643年），李自成军攻克县城，改县为宝州，时为州治。清复名宝丰县，迄今仍为县治。

县城城垣始为土墙，至明代已坍塌殆尽。明成化十一年（1475年），知县朱铨依旧址重建，城垣仍为土墙，城围710丈，高2丈，宽1丈，设东、西、南三门，城内有东、西、南、北4街。①

弘治十四年（1501年），知县黄泰"因民农不便"开建北门，名曰瞻岳。正德五年（1510年），知县徐端重修城门，命名东门为朝京，西门为望汝，南门为迎薰。嘉靖元年（1522年），河南参政杨子器命知县许可久改建城垣，城垣高2.2丈，宽1.1丈；并开挖城壕，深宽皆为1.5丈。嘉靖三十九年（1560年），知县袁亮再修城垣，下部用石块砌护，高1丈；上部用砖砌护，高1丈。明末时，兵燹繁多，城垣毁坏严重。清初，经数次整修，城垣增高至3丈，上部砖砌段增高0.5丈，设女墙高0.5丈。民国31年（1942年）4月，县长裴荫德令县民拆除城垣。民国34年（1945年），县长赵凤翔主持修复。

---

① 《城区演变》，2012年1月12日，宝丰县政府门户网站（http://www.baofeng.gov.cn/publicfiles/business/htmlfiles/bfxzfw/jbgk/201201/31497.html）。

新中国成立后，城垣只留北面区段以防御净肠河洪水，其他区段大部分拆除。

历史上，宝丰城区面积一度仅有0.7平方公里。其间，先拓建东关街，又逐步扩展至四关，尤以南关发展较快。解放时，城内有4街8巷，除官署、庙宇及坊园等建筑外，商行大户无几，居民甚少，空闲地居半。各街巷宽不足3.5米，均为土沙结构，呈沟槽状，晴天尘土起，雨天满街泥。

四　新中国成立后的宝丰县

新中国成立后，城区面貌发展变化较快。20世纪50—60年代，逐步拓宽街道，沿街房舍渐趋整齐，四街铺成柏油路面。70年代，修建车站路，新辟人民路、龙兴路，在城区净肠河上建起2座钢筋混凝土公路桥梁。至80年代，人民路、龙兴路拓宽为35米；南关大街拓宽为22米，并延伸至人民路。1985—1987年，在县城东、西、南三面建成35米宽渣油路面的环城公路；纵横于城区的100多条街巷道路全部铺成了水泥路；修砌排水道13604米；12条主要街道装置了路灯；道旁多栽植了风景树。为活跃人民群众文化生活，县城内建起了电影院、影剧院、书场和街心花园。扩建农贸市场，创建工业品街道、蔬菜街道、百货街道。整修了烈士陵园。县直机关、工厂、学校、商场等单位的楼房建筑，鳞次栉比。市容整洁，商业繁荣，其他配套建设发展迅速。1986年始，曾两次获得"河南省文明城市建设先进单位"称号。1987年，城区面积达3.5平方公里，居民35154人，其中非农业人口17982人。2005年，城区面积达12.7平方公里。2006年，城区面积达13.6平方公里。

第二节　资源概况

一　旅游资源

宝丰县人文景观蔚为壮观，昔有八景：香山奎聚、酒务春风、石渠仙蒲、朱砂空洞、沙河晚渡、白雀异槐（见图1—2）、五朵莲峰和干罗古台，堪称八绝。城东15公里处的"香山普门禅寺"，寺内宝塔凌云，碑刻林立，楼台殿阁，雕梁画栋，为省级文物保护单位。此外，境内尚有塔里赤墓碑、文峰塔、汝官窑遗址、刘邓大军"宝丰会议""柳林会议"旧址等名胜和历史纪念地。

图1—2　白雀寺

二　气候资源

宝丰县地属暖温带，为半湿润大陆性季风气候，四季分明，以春旱多风，夏热多雨，秋温气爽，冬寒少雪为特征。年平均气温14.5℃，降水量769.6毫米，日照2183.7小时，无霜期215天，年平均水资源总量为2.23亿立方米。[①] 境区地处豫西山地与黄淮平原两大地貌过渡地带，气候属于北亚热带向暖温带过渡地带，土壤类型属南方黄红土壤向北方的褐土过渡地带，植被是由华北落阔叶林向华中常绿阔叶林过渡地带，适合多种生物繁衍生息。故境内生物资源比较丰富，种类繁多。1982年县情普查显示，栽培植物有90余种，野生植物有290余种，饲养动物有30余种，野生动物有220余种。

三　水利资源

宝丰县属淮河流域，有沙、汝河支流，流域面积在10平方公里以上的河流有18条，其中属汝河水系的13条，沙河水系的5条。现有中小型水库17座，水库总量达14527万立方米，全县地下水资源为8988万立方米。另外，县内李庄乡有日流量为2800吨的天然优质矿泉水源。[②]

四　矿产资源

宝丰县矿产资源丰富，主要分布在西南部和东南部地区。截至2007年已发现22种矿产，产地58处。已查明资源储量的矿种12种，属单一矿产5种，共生矿产6种，主要矿产1种。

已查明储量的矿种中，煤、铝土矿、水泥灰岩、水泥黏土（未利用）、耐火黏土（未利用）为宝丰县优势矿产。煤：井田4处，分布在宝丰县苗李煤矿、韩庄煤矿、香山煤矿、琉璃堂

[①]《宝丰县气候资源概述》，2013年11月7日，宝丰县政府门户网站（http：//www.baofeng.gov.cn/publicfiles/business/htmlfiles/bfxzfw/zrdl/201311/38733.html）。

[②]《宝丰县水利资源概述》，2013年11月7日，宝丰县政府门户网站（http：//www.baofeng.gov.cn/publicfiles/business/htmlfiles/bfxzfw/zrdl/201311/38728.html）。

煤矿。中型井田 2 个，小型井田 2 个。开采的矿区 2 个，闭坑矿区 1 个，停产 1 个。已查明资源储量 10076.9 万吨，资源量 6913.6 万吨；铝土矿：分布在宝丰县边庄和张八桥，矿产 3 处。已查明资源储量 1717.92 万吨，资源量 902.3 万吨；水泥灰岩：分布在宝丰县李庄、没梁庙、孔庄、纸房。中型矿产 1 个，小型矿产 3 个。查明资源储量 9981 万吨，资源量 6089 万吨。[①] 目前，煤已大规模开发利用，并产生了良好的经济效益，已成为宝丰县的支柱产业。铝土矿、水泥灰岩也不同程度被开发利用，对促进宝丰县的经济发展，起到了积极的推动作用。

宝丰县还存在一些潜在的优势矿产，包括铁、镓、熔剂灰岩、白云岩、磷、硫铁矿、陶瓷黏土、高岭土、含钾岩石、紫砂陶陶瓷土、水泥配料用砂岩、建筑用灰岩、石英砂岩、伊利石、地下水和矿泉水等。

五　农业资源

农业是宝丰县经济的主体，主要农作物有小麦、玉米、大豆、烟叶、花生、棉花、芝麻、瓜菜等。近年来，宝丰县的农业发展很快，发展了秸秆养牛（见图 1—3）、食用菌种植、塑料大棚等农业产业化项目。宝丰县是全国优质烟生产基地之一，年种植面积稳定在 5 万亩以上，上等烟比例在 50% 以上。[②] 宝丰烟叶驰名中外，已打入国际市场。

[①] 《宝丰县矿产资源情况》，2013 年 11 月 18 日，宝丰县政府门户网站（http://www.baofeng.gov.cn/publicfiles/business/htmlfiles/bfxzfw/zrdl/201308/37266.html）。

[②] 《宝丰县农业资源概述》，2013 年 11 月 7 日，宝丰县政府门户网站（http://www.baofeng.gov.cn/publicfiles/business/htmlfiles/bfxzfw/zrdl/201311/38732.html）。

图 1—3　规模化养殖

第三节　文化发展概况

一　红色文化

宝丰是解放战争时期红色革命圣地，中原红色首府。1947年，刘伯承、邓小平率晋冀鲁豫野战军，陈赓率太岳兵团，陈毅、粟裕率华东野战军越过黄河，挺进中原，揭开了中国人民解放军由战略防御转入战略进攻的序幕。三路大军呈"品"字形阵势相互策应，纵横驰骋于江淮河汉之间，歼灭、调动并吸引了大量国民党军队，迅速扭转了中原战局。

为加快中原解放步伐，便于集中兵力协同作战，1948年5月9日中共中央决定：重建中原军区，刘伯承任中原军区司令员，邓小平任中原军区政治委员，陈毅任中原军区第一副司令员，李先念任中原军区第二副司令员；刘邓领导的晋冀鲁豫野战军及陈谢集团改为中原野战军，刘伯承、邓小平分别任司令员和政治委员，陈毅任中原野战军第一副司令员同时仍担任华东野战军司令员兼政治委员，由中原局、中原军区统一领导中原野战军和华东野战军。中共中央做出这样的战略部署，便于中原野战军和华东野战军两大野战军协同作战，逐鹿中原。中原解放战争由此进入了一个崭新阶段。根据党中央、中央军委的战略部署，经过慎重选址，1948年5月17日，刘伯承、邓小平、陈毅率领加强后的中共中央中原局、中原军区及中原野战军领导机关移驻宝丰县，同年11月16日全部离开宝丰。中原局、中原军区及中原野战军领导机关选址宝丰主要是因为：宝丰有较好的群众基础和革命基础，以及独特的交通优势和战略地位，西靠伏牛山东向平原，便于指挥。刘伯承、邓小平、陈毅等老一辈革命家把宝丰作为重要落脚点，在宝丰工作生活180多个日日夜夜，在此运筹帷幄决胜千里，经略中原，宝丰成为当时中原地区的政治、军事、经济、文化、教育中心。在宝丰期间的中共中央中原局、中原军区下辖中原广大地区，设豫西、鄂豫、豫皖苏、桐柏、皖西、江汉、陕南七个区党委和二级军区，管辖区域包括黄河以南、长江以北、西至秦岭、东至大海的广大地区。党中央在中原战场的各项战略意图、部署、计划都得到圆满实现，为淮海决战、渡江战役、解放江南做了准备。

中原局、中原军区、中原野战军领导机关在宝丰部署和指挥了一系列战役。主要有：宛东战役、开封战役、睢杞战役、襄樊战役、郑州战役和桐柏江汉战役。开封当时是河南省省会，解放开封是人民解放战争时期人民解放军攻克的第一个省会城市。襄樊战役体现了刘邓胸怀全局、趋利避害和机动歼敌的军事思想，被朱德同志称为"小型模范战役"，俘虏了国民党复兴社特务头子康泽，对当时青年教育很大。郑州战役是邓小平、陈毅到前线指挥的，是淮海战役的先声、序幕。通过这些战役，人民解放军彻底粉碎了国民党军在中原的防御体系。其间，还召开了旅以上干部政治工作会议、团以上干部会议和宝丰会议等一系列重要会议。这一系列会议，把中央关于推进人民解放战争、关于中国革命面临胜利的一系列路线方针政策和中原地区的实际情况相结合，进行贯彻落实。中原局、中原军区、中原野战军的一系列会议都有深刻的内涵，在军事、政治、经济、文化、统一战线、土地改革、党的建设、军队建设、整党整军等方面进行政策教育和全面部署。

中原局、中原军区、中原野战军领导机关在宝丰制定了一系列文件。制定有《中原局关于执行中共中央〈一九四八年土地改革工作和整党工作〉的指示》（简称《六六指示》）、《中原局减租减息纲领》、《中原局关于发动群众贯彻减租减息政策的指示》（简称《九九指示》）、《关于进一步恢复工商业的指示》、《关于争取、团结、改造知识分子的指示》、《中原局关于货币问题的指示》、《关于禁止白洋流通决定》、《中原局关于秋季征收公粮的指示》和《中原军区入城守则》等。这些文件，有的上报中共中央，有的下发各级党委，有的做出战略部署，有的总结经验教训，有的安排具体任务，有的纠正"左"的错误，有的推广先进经验，都有其具体针对性，意义重大。

中原局在宝丰县培养了大批干部，为新中国的建设做了充分准备。中原解放战争发展很快，中原野战军、华东野战军每当开辟一个县，要配齐一个县的县委、县人民政府和区、乡、村几级机构，急需大批的干部，所以中原局创办了中原大学（即现在的中南财经政法大学前身），迅速培养出一批又一批地方干部。人民解放军攻克开封后，河南大学和文化教育界的一批进步教授、学生参加到人民革命的行列里。中原局任命陈毅担任中原大学筹备委员会主任。中原局、中原军区、中原野战军负责人都是中原大学的教师，经常去讲课。中原局为了迅速地有计划地训练大批能够管理党务、经济、文化教育等项工作的干部，还责成豫西行署在宝丰创办了豫西行政干部学校，后来演变为现在的河南财经政法大学。中原大学和豫西行政干校培养了大批干部，为中原地区政权建设和新中国建设做出了积极贡献。

近年来，宝丰县委重视老一辈无产阶级革命家刘伯承、邓小平、陈毅等在宝丰留下的革命旧址保护工作。2005年5月，宝丰县商酒务红色旅游群被列为河南省"十一五"红色旅游规划纲要中的"2526"工作。2010年结合全国革命遗址普查工作野战军领导机关驻宝丰留下的红色革命遗址就有20多处。为整合这些红色资源，在宝丰县城文化产业创意园区内建设了中原解放纪念馆，同时对中共中央中原局、中原军区司令部及政治部、宝丰会议、中原大学等旧址，以及刘伯承、邓小平、陈毅等老一辈革命家旧居进行保护修复。通过纪念馆建设和旧址修复进一步展示刘伯承、邓小平、陈毅等无产阶级革命家逐鹿中原的那段光辉历史、峥嵘岁月，继承刘伯承、邓小平、陈毅等老一辈无产阶级革命家"胸怀理想、顾全大局、勇挑重担、协同作战、不怕困难、实事求是、必胜信念"的中原逐鹿精神，唱响社会主义主旋律，弘扬社会主义核心价值体系，为建设中国特色社会主义实现中国梦提供强大的精神动力。

二　瓷器文化

清凉寺汝官窑遗址位于宝丰西20公里的大营镇清凉寺村，海拔220米。窑址区地势平坦，东、西、北三面环山，在遗址东、西两侧有河流经过，西河在窑址北中部东折，与东河相汇穿过，被称为响浪河。现存遗址南至韩庄村南，北至清凉寺村中北部，长约1750米，宽300—550米，总面积119.5万平方米，重点保护面积43万平方米，特别保护区8075平方米。该处是宋、金、元代以来烧造历史延续数百年之久的重要制瓷场地。据中央美术学院叶喆民教授撰文回忆（《汝官窑廿年考察纪实》，《中国陶瓷》1987年第6期）：1977年调查时，"河沟两岸堆积窑具、残瓷高约一丈，断断续续长达三五百米之遥。其壮观为个人所到河南许多窑址中所仅见，堪与河北的曲阳定窑窑址堆积场面相媲美"。清凉寺汝官窑烧造区位于清凉寺瓷窑遗址的北部，即清凉寺村中部，面积约4800平方米。

图1—4所示为仿汝瓷莲花香熏炉。图1—5所示为素烧花口水仙盆。

汝官窑遗址的调查肇始于20世纪30年代。1931年，日本人大谷光瑞委派本院驻汉口的布教师原田玄讷，到临汝县诸窑址实地调查。原田玄讷采集了瓷器残片，大部分是所谓的"北方青瓷"（即耀州窑系青瓷），便认定"汝窑就是北方青瓷"。

图1—4　仿汝瓷莲花香熏炉

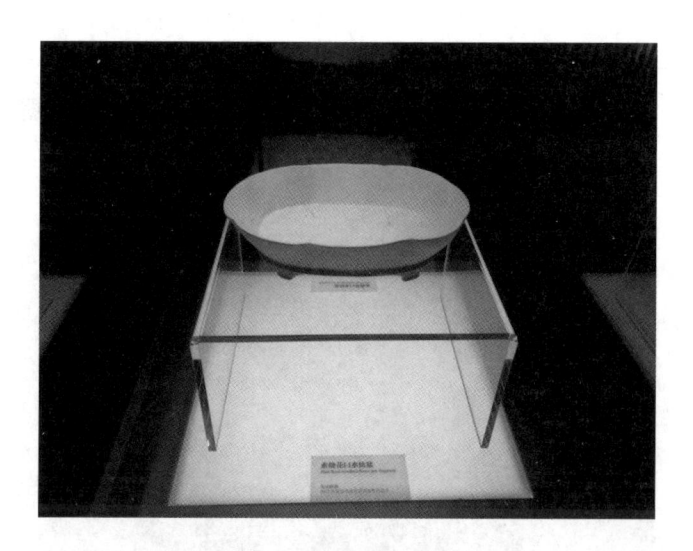

图1—5　素烧花口水仙盆

1950年，我国古陶瓷专家陈万里调查汝窑，先后到了临汝、宝丰和鲁山三县共9处窑址现场，最早发现宝丰清凉寺瓷窑遗址。陈万里是将文献记载与田野调查相结合进行古陶瓷研究的第一人，他在1951年发表的《汝窑的我见》一文中，曾给予清凉寺窑址的青瓷产品以较高评价。

从20世纪50年代到70年代，河南省文物考古工作者和故宫博物院陶瓷专家也多次实地考察汝窑遗址，但考察的重点主要放在临汝县境内，因此多次寻访无果。1956年9月，洛阳专区文管会为了配合临汝县建造水库工程，也派人调查了临汝县严和店和大峪店两个窑区的9处瓷窑址，并在严和店和大峪店清理窑炉一座。1964年3月，故宫博物院冯先铭、叶喆民等4人在河南省文物工作队李景昌等陪同下，重点复查了严和店、大峪店两个窑区的11处瓷窑遗址，按照采集遗物划分为三处汝窑系遗址和8处钧窑系遗址。冯先铭在调查报告中总结说："汝窑是由两个主要部分构成，一部分是专为宫廷烧制的瓷器，烧制时间短，生产数量少，而质量很精；一部分是为民间烧制的瓷器，现在称它为'临汝窑'，这是汝窑的主要部分，其烧造时间长，生产数量多，质量也比较好。解放后对汝窑遗址的几次调查，都是接触的后一部分。"（见图1—6）

图1—6　宝丰县汝窑博物馆

三　曲艺文化

正月十三马街书会（见图1—7），是全国曲艺行当的盛会，始于元延祐年间，距今700余年的历史。定于每年农历正月十三，在宝丰县城南7公里处的马街村举行。这天，来自全国各地的成百上千民间曲艺艺人负鼓携琴，汇集于此，以天做幕、以地做台，说书亮艺，以曲会友。期间，周围百里村民，也身着新装，扶老携幼，从四面八方前来听书、写书、赶会的群众达数十万之众。书会会场，千座书棚，吹拉弹唱，人头攒动，摩肩接踵，其热闹场面，堪称中国民间艺术之奇观。

马街书会曲种繁多，书目浩瀚，堪称"书山曲海"。据统计，历年来在马街书会演出的曲种有河南坠子、三弦书、大调

图1—7 马街书会前人山人海

曲子、大鼓书、凤阳花鼓、湖北渔鼓、四川清音、西河大鼓、京韵大鼓、单弦、陕西快板、陕北说书、山东琴书、徐州琴书、快板书、相声、评词、评书、道情、山东柳琴、河洛大鼓、鼓儿词等40余种,曲(书)目上千个。

传统的马街书会,每年都吸引大批国内外专家学者前来观光考察,并有来自全国各地的众多新闻媒体进行宣传报道。新华社、《人民日报》、《华生报》、《中国艺术报》、《中国文化报》、《香港商报》、香港《中国旅游报》、香港《文汇报》、香港《大公报》、深圳《中国投资》杂志社、《羊城晚报》、《河南日报》、《大河报》及中央电视台、河南电视台、浙江卫视、太湖明珠台等先后多次对书会进行采访报道。从而使书会影响愈来愈深远,享誉海内外。

1996年马街书会被国务院侨办确定为"中国十大民俗"之一并制成专题片;2004年8月,马街书会被河南省民族民间文化遗产保护中心列为省首批保护工程试点项目之一;2006年5月20日被国务院公布为第一批国家级非物质文化遗产。

四　观音文化

由于宝丰县是妙善的故里、观音的故乡，香山寺是汉化观音第一道场，自古以来在宝丰县境内就形成了浓厚的观音崇拜传统（见图1—8）。

香山寺是历史上著名的大寺院。因为传说供奉着观音灵骨，自古被看作"真香山""大香山"，受到人们的敬仰和崇拜，也备受历代朝廷重视。宋元明时期，它规模巨大，建筑宏伟，僧人众多，影响范围极大。时多称"汝州香山寺""宝丰香山寺"。

图1—8　香山寺

在宝丰县早已形成了观音文化区。这个文化区不仅包括香山寺，还有宝丰县白雀寺、擂鼓台。在内涵上，由妙善出生地、出家地和成道地构成。白雀寺是建于北魏时期的古代大寺院，它也同样历尽兵火劫难，古建筑也已不存，但香火依然旺盛。擂鼓台上自古就有宗教建筑群，集儒道佛三教于一体，都是民间自发而建,其中有观音殿。现在的殿堂皆为新建,其中一殿塑有庄王夫妇和妙善像,反映了源远流长的妙善证道故事。

宝丰县境域自古形成的浓厚观音崇拜传统。范围集中在香山寺周围数十里,包括宝丰、郏县、叶县、汝州、鲁山等县,直接影响范围包括平顶山市周边地市包括许昌、南阳、洛阳等地。在古代,信徒们广泛结社,拜山、进香、礼佛、捐资、施舍风气浓厚,形成了千年相传的庙会传统。每逢农历初一、十五,香火都很旺盛。最旺的时候在每年一月一日和二月,二月庙会因纪念观音诞辰而起,规模巨大。据金代大定二十五年(1185年)刻立的《重建汝州香山观音禅院记》碑载:"岁卒以春二月,诸方之人不远千里而来,敬礼者数以万计。"2000年以来,随着香山寺影响越来越大,庙会的规模不断扩大,每年农历正月初一,到香山寺中朝山拜佛的游人香客多达十多万,人如潮涌,车堵数里。在香山附近还有观音堂乡、观音堂村等地名,也反映了古老的观音崇拜传统。

由于平顶山香山寺的观音"根"文化特征突出,且历史悠久,影响深远,祀拜传统浓厚,早已成为一种民俗扎根于民间,所以堪称中国观音文化之乡。

第四节 经济发展概况

2017年4月26日在宝丰县第十五届人民代表大会第一次会议上,宝丰县人民政府县长许红兵的汇报中概括道:①

---

① 《宝丰县人民政府2017年政府工作报告》,2017年6月8日,宝丰县政府门户网站(http://www.baofeng.gov.cn/publicfiles/business/htmlfiles/bfxzfw/s2163/201706/54103.html)。

过去的五年，宝丰县突出提质增效抓产业、强实体，综合实力显著增强。2016年，全县地区生产总值达到267.15亿元，是2011年的1.31倍，年均增长5.8%，总量在全市11个县（市、区）中排名第一；固定资产投资达到250.1亿元，是2011年的1.7倍，年均增长11.6%，总量全市第一；社会消费品零售总额达到52.53亿元，是2011年的1.9倍，年均增长13.5%；一般公共预算收入达到9.07亿元，是2011年的1.2倍，较去年增长11.1%，增速位居全市第一；在淘汰50家传统涉煤企业的基础上，规模以上工业企业达94家，其中主导产业70家，产值占生产总值的比重达到59%，规上工业增加值实现95.96亿元，总量居全市第一，同比增速全市第三。全县主要经济指标在总量排名全市靠前的基础上，增速重新跨入全市前列。装备制造、新型煤化工、新型建材、新能源新材料、农副产品加工、文化旅游和电子商务七大产业初步形成，实体经济走出低谷。不锈钢产业快速发展，翔隆不锈钢、宝通不锈钢等项目建成投产，全县入驻不锈钢项目18个，在建项目7个，产业链逐步完善，不锈钢产业上升为全市发展战略。京宝焦化、洁石煤化等煤化工项目建成投产，煤化工产业链条不断延长，涉煤产品附加值进一步增加。光伏发电和风力发电完成布局，观音堂鑫泰100兆瓦光伏发电等项目开工建设。电子商务产业方兴未艾，在全县稳步推进，新经济产业园顺利开园并取得初步成果。持续实施粮食高产创建"百千万"工程，粮食生产连续13年丰收。创建国家级农业产业化龙头企业1家、省级6家、市级32家，省农业产业化集群3个。奶牛养殖实现规模化，连续5年保持省奶牛养殖大县称号。基本形成以伊利、康龙、顺义等农业品牌引领的乳品、蔬菜、养殖和肉品等产业化集群。持续改善农村人居环境，美丽乡村建设亮点突出。

过去的五年，宝丰县坚持转型发展调结构、优供给，发展基础不断夯实。以项目建设为抓手，加快产业结构调整，成效显著。全面实施企业"五证合一"、个体工商户"两证整合"登记制度，各类市场主体达到21718户，是2011年的2.6倍，新增小微企业1500余家，企业集团达到13家。开工建设中材环保、宝隆不锈钢和航瑞碳化硅等千万元以上大项目432个，总投资812亿元，申报PPP项目27个，平顶山生活垃圾焚烧热电联产项目入选财政部示范项目库，并顺利开工建设。积极发展高新技术产业，恒瑞新材料、五星石墨等4家企业被认定为省级高新技术企业，建成省级工程研发中心6个，获得授权国家专利517项、省长质量奖7项。国玺超纯公司在第四届全国创新创业大赛中荣获新材料行业第三名。高新技术产业增加值占规上工业增加值比重达到25.7%，比2011年提升21个百分点。五年来，三次产业比重由2011年的7∶70∶23调整为8∶55∶37，第三产业比重提升了14个百分点。平台基础更加坚实，产业集聚区发展规划调整顺利完成，与西部工业园融合发展，入驻规上工业企业44家，成功晋升省一星产业集聚区，被评为2016年省先进产业集聚区。特色商业区入驻商业企业45家，经济总量全市第一，成功晋升省一星商业区。亿联万洋博览城、赵庄图书和小商品批零市场等商贸服务平台发展迅猛，大驰欣悦城等大型商贸城达到7家，并形成新的商业圈。高铁商务区建设顺利，成为带动宝丰县经济发展的新引擎。东部农副产品加工产业园被市政府确定为平顶山健康食品（宝丰）产业园。北部煤炭循环经济产业园基础设施进一步完善，煤化工集聚效应更加凸显。金融机构各项存款、贷款余额分别达到144.6亿元和103.4亿元，较五年前翻一番，处于全市领先地位，同比增长17.3%和14.3%，增幅均居全市第一。

未来五年，全县经济社会发展的主要奋斗目标：着力转变发展方式，富强宝丰建设迈上新台阶。进一步提升经济总量，提高发展质量，做强支柱产业，建成全国不锈钢产业"生产、交易、配送"三大中心和国内有影响力的煤焦化产业基地、装备制造基地和新型建材（陶瓷）生产销售基地。力争"十三五"末，全县地区生产总值达到351亿元，年均增长7%；一般公共预算收入达到15亿元，年均增长13.3%；固定资产投资达到398亿元，年均增长13%；社会消费品零售总额达到83亿元，年均增长12%；城乡居民人均可支配收入年均增长7%以上，比2010年翻一番。构建现代产业体系，三次产业比例调整到7∶53∶40，形成改革创新驱动、三次产业联动、城乡一体推动的发展格局。

重点项目的加速推进，带动了全县投资的稳健增长。宝丰县发改委提供的数据显示，该县已完成固定资产投资116.77亿元，同比增长18.8%，重点项目涵盖了工业、交通、城市建设、能源、文化旅游、商贸物流、农业、社会事业等多个方面，拉动了地方经济增长，带动了产业结构转型升级和民生的持续改善。

第五节 社会发展概况

一 基础设施

2011年到2017年，宝丰县围绕协调发展抓统筹、补短板，文明创建全面升级。城市创建持续推进，城乡基础设施进一步完善，累计投入城市创建资金23亿元，完成火车站广场改造、中国陶瓷文化主题公园、龙兴湖公园、宁洛高速口景观改造、城市景观雕塑建设等城市基础设施项目，城区建成和在建的公园、游园达到29处。建成人民路东延、为民路北延等交通干道78公里，完成国道大修11公里，新建、改建省道5条63公里，改建县乡公路45条148公里。构建"一中心，两个副中心，三个重点镇"的城乡统筹发展格局，大力推进中心镇、中心村建设，强力推进农村人居环境改善工作，建成新型农村社区示范点20个，移民新村3个，创建人居环境达标村112个、示范村45个，建设"美丽乡村"10个。北汝河、石河和中小河流综合整治成效明显，治理河道38公里。完成11座水库除险加固工程，实施农村饮水安全工程，2014年成功战胜新中国成立以来最大旱灾。完成大面积造林9.55万亩，林木覆盖率达到28.6%，比2011年提高5.26个百分点。完成文峰路、望京路等道路的提档升级和县城主干道不锈钢隔离护栏安装工程，城区主干道交通事故发生率下降了41%。电网改造项目有序推进，新建和改造35千伏变电站7个。开展了城区经营秩序、交通秩序、户外广告和露天夜市等专项整治，城区道路清扫保洁管理实行市场化运作，机扫率达到80%。国家园林县城和国家卫生县城复验达标，顺利通过全国文明城市年度测评。文化旅游建设初见成效，建成了中华曲艺展览馆、中原解放纪念馆、民间演艺中心等一批文化服务设施。成立了县旅游产业发展委员会、文物保护管理委员会和旅游局，新增全国重点文物保护单位3个、省级文物保护单位8个86处、中国传统村落6个、河南省传统村落33个，香山寺景区成功创建为4A级景区，马街书会民俗园和中原解放纪念馆创建为3A级景区，11个村被国家旅游局确定为"旅游扶贫村"，3个品牌的汝瓷、宝丰酒、冯异小米醋系列产品成功申报为"河南省知名旅游商品"，成功创建"中国传统建筑文化旅游目的地""中国最具影响力文化旅游名县"。成立县汝窑瓷业保护和发展局，开工建设中国汝窑博物馆，建成清凉寺汝官窑遗址展示馆并对外开放，与故宫博物院联合举办传世汝窑瓷器展、国际汝窑学术研讨会。先后获得全国文化建设先进县、中国民间文化艺术之乡、中国孝文化之乡、中国汝瓷文化之乡、中国汝瓷之都等称号。马街书会被认定为世界最大规模的民间曲艺大会，宝丰县被确定为"国家级说唱文化（宝丰）生态保护实验区"。

二 政府机构、事业单位改革

政府工作部门由 26 个削减为 24 个，工商、质检、食品药品监管和产业集聚区区镇管理套合工作已完成。国有企业改制基本完成，宝酒集团、万宝制药、物资公司等企业遗留问题得到积极妥善解决。煤炭企业兼并重组工作基本完成。行政审批制度改革持续深化，实行重大项目联审联批和模拟审批，行政审批效率进一步提高。对外开放呈现新局面，开放平台不断完善，成功举办了 2014 中国不锈钢行业大会，组织参加中国郑州产业转移对接，第四届、第五届"化合论坛"。2015 年全县利用外商直接投资 3300 万美元，是"十一五"末年的 5.5 倍，年均增长 40.6%。

三 民生和社会事业全面进步

1. 教育

公立教育、民办教育及职业教育组成的教育体系逐步完善，县一高新校区全面建成使用，县城新建 1 所公立幼儿园，各乡镇分别新建 1 所公办中心幼儿园。文化及广电事业健康发展，全县新建 10 个乡镇综合文化站，全县村（社区）文化活动室建有率达 65%，行政村农家书屋实现了全覆盖。投资 2300 多万元新建农村小学两所，为中小学生发放"两免一补"资金 4600 多万元，为家庭困难高中生发放资助金 360 万元，高考本科上线率位居全市前列。

2. 医疗

医疗卫生事业长足发展，城乡公共卫生体系取得新进展，医疗服务及设施水平进一步提升，县中医院整体迁建项目加紧推进，新农合补偿群众医疗费用1.8亿元，药品零差价销售让利群众1800万元。人口自增率4.42‰。社会大局和谐稳定。中医院病房门诊综合楼、人民医院病房楼和乡（镇）卫生院完成改扩建工程，全县新增医疗卫生机构3家，共有卫生机构792家，床位总数达2042张，全县新农合基本实现全覆盖，建立了新农合大病保险制度。社会保障体系进一步完善，养老产业进入良性发展，建成县社会福利中心1处、养老院1处、老年互助家园82个。发放医疗救助金660万元，救助城乡困难群众8200多人。为3300多名优抚对象发放补助金1000多万元；4000名贫困人口实现脱贫。社会事业全面进步。

3. 保障人民基本生活水平

城镇就业提前一年实现"十二五"发展目标，"十二五"时期全县开发城镇就业岗位2.9万个，新增安置城镇劳动力2.5万多人，新增农村富余劳动力转移就业3.7万多人，失业率控制在3.2%，超额完成指标。城乡居民生活水平较快提高，农民人均纯收入、城镇居民可支配收入均实现较快增长，其中农民人均收入由2010年的6589元提升到2015年底的12467.5元，年均增长13.6%；城镇居民可支配收入由2010年的12241元提升到2015年的21055.8元，年均增长11.5%，居民生活水平改善明显。[①]就业再就业工作不断加强。安置城镇劳动力就业4800人，农村富余劳动力转移就业5900人，安置下岗失业人员再就业1020人，

---

① 《宝丰县人民政府关于印发宝丰县国民经济和社会发展第十三个五年规划纲要的通知》，2016年6月9日，宝丰县政府门户网站（http://www.baofeng.gov.cn/publicfiles/business/htmlfiles/bfxzfw/s2158/201609/50795.html）。

发放小额担保贷款5000万元。社会保障能力持续提高。发放城乡低保金4085万元、五保供养金506万元,五保集中供养、分散供养补助标准分别达到4100元、2800元,发放高龄老人津贴126万元。[①]深入开展"三查三保"活动和"联百村、帮千户、创五好"工作。严格落实安全生产责任制,集中开展重点行业和领域安全隐患排查治理。认真落实信访维稳工作制度,做好各类矛盾纠纷的排查化解工作。大力开展打击和处置非法集资及投资担保公司清理规范工作,最大限度维护群众利益。

可持续发展目标基本实现。节能减排任务全面完成,万元GDP能耗累计下降24.49%。引导大地水泥、京宝焦化、海星化工、洁石煤化等企业强化节能减排工作,主要污染物排放量得到有效控制。全县林地面积达到27万亩,林木覆盖率24.5%。启动西部采煤沉陷区综合治理,筛选了14个项目,总投资7.48亿元。实施"蓝天、碧水、乡村清洁工程"和"城市河流清洁行动",有效保护了石河、乌江河、净肠河等生态水源。成功创建为国家园林城市,荣获全国文明城市提名。

四 改善人居环境

宝丰县坚持把基础性、民生性项目作为统筹城乡发展的重点加大投入,加快城镇化进程。城市建管水平明显提升。完成了龙兴路、迎宾大道隔离栏安装和勤政路、父城路排水工程,河阳路、站前路建成通车,人民路、为民路改造正在进行。加强主次干道配套设施维修和绿化苗木管护。2016年之前,开工建设城中村改造项目安置房236套,天然气安装3000户。城区道路清扫保

[①] 《宝丰县人民政府2016年政府工作报告》,2016年2月16日,宝丰县政府门户网站(http://www.baofeng.gov.cn/publicfiles/business/htmlfiles/bfxzfw/s2163/201602/49205.html)。

洁管理实现市场化运作，主干道洒水降尘常态化，城区卫生状况、环境秩序、市容市貌明显改观，顺利通过全国文明城市年度测评和国家园林县城届满复审。小城镇建设速度加快。以实施全省经济强镇示范工程为契机，统筹镇区人口发展、产业布局、设施建设，石桥镇创建成全省第一批示范镇。2015年12月份之前，完善镇区环卫和管理机制，新建乡镇污水处理厂3个、村污水处理厂4个、高标准生活垃圾填埋场1个。相继创建国家卫生镇2个、省级卫生镇8个、市级卫生村66个。新农村建设持续推进。全县新农村建设投入资金1.58亿元，建成新民居724套，入住1150户，大营镇清凉寺村被确定为全省第一批新农村规划建设引导点。搞好农村人居环境集中整治，实施土地综合整治项目46个，腾地660亩，建立镇、村180人专职保洁队伍，赵庄镇赵庄村、闹店镇闹店村被确定为全省2015年度美丽乡村试点，创建县改善农村人居环境示范村10个、达标村50个。目前，宝丰县有国家级传统村落6个、省级35个，大营、商酒务2个镇和高皇庙等4个村被省政府公布为省历史文化名镇名村。生态环境治理力度加大。深入实施蓝天、碧水、农村清洁"三大工程"，狠抓减煤、治企、降尘、控车等重点工作，淘汰黄标车141辆，取缔城区有烟烧烤，关停30万吨捣固焦生产线1条、"十五小"企业16家、铝石窑43座，对城区3条河流进行综合整治，夏秋两季秸秆禁烧成效明显，全年空气质量优良天数236天。启动西部采煤沉陷区治理工程，成功申请企业特种债券项目3个、资金8822万元，已到位3422万元，申报中央预算资金项目14个、总投资7.48亿元。①

---

① 《宝丰县人民政府2016年政府工作报告》，2016年2月16日，宝丰县政府门户网站（http://www.baofeng.gov.cn/publicfiles/business/htmlfiles/bfxzfw/s2163/201602/49205.html）。

五　建立服务型政府

全面贯彻落实党的十八大和十八届二中、三中、四中、五中全会精神,按照政府关于简政放权、放管结合、优化服务协同推进的部署,坚持问题导向,创新工作思路,综合施策、标本兼治、立行立改,务求在简环节、优流程、转作风、提效能、强服务方面取得突破性进展,不断提升公共服务水平和群众满意度。① 严格遵循法律、法规,善于运用法治思维、法治方式,规范公共服务事项办理程序,限制自由裁量权,维护群众合法权益,推进公共服务制度化、规范化;全面公开公共服务事项,实现办事全过程公开透明、可追溯、可核查,切实保障群众的知情权、参与权和监督权;加快推进"互联网+公共服务",运用大数据等现代信息技术,强化部门协同联动,打破信息孤岛,推动信息互联互通、开放共享,提升公共服务整体效能。

1. 编排服务范围

以公共服务公平为目标,对县政府各部门以及有关国有企事业单位、中介服务机构的公共教育、社会保障、医疗卫生、住房和城乡规划建设、文化体育、扶贫脱贫等与群众日常生产生活密切相关的公共服务事项进行全面梳理,编制便民利民服务事项清单及办事指南。公共教育类由县教体局牵头负责,社会保障类由县人力资源和社会保障局牵头负责,医疗卫生类由县卫生和计划生育委员会牵头负责,住房和城乡规划建设类由县住房和城乡规划建设局牵头负责,文化类由县文化广电旅游局牵头负责,体育类由

---

① 《宝丰县人民政府办公室关于印发宝丰县简化优化公共服务流程方便基层群众办事创业工作方案的通知》,2016年6月24日,http://www.baofeng.gov.cn/publicfiles/business/htmlfiles/bfxzfw/s2161/201608/50481.html。

县体育局牵头负责，扶贫脱贫类由县扶贫办牵头负责，其他与群众日常生活密切相关的服务事项由县政府各部门分别负责；有关国有企事业单位、中介服务机构的服务事项由行业主管牵头负责。

2. 梳理流程

清单包括公共服务事项目录及办事指南。办事指南重点列明事项名称、办理依据、受理单位、基本流程、申请材料、示范文本及常见错误示例、收费依据及标准、办理时限、咨询方式等内容，并细化到每个环节。公共服务事项目录和办事指南等通过政府网站、宣传手册等形式向社会公开。县政府各部门负责将本领域创业创新和便民利民服务事项清单通过网站、宣传手册等形式向社会公开。

3. 解决办证难

县政府各部门面向公民、法人和其他组织开具的各类证明和盖章环节，凡没有法律、法规依据的，原则上一律取消。确需申请人提供的证明，要严格论证，广泛听取各方面意见，并做出明确规定，必要时履行公开听证程序。由县编办会同县政府法制办负责。

4. 县政府监督

办理公共服务事项确需有关证明和核实有关情况的，由行政职能部门之间内部征询意见，不得要求申请人提供。接受征询的部门和单位原则上应当在收到征询请求当天回复；如需技术论证的，经论证后回复。

5. 优化程序

加强公共服务大厅建设，探索将分设的办事窗口整合为综合窗口，变"多头受理"为"一窗受理"。建立健全公共服务事项首问负责、一次性告知、并联办理、限时办结等制度，积极推行一站式办理、上门办理、预约办理、自助办理、同城通办、委托代办等服务，积极为群众办好事，让群众好办事。

6. 建立信息网络化办事平台

加快推进公共服务信息平台建设。加快推动跨部门、跨区域、跨行业涉及公共服务事项的信息互通共享、校验核对。依托"互联网+"，促进办事部门公共服务相互衔接，变"群众奔波"为"信息跑腿"，变"群众来回跑"为"部门协同办"，为群众提供更加人性化的服务。

第六节　帮扶活动概况

一　养老保障

养老保障采取"医养结合"的方式。随着我国老龄化趋势日益加剧，未富先老等矛盾逐渐暴露，由于一些"老年病"的常发、易发和突发性，患病、失能、半失能老人的治疗和看护问题困扰着千家万户。而现状却是医疗机构和养老机构互相独立、自成系统，养老院不方便就医，医院里又不能养老，老年人一旦患病就不得不经常往返家庭、医院和养老机构之间，既耽误治疗，也增加了家属负担。医疗和养老的分离，也致使许多患病老人把医院当成养老院，成了"常住户"。"老人'押床'加剧了医疗资源的紧张，使真正需要住院的人住不进来。在医改新形势下，宝丰县人民医院计划以建立老年病科为基础，依托宝丰县人民医院现有的神经内科、医疗科和康复科等的临床优势、专家优势，探索推行以养老为主，兼顾医疗的医养结合的医疗结合型养老护理模式，以解决日益增长的养老医疗问题，打造波峰线医疗康复的新模式。"[1] 老年慢性病患者伴随着技能老化，常涉及身、心、精

---

[1] 《宝丰县人民医院将实施医养结合，打造医疗康复新模式》，2015年12月4日，大河网（http://news.ifeng.com/a/20151204/46528289_0.shtml）。

神健康和社会功能等多方面问题。患有慢性病的老年人自然病程很长，需要持续的、综合的医疗康复护理服务。医养结合充分体现了医疗特色，将医院和养老有机结合起来，解决了老年人就医不便的难题。

二 留守儿童

根据调查，中国农村"留守儿童"数量超过了6000万人。根据不完全统计，宝丰县有超过一半家庭的留守儿童是父母一方外出，更多的留守儿童是父母同时外出。留守儿童中超过半数的儿童由爷爷、奶奶或外公、外婆抚养，小部分的孩子被托付给亲戚、朋友，更有部分儿童为不确定或无人监护。生活在农村的儿童本身在教育、医疗、安全等方面的基础设施就不如城市健全，属于社会中的弱势群体，因此更多地需要得到保护和认可。

1. "暖冬行动"

自2010年起，宝丰县妇联举行"暖冬行动"关爱贫困儿童捐助活动正式开始，来自全县12个乡镇和观音堂林站的30名贫困儿童分别领到书包、书籍等学习用品和200元助学金。近年来，宝丰县妇联立足"党政所急、妇女所需、妇联所能"的工作定位，采取多种措施，通过多种形式汇聚社会各方爱心，开展了一系列关爱贫困、孤残、留守儿童活动，让身处困境的孩子们感受到党和政府及社会各界爱心人士的关怀，使贫困儿童救助工作获得了良好的社会效果。五年来，宝丰县妇联先后扶贫救助贫困儿童5000余人次，在全县建立留守儿童亲情家园9所，此次"暖冬行动"是关爱贫困儿童活动的延续，逐渐演化成妇联每年如期组织的常规性工作。（见图1—9）

图1—9 参加活动的孩子们幸福的笑容

2. 网格化管理

宝丰县率先提出留守儿童网格化管理,由于父母工作的不确定性和数量的可变性较大,留守儿童常常是处在变化当中。这一政策不仅有利于政府及有关部门及时、全面掌握农村留守儿童的情况、了解农村留守儿童的变化情况、上学情况,而且能更加及时地了解留守儿童的变化情况。

2016年3月起,宝丰县探索建立留守儿童网格化管理机制。由县妇儿工委牵头,33家妇儿工委成员单位及各乡参与,在留守儿童相对集中的行政村、学校建立儿童之家,明确行政村党支部书记或学校校长为留守儿童网格化管理网格格长,村两委会干部、老党员、老干部为网格管理员,每名网管员明确管理若干名留守儿童。与此同时,宝丰县通过报刊、宣传栏、短信等渠道,广泛招募代理妈妈,党员志愿者、机关干部、职工与留守儿童一对一结对帮扶。截至目前,宝丰县13个乡镇已全部建立了留守儿童网格化管理工作领导小组,全县各村都建立了留守儿童之家,其中示范性留守儿童之家已建成28个,全县已招募到代理妈妈98名。县、乡、村三级工作、家长微信群已经建立,留守儿童网

格化管理工作开展顺利。（见图1—10）

图1—10　宝丰县留守儿童网格化管理示意图

3."暑期托管活动"

宝丰县2014年"留守儿童暑期托管"工作协调会在宝丰县民政局召开，宝丰县关工委、宝丰县民政局、宝丰县妇联相关领导和6个托管中心的负责人参加了会议，就"留守儿童暑期托管"工作进行了安排和部署（见图1—11、图1—12）。

图1—11　2014年留守儿童暑期日间托管项目协调会

图 1—12　前营乡留守儿童托付中心

近年来，宝丰县创新社会管理，积极探索政府购买社会工作服务的方法和途径，结合实际，重点围绕城市流浪乞讨人员、农村留守人口、困难群体、特殊人群个性化、多样化社会服务需求，组织开展政府购买社会工作服务。有计划、有重点、有步骤地不断拓展政府购买社会工作服务的领域和范围。为了解除宝丰县长期在外务工人员的后顾之忧，帮助留守儿童弥补情感缺失、家庭教育缺位，使这些处在人生成长关键时期的孩子们能够健康快乐成长，该县采取政府购买社会工作服务的方式，按照"受益广泛、群众急需、服务专业"为标准，在 2013 年试点经验的基础上，设立 6 所留守儿童暑期托管中心。

"留守儿童暑期托管"项目自坚持政府主导、突出公益，由政府出资委托 3A 级以上社会组织承办，每年 7 月 7 日开始，8 月底结束，历时一个月，针对暑期无人监管的孩子，免费提供作业辅导、兴趣培养、安全教育、心理疏导、拓展训练等服务项目。①

---

① 《宝丰县留守儿童暑期托管中心开始运行》，2014 年 7 月 3 日，河南省教育网（http://news.haedu.cn/dsjj/pds/093540qjHl.html）。

该项目作为2014年河南省高校大学生重点社会实践项目，郑州大学社会工作系师生成立实践小组全程介入每个托管中心开展专业社会工作。

第二章

社会工作与社会管理和社会治理

第一节 社会工作

一 国内对社会工作的定义

我国于20世纪80年代中期开始恢复和发展专业社会工作。1991年，我国以民政系统为主体成立中国社会工作者协会，协会成立时对社会工作给出如下定义：社会工作是一种帮助人和解决社会问题的工作。它帮助社会上的贫困者、老弱者、身心残障者和其他不幸者；预防和解决部分经济困难或生活方式不良而造成的社会问题；开展社区服务，完善社会功能，提高社会福利水平和社会生活素质，实现个人和社会的和谐一致，促进社会的稳定与发展。

在我国，社会工作不仅包括社会福利、社会保险和社会服务，还包括移风易俗等社会改造方面的工作。中共十六届六中全会做出"建设宏大的社会工作人才队伍"的决定之后，我国社会工作学界和实务界对社会工作的内涵、定义做了较深入的讨论。一般认为，专业社会工作是坚持"助人自助"的价值观，综合运用专业知识、方法和技巧，帮助有困难、有需要的个人、群体和社区，预防和解决社会问题，恢复和发展社会功能，促进社会和谐的职业活动。这一定义包括了对社会工作本质的陈述以及对它的特点和功能的说明。① 社会工作就是在党和政府领导下应用各种社会力量（包括民间和各种群众团体的力量）对群众的社会生活福利事业进行管理，其中特别是对丧失或缺乏适应社会生活的人，采取适当措施，帮助他们恢复健全的社会生活，维护社会秩序，保持一定的社会制度的巩固与发展。现代意义上的社会工作主要是一种不以营利为目的的助人自助的专业性社会服务工作，是一种根据一定的价值观念帮助有困难的人走出困境的活动，本质是一种助人活动，特征是提供服务。

二　国外对社会工作的定义

国外不同的学者也都试图对社会工作进行定义：

威特默尔（Witmer）1942年在其所著的《社会工作：一种制度的分析》一书中认为：社会工作是有组织的机构或团体为解决个人所遭遇的困难而实施的一种援助，是为协助个人调整其社会关系而实施的各种服务。史坡林（Siporin）在1975年出版的《社会工作实务概论》一书中也认为：社会工作是一种协助人们去预防和解决社会问题，恢复并增强他们社会生活功能的一种社会制度化方法。

斯基摩尔（Skidmore）在其1994年出版的《社会工作导论》（*Introductionto Social Work*）一书中，对社会工作下了一个综合性定义：社会工作是一种艺术、一种科学，也是一种专业，其目的在于协助人们解决其个人、群体（尤其是家庭）、社区的问题，以及运用个案工作、群体工作、社区工作、行政和研究等方法，促使个人、群体和社区之间的关系达到满意的状态。

---

① 王思斌：《社会工作导论》，高等教育出版社2013年第2版，第8页。

美国社会工作者协会（NASW）于20世纪70—80年代曾出版三期《社会工作》特刊对"什么是社会工作"进行讨论，但意见并不一致。最后被接受的定义是：社会工作是一种帮助个人、群体、社区增强或恢复社会功能并创造有利于实现这一目标的条件的专业活动。①

在2014年7月，在澳大利亚墨尔本召开的国际社工联全体会议上，国际社工联对"社会工作"做出了新定义。社会工作是以实践为基础的专业，是促进社会改变和发展、提高社会凝聚力、赋权并解放人类的一门学科。社会工作的核心是社会公平公正、人权、集体责任和对多样性的尊重。社会工作专业以社会工作理论、社会科学、人类学以及相关的本土化知识为理论支撑，社会工作使人们致力于解决来自生活的挑战，提升生活的幸福感。②

三　实践中对社会工作的几种认知

1. 社会工作是一门专业学科

《纽约时报》曾经刊登过：一个新专业在我们的鼻子底下日渐成熟。这个新的专业就是社会工作。社会工作一度被视为是"挎着篮子"帮助穷人，现在已成为有着科学的方法和艺术手法的专业学科。它救助经济上或是情感上出现问题的家庭。它帮助社区很好地权衡福利及其相关的服务。它在医疗领域、群体和学校中开展工作。它寻求根除造成越轨行为和成人犯罪的土壤。③《中国大百科全书》对社会工作的定义是：社会工作是指国家和社会解决并预防社会成员因缺乏社会生活适应能力、

---

① 孙立亚：《社会工作导论》，中国财政经济出版社1999年版，第10—11页。
② 李晓慧：《社会工作专业的国际新定义》，《中国社会工作研究》2015年第1期。
③ O. 威廉姆·法利、拉里·L. 史密斯、斯科特·W. 博伊尔：《社会工作概论（第9版）》，隋玉杰等译，中国人民大学出版社2005年版。

社会功能失调而产生的社会问题的一项专门事业和一门学科，它的性能是通过社会服务和社会管理，调整社会关系，改善社会制度，推进社会建设，促进社会的稳定和发展。① 实质上，讨论专业的……入手，如社会工作理论及方法、专业权威、专业文化、专业人员、服务对象等，来考察专业要素间是如何相互建构而形成社会工作专业的，从中来讨论专业的功能等相关问题。

2. 社会工作是一件"福利事业"

美国《世界社会科学百科全书》（1972年版）对社会工作解释为：社会工作的目标是帮助社会上受到损害的个人、家庭、社区和群体，为他们创造条件，恢复和改善其社会功能，使他们免于破产。社会工作的职能是帮助人们适应社会和改善社会制度。职业社会工作者的任务是采取适宜的措施援助那些由于贫困、疾病、免职、冲突以及由于个人、家庭或社会解体在经济上和社会环境中失调而陷于困难的人，此外，还参加社会福利政策与社会预防方案的制定。从美国《世界社会科学百科全书》的这个解说来看，他们将社会工作看作是一种职业，认为社会工作就是社会福利工作。在《简明不列颠百科全书》中，"专门的社会工作"是纳入"社会福利事业"的条目中叙述的。中国老一辈社会学家费孝通认为："社会工作就是在党和政府领导下应用各种社会力量（包括民间和各种群众团体的力量）对群众的社会生活福利事业进行管理，其中特别是对丧失或缺乏适应社会生活能力的人，采取适当措施帮助他们恢复健全的社会生活，维护社会秩序，保持一定的社会制度的巩固与发

---

① 何国良、王思斌：《华人社会社会工作本质的初探》，香港：八方文化企业公司2001年版。

展。"① 我国台湾学者叶楚生认为："现代社会工作是指各种由政府或私人运用现代科学知识和方法所举办的事业服务"，这种服务包括以个人、家庭、社团、小区乃至整个社会为对象的各种有组织的活动，目的在协助个人或社会解除并预防其问题，调整个人与社会的关系，发挥个人与社会的潜能，以改善个人之生活并增进社会之福利。② 作为福利事业的社会工作主要指出了其工作的主要范围、对象和方式，社会工业与社会政策、社会制度以及社会发展之间的关系，重点强调了社会工作的社会福利作用。

3. 社会工作是用来调整"社会关系"

这个定义首先出现在1959年由社会工作教育委员会资助的《课程研究》中。这一定义提出："社会工作以个人与其环境互动所形成的社会关系为入手点开展工作，寻求增强个人的社会功能——既包括单独的个人，也包括群体中的个人的社会功能。社会工作实践的作用可以划分为三种，即恢复受损的能力、提供个人资源和社会资源、预防社会功能失调。"美国社会工作学者鲍姆所指出的："社会工作追求增强单个的和在群体中的个人的社会功能，通过开展旨在改善在其中构成人和环境之间互动的社会关系的社会活动来实现这一目标。"③ 作为调整社会关系的社会工作主要是认为，人的本质是社会关系的，要解决"人"的问题必须从人的本质入手，并阐明了通过调整社会关系后所能达到的社会功能变化情况。其实，社会工作在西方孕育发展的过程中，一直是在关注并调整人与社会之间的关系的。笔者认为，作为社会关系的社会工作清晰地道出了社会工作的

---

① 王刚义：《社会工作学》，吉林大学出版社1990年版。
② 范燕宁：《在对现实世界的批判反思中把握社会工作的专业本质》，《社会工作》（学术版）2006年第10期。
③ 夏学銮：《论社会工作的内涵和外延》，《萍乡高等专科学校报》2000年第2期。

切入点、方法以及目标。

4. 社会工作是有价值取向的技术

我国学者张昱认为：社会工作是促进个体和谐发展的社会技术，在本质上是一种具有极其强烈的价值取向的社会技术。他认为，在经验上，我们经常把科学技术直接等同于自然科学技术，无形当中否认了社会科学技术，所以对于人类的治疗人们更重视生理和心理治疗，而忽视了其他方面的治疗。这需要我们大力发展出一种或几种不仅能解决问题而且能提升个体能力的社会技术，这样既能使个体有能力预防问题的产生，又能使个体有能力解决问题，而能使个体具备这种能力的技术之一就是社会工作。他在《社会工作是什么？》一文中讨论了社会工作作为一种专业实务其特质何在的问题，他认为其特质有二：一是技术和涉及技术的知识；二是道德实践意味。[①]

5. 社会工作是道德和政治的实践

朱志强在《社会工作的本质：道德实践与政治实践》一文中阐释了社会工作的本质是道德实践与政治实践的观点。持有这一观点的来由是，朱志强认为：一日不正视和解决社会工作的本质是什么这个问题，社会工作只会继续异化下去，成为管理主义和工具理性所支配的专业。朱志强从社会工作肯定人的尊严与价值，讲求社会正义的角度论述了社会工作具有道德实践的意味。但他认为，当前，在多种因素的影响下，社会工作的趋势是重技术而轻道德实践的，所以，应重新审视社会工作的本质。社会工作政治实践的含义，其一是狭义上的，涉及对国家政府运作的介入、对某种政治价值的落实和持守、对人民与社会和政府之间起了居间的作用；其二是广义的政治实践，

---

① 何国良、王思斌：《华人社会社会工作本质的初探》，香港：八方文化企业公司2001年版。

就算是家庭或个人辅导工作,只要涉及有关人的权力关系,只要理解到个人问题其实是与更广泛层面的社会政治过程息息相关,所谓"个人的就是政治的"(Personal is political)。[①] 没错,社会工作从其理念、价值观以及伦理上来看,是具有道德意义,作为一种专业、职业或制度,社会工作必然参与到社会政策或相关制度的制定以及落实中,它必然带有政治实践含义。

6. 社会工作是社会的建构

王思斌在理解社会工作时指出:从社会建构理论角度看,中国关于社会工作的概念存在三种流行的理解:一是将社会工作理解为人们在本职工作之外从事的福利性、社会性和无报酬工作,即普通社会工作;二是把社会工作理解为政府、工作单位帮助人们解决各种生活和工作的问题,并管理社会生活的活动,即行政性社会工作;第三种理解视社会工作是以助人为目的的专业活动,即专业社会工作。这三种社会理解分别可视为非专业化、半专业化和专业化的社会工作。由此看来,无论非专业化、半专业化的还是专业化的,如果都是社会工作,其实就意味着社会工作是包罗万象的,与其他学科与领域的界限就是模糊不清的,显示不出它专业的特殊性质和方法。其实,无论是非专业化还是半专业化抑或专业化的社会工作,笔者认为它倒是能说明专业的社会工作从其酝酿,到专业要素的出现,最后再到专业要素成熟与完善的过程。成熟的专业社会工作是有其特定的本质的。阮曾媛琪从建构论角度开展了对社会工作本质的理解。在《从社会工作的两极化看社会工作的本质》一文中她解说道:社会工作自从19世纪末在欧美开始发展以来,对其本质的辨析就从没有停止过。

[①] 何国良、王思斌:《华人社会社会工作本质的初探》,香港:八方文化企业公司2001年版。

7. 社会工作的目的是助人

谢立中认为，如果认为社会工作的最终目的是"助人"，那就要以被助的"人"的发展状况或指标来作为策划社会工作过程、判断社会工作效果的依据；如果认为社会工作的最终目的是维护现存社会秩序，那就要以社会秩序的状况或指标来作为策划社会工作过程、判断社会工作效果的依据。他进一步分析，如果社会工作以维护社会秩序为目标，那么如果社会秩序正常或是平衡运行，则社会工作就完成了使命，而事实上，社会当中仍然存在大量有需要、有问题的个人或社会群体。因而，他最终得出的结论是：社会工作的本质是"助人"。

8. 社会工作的指导原则是利他主义

王思斌认为，社会工作是利他主义的社会互动，而且认为这是社会工作最深刻的本质特征。他进一步解释道，社会工作的基本内涵是具有福利性的专业助人活动，是说它不是一般的帮助他人的行为，不是商业合作式的互利行为，也不是以利他为名谋取个人私利的行为，它是以人为出发点并且通过这种帮助行为而使受助者得到某种好处（使其生存状态得到改善）的行为。在这一过程中，没有受助者参与配合，要达到预期效果是不可能的，因此社会工作者常常把社会工作视为一种互动过程。在王思斌的讨论中，隐含着社会工作的专业要素，即受助者社会工作者以及二者的互动，社会工作的专业要素正是社会工作的本质体现。郭景萍的《现代社会工作的基本特征：制度化利他主义》一文在某种程度上也是在讨论社会工作的本质，是从制度角度来探讨社会工作的本质。她认为现代社会工作是一种助人活动，因而是利他主义的，并且认为制度化是社会工作利他主义的深层动因。没错，社会工作是利他性的，这种利他性正是社会工作本质的体现。

第二节　社会管理和社会治理

一　社会管理

社会管理主要是政府和社会组织为促进社会系统协调运转，对社会系统的组成部分、社会生活的不同领域以及社会发展的各个环节进行组织、协调、指导、规范、监督和纠正社会失灵的过程。社会管理在广义上是指，由社会成员组成专门机构对社会的经济、政治和文化事务进行的统筹管理；在狭义上仅指，在特定条件下，由权力部门授权对不能划归已有经济、政治和文化部门管理的公共事务进行的专门管理。

二　传统社会管理的先天不足

先进的社会管理理念是社会管理的前导，是确保社会管理有效性和持续性的思想基础。但是，传统的社会管理还是存在一些不足。

1. 社会管理观念落后

首先，只唯政绩，不唯管理。在传统社会管理的思想指导下，一些地方和部门的领导干部片面地认为："经济上去了，其他一切工作也就上去了"，"政绩只看GDP，经济一白遮百丑"，因此，工作上"一手硬，一手软"，只追求招商引资、上大项目、花大力抓经济增长，不注重社会发展、民生建设和抓社会管理，对于社会基础设施建设，更是缺少投入的热情和动力。

其次，工作中有失公平公正。有的行政机关工作人员特别是领导干部有意无意地把服务和执法的天平倾向强势群体一边，而对于弱势群体则缺少应有的联系、了解和关心。

再者，工作人员重管理，轻服务。一些政府部门的行政执法人员仍然习惯于运用行政强制和经济处罚手段管理社会公共事务，而不善于运用平等协商的手段实施管理，更不善于将执法和管理寓于服务之中。

2. 社会管理主体单一

（1）政府仍然是社会管理的唯一主体。党的十六届四中全会明确提出要构建"党委领导、政府负责、公众参与、社会协同"的社会管理新格局，这就要求政府不能包揽所有社会管理事务，社会管理需要多元化的治理主体。但是，目前各级政府仍然是社会事务的唯一管理者，政府包打天下，管了很多不该管、管不了也管不好的事情，以至于顾此失彼，不堪重负。

（2）社会组织缺乏培育。改革开放以来，民间组织发展迅速，但是从现状看，社会组织的数量、规模，特别是整体能力和作用，都还跟不上经济社会发展的需要。大多数非营利组织，特别是社会团体，存在以下一些问题：一是行政色彩太浓，缺乏应有的民间性、自治性、自愿性和自主性；二是自律机制不健全，缺乏非营利组织应具备的透明度、公信度和良好的行为准则；三是力量薄弱，不能充分利用社会资源和民间资源满足多元阶层、多元利益并存的需要。

（3）社区建设进展缓慢。一是社区村（居）委会行政性负担过重。由于社区管理体制尚未摆脱传统"大政府"观念和长期行政化管理的影响，村（居）委会行政化倾向没有得到彻底改变，绝大部分村（居）委会仍然扮演着"政府派出机构的派出机构"的角色。现有的村（居）委会管理体制与真正意义上的社区管委会体制，在性质和功能上仍存在较大差距，（村）居委会同时扮演着"政府的腿"和"居民的头"的双重身份，行政职能过重，自治任务较虚。由于政府职能转变不到位，重心下移成了任务下移，一些本该由政府直接承担的行政事务交给（村）居委会承担，政府有多少块牌子，社区工作就有多少副担子，"上面千条线，下面一根针"。不仅导致政社不分，而且当政府委派的工作和居民自治工作发生冲突时，村（居）委会往往牺牲居民自治工作，致使村（居）委会在社区居民中的信赖度受到影响。二是城市社区居委会、居民自治组织和物业管理公司三者间关系没有理顺，三者在社区管理中职责不清、权力不清、利益不清，没有形成相互衔接、相互配合、各司其职的有效管理体制。

（4）公众较少参与社会管理。公众是社会管理的基本元素。但是，目前公众参与社会管理的程度仍然不高。其主要原因在于一些行政机关特别是领导干部对公众参与社会管理的重要性认识不足，没有把公众当成社会管理的主体，没有为公众参与社会管理提供条件和平台，不积极吸纳公众参与社会事务的管理。另外，相当一部分公众受传统观念和知识文化水平等因素制约，参与社会管理的热情不高，意识不强，能力不足。

3. 利益表达机制不完善

利益表达是保障社会主体权益的前提，没有顺畅的利益表达机制，权益保障就难以实现。从目前情况看，近年来越级上访频繁出现，群体性事件时有发生，尽管问题产生的原因多种多样，但是社会管理中利益表达机制不完善、制度不健全，应当说是一个重要的因素。

（1）利益表达渠道不畅通。人民代表大会制度是我国的根本政治制度，也是民意表达的基础制度。但是现行人大代表选举还不能完全确保当选人与选民之间的利益代表关系。对于普通的人民群众来说，直接参与人民代表大会活动，表达利益诉求，毕竟机会太少。现行的政治协商制度、信访制度、领导接待制度等利益表达补充形式，由于受到各种因素的影响和约束，只能在局部范围起到一定作用。工会、妇联、共青团、各种学会、协会、新闻媒体虽然在公众利益诉求中发挥了一定作用，但也仅是起到沟通信息和反映情况的"桥梁"作用，强度和力度都受到限制。虽然多年来我们一直要求各级领导干部必须深入基层，深入群众，调查民意，了解民情，但是仍有相当一部分领导干部未能深入实际、深入基层进行认真的调查研究，即使下到基层，也往往是浮光掠影，走马观花，难以真正了解民情民意，倾听群众的呼声。

（2）利益表达主体不平等。由于不同利益群体在自我意识的发育程度、社会资源的占有程度、政治参与能力等方面存在较大差异，因此，在其利益表达过程中，不同利益群体手中掌握的话语权很不平衡。由失地农民、进城民工、下岗职工、无业人员等组成的弱势群体，在利益遭受侵害时，无法有效利用资源，很难通过利益表达维护自身权益。

（3）利益表达方式不理性。不同利益群体之间发生冲突，不善于进行沟通和交流，不懂得通过谈判、协商解决矛盾。有的利益群体违反宪法和法律规定，以恶意甚至暴力的方式表达利益诉求，以致引发群体性事件，造成恶劣的社会影响。

4. 应对社会舆论经验不足

随着社会开放程度的不断提高和社会舆论监督力度的不断加强，信息发布、意见表达的渠道日益多样化，人们获得信息、选择信息的途径越来越多，能力越来越强。一报独大、一刊独大的时代已经成为过去，互联网正在成为人们获得信息的重要甚至是主要手段，开放、多元、不盲从已经成为主流的社会心态和价值追求。但是，一些领导干部对此却反应迟钝，把握不住时代发展的本质要求和社会心态的深刻变化，习惯于线性思维，习惯于发号施令，习惯于为民做主和替民做主，缺少对社会舆论的重视和认识，缺少对公众权利的理解和尊重。他们视媒体为对手或"刺头"，仍然采取传统的手段和简单化方式应对社会舆论，要么以"一捂二盖三拒绝"的态度对待新闻媒体，要么以查封、关闭、删除的办法对待网络信息。有的领导干部缺乏应对媒体的基本经验和常识，面对媒体惊慌失措，无所适从，经常出现"四不说"现象：一是不肯说，害怕影响形象，影响稳定；二是不快说，能推则推，能拖则拖；三是不直说，拐弯抹角，指东说西，不敢公布事实真相；四是不先说，只有等到媒体炒作之后才不得不出来解释或辟谣，往往导致媒体和公众的强烈问责，演变成政府危机和社会危机。

三　社会管理向社会治理转变的必要性

政府等其他公共组织对社会管理的方式是与社会发展的整体水平相关的，传统社会管理在一定时期和一定条件下能满足和适应社会的发展。但随着社会的不断进步，文明的日益发展，公民精神的进一步苏醒，传统的社会管理已经不能与社会发展相适应，这个时候，治理理论逐渐从学术界走向实践。

进入21世纪以来，党中央越来越注重社会秩序的维护和建设，这既是我国进入新时期面临新机遇、新挑战所要求的，也是社会主义现代化建设的本质要求。在经济持续高速发展、社会矛盾不断增加的情况下，中共十六届四中全会做出了"建立健全党委领导、政府负责、社会协同、公众参与的社会管理格局"的重要决定，构建社会管理新格局成为各级党组织和政府的重要任务。

然而由于经济社会问题的复杂性，也由于对创新社会管理过多做了维稳式理解，所以期望的社会管理格局并没有真正形成，倒是积累了许多经济社会问题。其重要表现是片面追求经济增长导致矛盾多发，自上而下、依靠强制力量、治标不治本的维稳导致问题积累和社会矛盾激化，特别是官民矛盾的激化。这种维稳式社会管理看起来是解决了问题，但是实际上却伤害了官民关系、政企关系，使许多地方的社会秩序趋于紧张。不解决这一问题就是抽去了社会主义和谐社会的精髓，就不能真正走向和实现执政党所期望，并向人民承诺的全面建成小康社会的目标。中共十八大审时度势提出要"加快形成党委领导、政府负责、社会协同、公众参与、法治保障的社会管理体制"，这是对过去一段时间社会管理中出现伪社会问题的纠正。

中共十八届三中全会提出了"创新社会治理体制"的任务，用"社会治理"代替"社会管理"是执政党社会管理思想和理念的重要转变，它表示了对过去维稳式社会管理的反思，是对新的社会管理方式的探索，也是对现代国家治理体系和治理能力现代化的积极实践。在此基础上，中共十八届五中全会又进一步提出"加强和创新社会治理，推进社会治理精细化，构建全民共建共享的社会治理格局"，从"创新社会治理体制"到"构建全民共建共享的社会治理格局"反映了执政党对社会治理理念和体制、机制的认识达到了新的高度，从而也为在本质意义上实现共建共享的社会治理奠定了理论基础。

四 社会治理的内涵和特征

1. 社会治理的内涵

从运行意义上，"社会治理"实际是指"治理社会"。或者换言之，所谓"社会治理"，就是特定的治理主体对于社会实施的管理。社会治理理论是西方治理理论的重要组成部分。由于西方国家治理理论奉行社会中心主义和公民个人本位，因此，理性经济人的社会自我治理，在理论逻辑上构成了西方国家治理理论的核心内容。

在特定意义上可以认为，西方国家的治理理论，本质上即是理性经济人为基础的社会自我治理理论。姜晓萍认为："如果说 19 世纪至 20 世纪之交的改革家们倡导建立最大限度的中央控制和高效率的组织机构的话，那么 21 世纪的改革家们则将今天的创新视为是一个以公民为中心的社会治理的复兴实验过程。"①

在我国，社会治理是指在执政党领导下，由政府组织主导，吸纳社会组织等多方面治理主体参与，对社会公共事务进行的治理活动，是"以实现和维护群众权利为核心，发挥多元治理主体的作用，针对国家治理中的社会问题，完善社会福利、保障改善民生，化解社会矛盾，促进社会公平，推动社会有序和谐发展的过程"②。

根据十八大报告表述，我国的社会治理是在"党委领导、政府负责、社会协同、公众参与、法治保障"的总体格局下运行的中国特色社会主义社会治理。十八届三中全会的《中共中央关于全面深化改革若干重大问题的决定》在全面深化改革的意义上进一步指出，我国的社会治理主要关节点在于"四个坚持"，即"坚持系统治理，加强党委领导，发挥政府主导作用，鼓励和支持社会各方面参与，实现政府治理和社会自我调节、居民自治良性互动。坚持依法治理，加强法治保障，运用法治思维和法治方式化解社会矛盾。坚持综合治理，强化道德约束，规范社会行为，调节利益关系，协调社会关系，解决社会问题。

---

① 姜晓萍：《国家治理现代化进程中的社会治理体制创新》，《中国行政管理》2014 年第 1 期。

② 胡锦涛：《坚定不移沿着中国特色社会主义道路前进 为全面建成小康社会而奋斗》，《人民日报》2012 年 11 月 9 日。

坚持源头治理，标本兼治、重在治本，以网格化管理、社会化服务为方向，健全基层综合服务管理平台，及时反映和协调人民群众各方面各层次利益诉求"。社会治理理论打破了传统的、高度集中的、政府主导下的等级组织管理方式，为协调国家、市场和社会三者的关系提供了一个新的实现渠道。其蕴含的互动合作、公平民主与协商参与等治理理念，有助于我国更好地推进社会治理实践。

2. 服务型社会治理的内涵

服务型政府，是相对于管理型、权力型、命令型政府而言的，它是在公民本位、社会本位理念指导下，在整个社会民主秩序的框架内，通过法定程序，按照公民意志组建起来的以为公民服务为宗旨并承担着服务责任的政府。服务型治理正是在此基础上提出的与社会治理相结合的治理方式。社会工作机构（社会服务机构）在参与社会治理方面，更多地表现于它的服务功能，虽然其中有利益诉求政策倡导，但都是以服务困难群体为基础的，相比较于服务型政府，服务型治理的主体更加多元，形式更加灵活，受众更加广泛，称之为服务型治理。

3. 创新性社会治理的内涵

创新性社会治理有如下几个基本方面：一是从推进国家治理体系和治理能力现代化的高度看待社会治理创新，把它看成国家现代化建设的有机组成部分，这就超出了一般工作的层次。二是赋予社会以主体性，强调社会也是社会治理的主体，而不是只强调社会力量的配合。正确处理政府和社会的关系，加快实施政社分开，实现政府治理和社会自我调节、居民自治良性互动，赋予社会以更多主体性，这是社会治理的基础。三是面对我国以维稳为基本导向的社会管理实际，对于一些地方政府在社会管理上的恣意妄为，社会治理则是一种明显的纠偏。

4. 社会治理的特征

(1) 实现社会治理主体的多元化

在计划体制下，我国形成了政府与社会高度一元化的社会结构和社会治理模式。在这种模式下，政府是唯一的社会治理主体，国家几乎垄断了所有的社会资源，控制着所有的社会空间（并利用单位体制形成了政府—单位—个人垂直单线式的治理模式）。市场化改革以来（单位体制发挥作用的基础性条件发生了变化），社会开始出现了比较大的自由空间和自由流动资源（这些变化对改革以前以单位组织为载体的总体性社会结构进行了深刻的解构），国家垄断全部重要资源的状况得到了改变。社会自主能力和空间不断得到提升，一个具有相对自主性的社会开始形成。但原先的计划体制并没有受到过多的削弱，政府仍然保持着在社会治理过程中的至上地位。在这种一元化的治理模式下，囿于政府自身的局限，常常导致政府社会治理效率低下，公共物品供给不足。随着我国公民社会的兴起，行业组织、中介组织、民间团体等民间组织的大量涌现，其独立性与合法性地位日益巩固，并成为社会自我治理的重要主体。这种多元化治理主体的兴起对我国政府传统的一元化主体的治理模式必然会提出新的要求，使政府、企事业单位、民间组织和个人在平等的基础上共同参与、决定社会事务的建设和发展。

(2) 实现社会治理路径的双向性

在高度一元化的社会结构与社会治理模式状态下，政府与公民、政府与社会组织之间是管理与被管理、控制与被控制的关系。随着我国公民社会的兴起，公民社会组织参与公共治理的程度越来越深，极大地改变了政府以往的运行环境，要求政府相应地转变自身的行为方式，实现社会治理过程中政府与公民的互动，增强政府的回应性。在公民社会中，政府社会治理过程应该是政府与公民的合作管理,它要求政府在治理过程中始终与公民进行良性的互动与沟通,力求打破传统社会中政府单向治理的格局,政府与公民之间建立平等的对话机制,加强彼此的合作。这意味着政府治理模式应由单向治理模式向双向互动治理模式转变。

(3) 实现社会治理行为的法制化

我国是一个人治传统悠久的国家。新中国成立后,由于巨大的历史惯性,人治的传统并没有被彻底地清除,在政府管理过程中一直奉行缺乏统一性、连续性和稳定性的政策行政。虽然政策行政具有灵活性,执行力高,但是这同时也导致了政策超越法律和制度、权大于法的现象。因而从本质上说,政策行政仍然带有人治色彩。公民社会组织的不断出现,使社会治理主体呈现多元化的局面,它们需要法律来保障其相对于政府治理主体的合法地位和合法权益。

多元主体的社会治理模式的运行是以法治为基础的,强调运用法律手段来限定政府行政机关的行政权限、方式和程序,把政府行为限定在法律的框架内,确保政府权力运行的规范性和有序性。把政府与企业、政府与公民之间的权力和义务用法律固定下来,既可以有效地制约公权的滥用,也可以防止私权的乱用。因此,政府治理行为的法治化将成为必然选择,政府治理行为由人治向法治的转变既是公民社会发展的必然趋势,更是社会文明进步的重要标志。

第三节 社会工作在社会治理中的工具性作用

一 社会工作和社会治理的关系

研究和进行社会治理要确定治理的主体和对象,要确定待治理领域的利益相关者和它们之间的关系。进入治理范围的相关主体之间的关系可以被称为治理关系，它不但是指哪些利益主体进入了治理领域，而且也指它们之间是何种关系——它们在该社会领域的权力和利益关系、社会地位、资源占有情况，以及可用来进行协商互动的规则，乃至以往它们之间处理类似相互关系的经验，都是确定它们之间治理关系的要素。社会治理关系是围绕着一定的公共事务和社会事务，由政府、社会组织和民众等相关利益主体共同形成，通过它们之间的协商、合作等互动形式表现出来的关系。

社会工作参与社会治理，实际上是以社会力量（社会组织）的形式出现的，社会工作在一定的公共事务和社会事务场域中，与其他各方形成治理关系，参与治理行动。在这里，虽然实际参与社会治理活动的是具体的社会工作者，但是社会工作会以组织的形式出现。这就是说，社会工作参与社会治理只是众多行动者中的一个。在社会治理过程中，社会工作要在多种治理关系中发挥自己的作用，以达到治理目标。社会工作参与社会治理的具体地位，主要由公共事务和社会事务场域的性质以及社会工作在治理关系体系中的位势决定。

二 社会工作和社会治理之间的契合

从国家层面来看，构建共建共享社会的治理格局是政府、企事业单位、社会组织和广大民众共同的责任，从总体上来讲，也是各方期望达至的目标，因为共建共享社会治理格局意味着各方免于无规则的恶性竞争，免于恶性竞争所导致的不良生存环境，而有利于社会公正、社会和谐。社会工作作为一种社会力量，对共建共享社会治理格局也有自己的追求，并在此过程中承担着不可替代的作用。而且重要的是，社会工作与共建共享的社会治理具有同构性，二者之间是高度契合的。

1. 社会工作是社会治理的参与者

社会工作作为服务困难群体、促进社会和谐的专业服务活动，是一种服务型治理。社会工作参与社会治理有如下专业特点：第一，社会工作是以服务困难群众、困境人群为本的，从利益分配的角度来说，他们是利益的受损者，帮助他们解决现实问题会促进社会治理。第二，社会工作对问题的解决是参与式的，社会工作强调服务对象的参与，表达意见，并努力实现相关利益各方的有效沟通。第三，社会工作通过促进服务对象与环境的共同改变来解决问题，社会工作面对的问题有多重成因，它们来自困难群体和外部环境两个方面。

宝丰县的社会工作实践很好地体现了社会工作是社会治理参与者的这一特征，以宝丰县暑期留守儿童托管项目为例，宝丰县社会工作直接服务的对象是宝丰县的留守儿童，据宝丰县有关部门统计，2015年留守儿童人数到达12000人左右，这些留守儿童和他们的家庭可以说是完全意义上的困难家庭。宝丰县留守儿童相比较于全国其他的有父母陪伴的儿童，他们没有父母的陪伴，无法获得更好的教育，生活条件更差。但是，宝丰县社会工作的开展，有效地解决了这些问题。一方面，满足了农村留守儿童以及家人的迫切需求，解决了暑期留守儿童监管缺失的问题，有效降低了留守儿童假期安全事故的发生率，解除了其外出务工父母的后顾之忧。另一方面，协助本地大学生创造价值，为贫困家庭增能。本项目将有偿招募本地贫困优秀大学生，使他们既可以完成学校的暑期社会实践任务又可以照顾家庭，同时通过社会工作专业培训和实践，提升贫困家庭自我增能和社会融入。

案例1：主人公是三年级学生徐梦恩，男，10岁，居住在岳坟沟，家里独子。

他是一个非常腼腆的小男孩，但在学校不太爱学习，也有一些偏差行为，比如故意绊倒同学、拿水泼同学等。在发现了梦恩的情况后，我们先对他进行了仔细的观察，包括在课堂上和生活中的行为表现：在课堂上，总是没有精神，发呆，或者做其他事情，根本不听课，不知道他心里怎么想的。老师叫他朗读课文，他只读了两句，声音特别小，表现得特别没有自信。而叫他做自我介绍，他也说不出自己的爱好和理想，总是红着脸逃避着。与此同时，我们通过与校长和老师及其同学的沟通和了解，初步掌握了梦恩的家庭情况和平时的学习表现，对他的性格也有了一定的了解。

专业社工人员首先进行了家访，通过与其邻居和父亲的交流，了解到有关徐梦恩的基本信息。小梦恩是被抱养的孩子，父亲经济收入不高，为了养家，常年在外打工，以干体力活获得收入，2013年在干活时肩膀受伤严重，不能再干重活。他的母亲有轻度智力障碍，患有类风湿，导致瘫痪，生活几乎不能自理，常年需要药物治疗，家庭条件很困难。我们还从邻居家了解到梦恩在家特别懂事，父亲不在家时他都自己做饭，并且照顾妈妈的生活。家里的房子还是土坯房，只有一间房子，床上连铺的东西都没有，睡的枕头就只是块海绵，而且完全没有学习的环境，父亲常年在外，也不知如何关心教育他，母亲更不可能照顾他，这可能是导致梦恩不爱学习、出现偏差行为的原因。

暑期招募的专业社工人员，了解了基本情况之后，立即着手制订了有关小梦恩的矫正计划：

表 2—1　　　　　　　　　关于小梦恩的矫正计划

服务阶段与内容	个案辅导内容	小组活动	小组活动内容	社区活动	社区活动内容
第一阶段：破冰之旅，与案主建立专业的服务关系	通过刚开始的活动课和自我介绍，以及课下的接触交流，我们已经与这几位案主建立了一定的关系，尤其是和徐梦恩、杨一铭，我们在课下已经可以很好地交谈。	在个案开展一段时间后，对他们有了深入了解后，为几个案主开展第一次"心理疏导小组"活动。	1. 进行小组内的破冰游戏。2. 向案主说明小组成立的目的与目标。3. 让案主分享自己的生活学习感受。4. 使案主对小组有归属感，建立专业的服务关系。		
第二阶段：需求评估，初步建立案主需求库和可用资源库	在闲暇时继续主动与案主进行交谈，询问生活或者学习中的困惑及需求，同时向他询问家庭情况和对周围人事的感受，初步确定需求与可利用资源，并鼓励案主在遇到困难时主动找社工老师。	为几个案主开展一两次"心理疏导小组"活动。	1. 增强几个案主之间的了解认识。2. 建立几位案主间的互动关系，逐步扩大他们的朋友圈。3. 根据小组内的交谈，进一步确定案主的需求。	在案主的学校和所生活的社区进行问卷调查和访谈。	对案主的老师、家人和周围邻居进行问卷调查或访谈，最终确定案主的需求与可利用资源，建立需求库可利用资源库。

续表

服务阶段与内容	个案辅导内容	小组活动	小组活动内容	社区活动	社区活动内容
第三阶段：可利用资源与案主需求对接，帮助案主增能，为案主赋权	社工以协助者和合作者的角色，发展案主的兴趣爱好，鼓励案主努力学习、与他人交往，与父母多沟通交流，并同案主一起面对困难、解决困难。	增加几名其他学生进入小组，让几位案主与他们接触交流。	1. 围绕案主与其他学生的互动关系开展活动。 2. 增强案主社会的交往能力及其社会支持关系。 3. 帮助案主顺利融入班级日常学习和活动中。	在案主所在学校开展活动，让几位案主参与其中。	1. 开展师生互动，让案主体会到老师的关爱。 2. 开展亲子互动，改善案主与家人间的关系。 3. 开展同学间互动，让案主体会来自同学们的关心照顾。
第四阶段：效果评估、总结反思与项目运行机制提炼	观察案主在经过前三阶段服务后的变化，包括学习上的，与朋友、老师、家人间的关系改善方面，自我能力提升方面，进行效果评估，并总结反思。另外，致力于整个系统的保持，我们将对老师和社区居民进行理念的传播，以及方法的介绍，尝试建立可以复制的留守儿童社会工作服务的长效机制。				

在专业社工人员的帮助下，小梦恩的情况得到明显改观。

2. 社会工作和社会治理都强调协商共建

社会治理的基本前提是相关各方共建，而不同利益各方能够共建的前提是协商，因为相关各方的共同努力会使问题变得"可治理"，在这一过程中各方不能走在一起协商就不可能开启共建进程。社会工作在服务中寻找造成服务对象困难的生态方面的原因，并尽力帮助解决服务对象与环境的关系失调问题，这实际上是在通过调动各相关方的共同努力使问题变得"可治理"。在这一过程中发挥作用的不是利益对立、压制和强制，而是各方利益的充分表达，由此达成的治理应该是功能共享的。

3. 社会工作参与治理强调社会公正

社会工作的社会价值追求是社会公正，社会工作所做的不是"革命"，而是改善现有的利益分配结构，使之更加公正，使社会更加和谐。和谐社会是社会成员共享的社会。从理念、方法，要达成的目标的角度看，社会工作参与社会治理与共建共享的社会治理是同构的、是高度契合的，社会工作应该而且能够在构建共建共享的社会治理格局中发挥积极的作用。

4. 社会工作与社会治理的理念相契合

社会制度的灵魂是理念和制度体系，它是制度之所以存在、并具有合法性的基础。社会治理的基本理念是维护广大人民的根本利益和社会秩序。社会工作的基本理念是以人为本，为有需要的人解除困扰，使其能够正常地生活，从而促进社会和谐和社会进步。社会工作并不只是一般地谈论维护人民利益，而是着眼于困难群体、弱势群体的现实生活，运用"助人自助"的服务理念，切实解决他们的生活问题，进而促进社会公正，实现有深厚基础的社会秩序。社会工作和社会治理的理念相契合，从基本民生和民本的角度去理解社会治理，将社会治理建立于坚实的民众拥护的基础之上，就能够将治标和治本有机地统一起来，从而更好地治理社会，促进社会的稳定发展。

宝丰县在开展社会工作过程中，强调参与主体的多元性，积极引进相关社会主体参与社会治理，和郑州大学公共管理学院社会工作系签订战略协议，打造社会工作服务示范区，共建社会治理。协议全文如下：

郑州大学—宝丰县
合作建设社会工作服务示范区战略协议

甲方：郑州大学公共管理学院社会工作系
乙方：宝丰县人民政府

第一条　双方认为

1. 为促进实施社会工作服务标准化建设以及推动社会工作服务全面深入发展，我国相继出台了《国家中长期人才发展规划纲要（2010—2020年）》（中发〔2010〕6号）、《关于加强社会工作专业人才队伍建设的意见》（中组发〔2011〕25号）和《社会工作专业人才队伍建设中长期规划（2011—2020年）》（中组发〔2012〕7号），反映出国家对于社会工作人才队伍建设以及社会工作服务发展的高度重视。

2. 2014年初，民政部在全国范围内开展了首批社会工作服务标准化建设示范创建活动。河南省宝丰县被民政部确定为全国社会工作服务示范地区，首批61个示范区中，宝丰县是河南省唯一的县区示范点。郑州大学和宝丰县分别作为从事社会工作教学研究单位和社会工作服务示范地区有责任为贯彻落实国家相关文件精神以及推进我省社会工作的整体发展做出自己的贡献。

3. 指导地方建立社会工作人才培养体系，为社会工作以及相关岗位培养具有资质的专业人才，是贯彻上述文件不可缺少的基础性工作；应该尽快通过实践基地进行社会工作服务探索，并在此基础上为建立符合国际社会工作专业标准，又适用于我国农村本土化的社会工作实务模式贡献力量。

4. 甲方自 1988 年设置了社会工作专业，是全国最早成立社会工作专业的四所高等院校之一，也是全国首批三十三个社会工作硕士研究生（MSW）培养试点单位之一。在人才培养方面，郑州大学社会工作系通过与社会工作实务机构的密切合作，建成了一批成效显著的社会工作实习基地，如与郑州市救助保护流浪少年儿童中心合作，组织社会工作大学生参加救助保护流浪少年儿童的外展社会工作。郑州大学社会工作专业的这一人才培养模式得到了民政部和联合国儿童基金会的好评，外展社会工作成为救助保护流浪儿童的"郑州模式"的重要组成部分。2008 年，由武汉大学科研评价中心公布的中国大学本科教育排行榜中，郑州大学社会工作专业排名第七，业已形成了较为完善的师资培训队伍和培训管理体系；乙方近年来一直专注于社会工作人才队伍的培育以及服务探索，于 2013 年成立了宝丰县社会工作人才队伍建设领导小组，并于 2012 年在民政局设置了独立的社会工作管理机构社工指导中心。双方近年来在社会工作人才培训以及专业探索方面的工作是卓有成效的，已经具备了合作开展社会工作服务示范区建设的基础。

第二条　双方决定

1. 签署战略合作协议，在宝丰县建立郑州大学社会工作实践基地和社会工作专业人才培训基地，并以此为平台进行长期合作。围绕如下领域开展工作：

（1）县域社会工作人才队伍建设及管理研究；

（2）具有中国特色的农村社会工作实务探索；

（3）协助推进公益慈善类、社区服务类社会组织建设，推进政府购买社会工作服务的开展；

（4）健全农村社会保障体系，围绕老年人、妇女、儿童等弱势群体进行福利项目研究及服务模式探索。

2. 为合作研究持续发展，联合成立"郑州大学—宝丰县社会工作实践培训基地办公室"，组织构架如下：

主任：

执行主任：

联络人：

实践基地办公室设在宝丰县民政局。

2. 甲方将根据工作需要，组织社会工作专业的师生到宝丰县进行专业服务和相关研究，并为乙方每年开展社会工作专业人才培训提供师资力量，乙方提供一定的经费支持和服务保障。

三 宝丰县社会工作在社会治理中的作用

1. 发挥社会工作价值观念引导的作用

物质决定意识，意识对物质具有反作用，价值观念作为意识的一种，指导着社会实践行为。社会治理是一个价值问题，[①]社会工作作为一种现代社会的制度安排，在解决社会问题时发挥着重要作用。社会工作的价值观在解决困难群体、弱势群体的基本生活问题的过程中，发挥着坚定信念、指导实践的作用。社会工作坚持人类福祉、社会和谐与社会公正的价值观，致力于解决贫弱群体和其他有需要群体的问题，尽力促进社会融合与和谐，追求社会公正，[②]这些都对以解决社会问题、促进协同合作、实现基本秩序的社会治理有较多交叉点和一致性。社会

[①] 张康之：《社会治理的价值》，《国家行政学院学报》2003年第5期。

[②] 王思斌：《社会工作概论》，高等教育出版社2014年版，第26—27页。

工作与社会治理的基本价值一致，这使得社会工作可以有较强动力参与社会治理。

宝丰县在社会工作开展过程中，坚持社会工作服务的核心理念，以社会工作专业理念为指导，以满足人民群众服务需求、加强社会对留守儿童的关注为根本出发点，以培养使用社会工作专业人才、实施农村留守儿童社会保护计划、构建完善的社会保护与支持网络为基础，探索推进关爱留守儿童和困境儿童工作和政府购买社会工作服务的方法和途径。利用社会工作作为介入社会治理的有效手段，以留守儿童为切入点，促进留守儿童健康成长，在成长发展领域进行思想引导、习惯养成和社交指导等，为他们提供思想道德教育辅导，引导他们积极践行社会主义核心价值体系，形成正确的世界观、人生观、价值观；提供正确的行为指导和良好的习惯训练，帮助他们形成正确的生活、学习和行为习惯；培养他们良好的交往动机和交往品质，提高他们的合作意识和能力、沟通交往技巧和能力，对社会交往有障碍的孩子进行社会关系调适，帮助其融入社会。在维护合法权益领域，帮助他们获得政府救济和保障以及社会资助和帮扶，同时培养他们自强自助的生活态度；通过心理疏导，缓解或消除他们的心理问题，提高情绪自我管控能力，从而促进健康人格的形成。开展多种形式的活动，培养和提升他们自我保护的意识和能力。

案例二：基本情况：胡艺馨，留守儿童，女，二年级，8岁，有一个哥哥（外出务工，18岁），父亲外出务工（具体工作询问多次，未果），常年不在家；母亲在宝丰附近制帽厂打工，偶尔回家；平时和奶奶一起生活。

介入状况：胡艺馨是社工人员来到小神童学校第一个

接触到的学生，她体形瘦削，有些营养不良，第一次"破冰之旅"的社工活动中，按照座位顺序，胡艺馨被排在第一个做自我介绍。她十分腼腆，举止忸怩，不愿意站在同学面前介绍自己，班里其他同学的议论声更是盖过了她微弱的声音。最后在社工人员和其他同学的鼓励下，她终于害羞地介绍了自己："胡艺馨，今年8岁，喜欢看动画片。"然后又像受惊的小兔子一样马上又躲回自己的座位。

在后来的社工课上，社工人员观察到个案对象其实非常愿意参与班级活动，但是又因为不太自信，常常不愿意表达自己的看法，被集体其他成员忽略，最终导致她在集体活动中常常神游，不能集中精力，对于老师交代的游戏规则，也常常是"左耳朵进，右耳朵出"。于是，社工人员尝试改变班级学生座次，将性格开朗的胡艺林调成她的同桌。很巧的是，两位同学的名字里面都带有"胡艺"二字，我开玩笑地启发她们这个就叫作缘分，两人的相遇是很不容易的，要互相珍惜对方。无心插柳柳成荫，经过后来的观察，工作人员发现两人逐渐成为了形影不离的好朋友，课堂活动中的协作也很合拍。重要的是，胡艺馨也逐渐变得开朗起来，在第一星期开展的"认识你我"生命课程中，胡艺馨自告奋勇，居然勇敢地站在大家面前发言，说出自己的兴趣爱好。除此之外，在到"小神童"的第二天晚上，三年级有一位女生因为不会洗澡而哭哭啼啼，这时，平时不爱表现的胡艺馨居然站出来，主动安抚这位姐姐。社工人员顺水推舟，把胡艺馨、胡艺林叫到一起，让她们一起帮助这个三年级的同学学习自己洗澡。胡艺馨因为之前就长期住宿，所以表现得非常娴熟，那个三年级的女生在一群小妹妹的安慰下也逐渐稳定了情绪。那之后，校园里常常能看到她们仨愉快嬉戏的身影。

通过课余时间与案主、案主同学以及自己的观察，社工人员了解到胡艺馨的家庭经济状况并不好，家里有一个哥哥已外出务工，家长的文化水平不高，对孩子的学习生活缺乏关注，基本不怎么过问孩子的学习生活。胡艺馨的学习成绩基本徘徊在及格线上下，衣服常常是很脏了才会换洗，和人交流缺乏基本的社交礼仪概念。虽然在"破冰之旅"中逐步克服了内向腼腆的性格缺陷，但由于语言表达能力缺乏锻炼，常常很急于表达自己大吵大嚷，口水四溅，但说话对象却不知道她在说些什么；过分依赖老师和朋友，常常会在课下跟着社工老师，喜欢"贴"着老师和朋友（比如特别喜欢老师拥抱，摸头），考虑这可能与其家庭重男轻女缺乏关爱有关。发现受到关注时，其就会干劲十足；一旦发现被忽略就会像"泄了气的皮球"，不好好完成布置的任务。在本周的"行为纠正"主题课堂中，通过"青蛙跳水""比比谁更强""我也站军姿"小组活动，社工人员正在观察案主的改变，通过游戏告诉案主以及其他同学，专注力、纪律和规则的重要性。

在上述案例中，专业社工人员发现了留守儿童心理和生活中存在的问题，在社会工作人员助人价值观的指导下，努力解决胡艺馨同学的问题，帮助其改正缺点，让其变得更加开朗，养成乐于助人的好习惯，树立正确的价值观，帮助小艺馨健康成长。同样面对越来越多的留守儿童（见图2—1），此案例具有很强的借鉴意义。

2. 发挥社会工作作为参与主体的作用

当前我国社会治理要解决的问题多数是在经济社会发展中

图 2—1　留守儿童

出现的问题，有些问题已经变得相当严重，如贪污腐败现象、严重的社会分化等，这些是需要通过法律来解决的。而社会问题中也有大量社会关系失调、社会政策实施不力等问题，这些问题则具有较强的可治理性，① 社会工作可以而且应当在其中发挥作用。在参与社会治理的过程中，社会工作者（机构）不是利益争夺的一方，其非利益相关性有利于发挥治理作用。实际上，社会工作在服务过程中通过增加贫弱群体的福利，并不损害他人利益，从而有利于治理活动的开展。在宝丰县的社会治理活动中，社会工作范围的专业社工人才，专业社会机构已经成为社会治理的主要参与者。近年来，宝丰县委、县政府十分注重培育和发展宝丰县社会工作专业人才。通过专业社会工作人才的培育，扶持专业社会工作机构，积极参与社会治理，解决宝丰县在社会治理中出现的问题。

实践中，宝丰县在留守儿童比较集中的李庄乡霞光学校、

---

① 俞可平：《治理与善治》，社会科学文献出版社 2000 年版，第 77 页。

前营乡曙光学校、前营乡兴华学校、城关镇小神童、城关镇文龙学校、商酒务镇星光艺术学校6个地点设立暑期托管中心（见图2—2），投入财政资金13万元，通过资金的投入，为社会工作机构提供必要的物质保障，鼓励和引导社会工作机构参与社会治理，参与共治解决留守儿童问题。同时宝丰县积极扩大社会工作作为社会治理主体的内涵，与郑州大学公共管理学院社会工作系合作，引入专业的社会工作人员。

图2—2 社工人员指导小朋友课余学习

以宝丰县2014年暑期留守儿童托管服务为例，共聘请了63名大学生老师，接收了876个孩子，郑州大学社会工作系27名师生分为6个工作小组全程介入提供专业的社会工作服务和督导评估，并对社会组织相关人员和志愿者进行社会工作专业培训。共为804名留守儿童建立了服务档案和健康档案，采取问卷调查的形式面向托管中心所有留守儿童和特困家庭儿童进行了一次需求和服务质量评估，从个人及家庭基本状况、教育状况、健康卫生状况、安全意识状况、人际关系状况以及对服务方式的满意程度六个方面做了详细深入的调查，回收问卷824份，其中有效问卷804份。围绕项目目标共设计了7个服务主题，策划并实施了14个团体/小组活动、开展了13个个案，并为每个案主建立了规范的服务档案。对私立学校的教职工进行培训，使他们初步掌握维护青少年权益、保护孩子健康成长的专业知识。通过一个多月的专业社会工作服务，增强了留守儿童的人际交往能力、情绪处理能力、应对意外伤害的自我保护能力、健康生活的自理能力和自觉自主的学习能力。

在实践过程中，充分发挥社会工作作为社会治理参与主体的作用，协助共治，共建有效的社会治理局面。

3. 发挥社会工作畅通意见表达渠道的作用

社会工作是为困难群体、底层群体和其他有需要群体服务的，不管是直接服务还是间接服务，社会工作者都与服务对象有密切联系，要了解他们的需求和难处，知道他们生活的艰辛，而且针对这些问题和困难开展实际的服务工作。所以，社会工作者是最了解社会底层的职业群体之一。正因如此，他们也最能了解社会不和谐的状况和社会风险，向政府提出修改和完善政策的建议。另外，社会工作者通过帮助实施社会政策，能比较深入地了解政府的政策目标。这种对政府和基层民众的双重理解，有利于社会工作者在参与社会治理中理性地选择自己的立足点，促进社会治理。

在我国传统的社会管理范畴内，由于历史和各方面的原因，官方的社会问题和政策建议反映渠道一般都不是特别通畅。宝丰县同样如此，民众和政府之间的交流有限，但是自宝丰县社会工作的介入后，则有效地改变了这一境况。社会工作深入民众生活的工作本质，可以天然地了解基层民众的生活状态，获取民众对政策的意见和建议，同时，向政府反映民生，表达民意，帮助政府部门改进工作作风和工作方法。在宝丰县的调研过程中，我们作为暑期留守托管服务项目的一员，在工作和访谈中，对宝丰县通过社会工作上传下达，畅通沟通渠道的作用感受颇深。可以在典型的访谈中体现出来（见图2—3）：

图2—3　研究生凡东伟、段阿玉访谈星光学校校长

访谈记录：

访问人：段阿玉、谷庆紫、凡东伟、齐一鸣、张鹏远、杨婷、刘晓文、张浩

访谈时间：2016年7月10日上午9点30分

访谈对象：星光学校校长

问：暑假期间留校的学生有多少？

答：100多人吧。

问：怎么这么多儿童？

答：因为他们大多都是留守儿童，虽然由爷爷奶奶看管，但是他们不听爷爷奶奶的话，爷爷奶奶只能做到孩子的吃喝不愁，却无法在孩子的成长之路和求学之路上给予帮助。

问：是你们主动承办的这种活动还是民政局要求的？

答：是我们主动承办的，但是民政局会派支教人员来表达对我们的支持，我们也很感激上级对我们的关心。

问：你们这儿的收费标准是什么？

答：我们这儿基本不怎么收费，只收一点生活费，每天10块钱，我们每年举办的这种活动已经成为固定模式，只希望孩子健康安全就好。

问：孩子的饮食怎么样？

答：孩子饮食我们是经过严格把关的，我们采用全清真饮食，而且有固定的采购点，饮食上还有卫生许可证。

问：安全责任由谁承担？

答：是民政局倡导的，我们去实施，主要还是因为我们心疼孩子，想为孩子多付出一些，献出自己的爱心和微薄之力去帮助孩子过一个快乐的暑假。晚上有的学生不回去的话，我们还有专门老师陪同，陪他们做游戏或者辅导家庭作业。

问：当时做这个活动的时候，心里忐忑吗？

答：没，我们只是希望孩子的暑假都能安全并快乐，暑假我们还会举行娱乐活动去丰富孩子的暑假生活，其他的没有想太多。

问：你们做这项活动的时候，孩子的爷爷奶奶认可吗？

答：非常认可，因为在家孩子也不听他们的，而且我们的制度很活便，早上几点送来都行，我们接纳孩子以后晚上他们随时过来接孩子，而且接孩子的时候需要刷身份卡，以确保孩子的安全，学校基本成了全天托管，他们的爸妈知道了也很开心。

问：你们对来的支教人员有什么看法？

答：他们大多都是大学生，大学生也是学生，我们很感谢他们，大学生为学校做了不少工作，他们不仅给孩子进行思想教育，甚至把生活用品给他们，他们的态度很积极，走的时候还留下了联系方式，在这儿的时候他们还给孩子们洗澡并很乐意地跟孩子做游戏，让孩子的生活变得很快乐。

问：您对社会工作了解吗？

答：一些专业术语和理论知识我不太懂，但是行动上该做的我都做了，加上领导对我们工作的大力支持，我们在用行动表达自己的心意。

问：2014年是政府出资吗？和现在有什么区别吗？

答：2014年的时候是政府出资，现在不是，现在是我们自己承担，这两者各有利弊吧，不过我们没想太多，尽自己所能，我们也顶着很大的压力去办这种活动，但是只要孩子快乐健康我们也就知足了。

问：您感觉到累吗？

答：我本身就是个爱操心的人，因为有些孩子的家长早上去地里干活，他们把孩子送来的比较早，所以我一般早上五点多就起床了，这帮助家长解决了他们的担忧。

从这个访谈中我们可以了解到，宝丰县利用社会工作介入社会治理，社会工作者深入底层，一方面了解到留守儿童的现状，另一方面了解到承办暑期留守托管项目民办学校的想法。

4. 发挥社会工作专业工作方法作用

社会工作具有一整套科学的助人方法，这是科学地认识服务对象的需要，了解服务对象与社会环境的关系，发现不和谐的问题，并制定行动方案去解决问题。社会工作者可以根据实际情况和要解决的问题，科学地、灵活地、艺术地选择方法，开展服务。社会工作了解服务对象需求的方法、资源动员和科学配置资源的方法、鼓励服务对象参与的方法、协调多方行动的方法以及社会服务评估的方法,都可以成为社会治理的有效方法。在宝丰县实地调研中发现,宝丰县以留守儿童托管项目,深入发挥社会工作在服务型社会治理中的作用。在调研中,整理的一份访谈提纲,可以更加直观展现社会工作介入社会治理的作用。

访谈记录摘录如下(见图2—4):

图2—4 研究生凡东伟访谈肖旗乡方旗营村村支书王书记

调研访谈记录:针对参加留守儿童假日托管项目学校负责人访谈

访问人:段阿玉、陈舍秋、凡东伟、齐一鸣、何弢、刘晓文、张浩、谷庆紫、杨婷

访谈时间:2016年7月10日下午3点30分

访谈对象:肖旗乡方旗营村村支书王书记

问:王书记,咱们村大概情况,尤其是留守儿童这方面,您能给我们介绍一下吗?

答：咱们村共400户人家，1200多人，大部分的家庭青壮年都外出务工了，一般做建筑行业，孩子主要由爷奶照顾。

问：咱们学校参与这个项目多久了？

答：之前没参与，是因为教育局强调孩子们的安全，当时慎重之下，就没参与。现在觉得这个项目真是好事，而且其他几所学校办得挺好的。所以，今年觉得一定要参与到这个好项目中来，为百姓们做好事。

问：对于咱们这个项目，目前有什么顾虑吗？

答：其实还是安全问题，所以村里和学校都通过广播和印发宣传册子来大力宣传安全教育。

问：您作为一个家长和长辈的视角，您觉得留守儿童和跟随爸妈长大的孩子有什么区别吗？

答：首先，家里的老人带孩子的教育理念是有很大区别的，只管好孩子的吃饱穿暖，与孩子的心理沟通很少，所以孩子面临一些成长问题，无人诉说或者无人告诉他解决方法，久而久之，孩子变得孤僻。其次，家长对孩子的教育和成长关注甚少，基本任孩子散养，很多聪明的孩子慢慢就容易学坏了。

在宝丰县，社会工作和社会治理的目标都是服务有需要的人，正如上述访谈提到的，通过对基层情况的掌握，了解基层的需求，根据基层的需要，开展有效的社会工作，解决社会中存在的问题。

四 社会工作在社会治理中的地位

1. 社会工作是社会治理的基础

社会工作作为社会系统的重要组成部分，参与社会治理。

在政府的社会政策和社会福利制度的指导下，社会工作运用自己专业的工作方法，为困难群体、弱势群体以及其他有需要的群体服务，为他们解决困难。十八届三中全会指出，要正确处理政府和社会关系，加快实施政社分开，要重点培育和优先发展公益慈善类、城乡社区服务类等社会组织，激发社会组织活力，将适合由社会组织提供的公共服务和解决的事项交由社会组织承担。这使得社会工作服务社会、参与治理有了巨大的发展空间，能够更加有效地参与综合治理。传统的社会管理常常是以行使权力为特征的、强制性的。社会工作的特点是通过服务合理地满足服务对象的需要，通过深入和真诚的对话找寻问题的成因，通过生态系统分析动员各种资源，建立正向的社会关系，帮助其走出困境，这也是传统的社会管理所缺乏的。从社会治理的角度看问题，社会工作的最显著特点是源头治理。社会工作的职能是解决问题、预防问题、促进服务对象的发展。如果预防在先，问题一旦发生就通过人性化、个别化的服务予以解决，人们就不会以激烈的方式去表达，甚至冲撞社会秩序。

2. 社会工作在社会治理体系发挥着重大的作用

李立国在《创新社会治理体制》一文中指出："要加强专业社会工作人才队伍和志愿者队伍建设，开展专项社会关爱行动，对流浪儿童、精神病人、艾滋病机会性感染者、吸毒人员、刑满释放人员等特殊人群进行专业心理疏导和矫治，帮助他们修复社会功能、回归社会。"[①] 这里指出社会工作对于特殊人群的服务是社会治理的重要方面，正是社会工作参与社会治理的重要领域。如果从社会治理体制的角度思考问题，那么，社会工作对创新社会治理、促进社会治理体制建设方面所发挥的空

---

① 李立国：《创新社会治理体制》，《中国民政》2014年第1期。

间要大得多。

五 问题和反思

在调研和实践中可以看到宝丰县的社会工作取得了很大的成就，但仍然存在一些问题需要去反思和改进。

首先，社会工作开展力度需要再加强。宝丰县社会工作主要集中在留守儿童的领域，政策和措施都是围绕留守儿童实施，并且就"留守儿童托管项目"而言也存在站点有限，服务留守儿童有限的问题，应该意识到社会工作是一个很宽泛、很广阔的领域，留守儿童服务项目只是其中的一个方面，宝丰县的社会工作应着眼全局，全社会各个领域的问题，比如留守老人问题，城市流浪儿童问题等。宝丰县在留守儿童托管服务项目运行中要扩大范围，推向全县，覆盖到全县所有乡镇的留守儿童。

其次，参与主体有限。宝丰县的社会工作总体来说仍然是由政府主导，其他社会工作者和社会工作机构都是在政府的指导和命令之下开展工作。这种模式严重影响了社工和社工机构的工作积极性和能动性，工作效率也不高。以宝丰县留守儿童托管服务项目为例，由宝丰县民政局主导推动，各个乡镇的民办学校配合提供场地，郑州大学公共管理学院提供专业的社工人员。在以后的实践中，应该扩大参与主体的范围，可以联合其他政府有关部门共同参与主导，比如教育、医疗等部门参与政策的制定。动员本市其他社会工作和志愿者组织参与，比如志愿者协会等组织。

再次，资金投入不足，来源单一。宝丰县对整个社会工作开展的资金都是由政府出资，资金来源单一。在具体的运行中，资金严重不足，直接制约了一列工作的开展和执行。在以后的实践中，一方面，政府财政应该增加财政配套的资金，将社会工作资金制度化，常态化，列入政府的财政预算中，以提供充实保证。另一方面，扩大资金的来源。社会工作作为一种公益性的活动，应该充分发挥社会的积极性，开展募捐，公益拍卖，寻求企业赞助等方式获取更多的资金来开展社会工作。

最后，专业社会工作人才缺乏。截至2015年，宝丰县社工人才现状是，只有20人通过社会工作师职业水平考试，36人通过助理社会工作师职业水平考试，在岗的6人全部从事行政管理工作，没有专职的社工在一线开展工作，专业社工人员严重不足。在以后的工作中，要加强社会工作的人才建设。一方面，要积极开展培训，培养宝丰县相关部门和领域的人员，使他们掌握专业的社会工作技能。另一方面，要积极引进优秀专业的社工人员，加强和郑州大学公共管理学院的联系，聘请专业人员定期来宝丰县交流学习，共同开展社会工作。

总之，考虑到社会工作和社会治理在我国尚属于比较新的理论范畴，无论是学术界在理论上，还是社会公共管理机构在具体的操作实践上都有很多尚未发展完善的地方，宝丰县的社会工作参与社会治理不可避免地会存在问题，因此要加强社会工作推动社会治理的学术理论研究，更多地开展试点试验，不断促进两者的相互融合，相互促进。我们有理由相信，社会工作作为一种工具和手段，在未来的服务型治理、创新型治理中一定能发挥巨大的作用，能够创造性地解决社会发展过程中的一系列问题，推动社会和谐发展，弘扬正能量，实现中国梦！

第三章

社会治理呼唤社会工作
——以宝丰县留守儿童为视角

农村儿童父母离乡进城打工数量增长,导致留守儿童群体数量随之增加。调查报告显示,无人看管孩子和缺少家庭教育的现象普遍上升,我国有1.2亿农民常年在外务工经商,导致了近2000万留守儿童的产生,14岁以下的留守儿童占留守儿童总数的86.5%,他们大多由爷爷奶奶看管或者委托给学校,由于缺少了父母的庇护和陪伴,身心、学习、成长都面临着失管、失教和不平衡问题,急需社会各界的帮助。2016年和2017年两个暑期,郑州大学公共管理学院的学生队伍在院党委书记刘学民教授的带领下来到了平顶山市宝丰县展开调研。调研走访了几十位学校的校长、政府工作人员、留守儿童以及他们的监护人,试着聆听基层干部群众的心声,发现留守儿童的身心问题,并从观象现象中去探究问题,进而研究留守儿童深层次的社会需求。

第一节 宝丰县关爱留守流动儿童工作概述

近年来,宝丰县紧紧围绕国家、省、市关爱留守儿童的有关要求，精心安排、周密部署，建立服务阵地、整合关爱力量、创新活动载体、健全责任机制，扎实工作，取得了显著成效。随着社会各界对农村"三留守"问题日趋关注，加之儿童作为最为弱势的群体，如何关爱留守儿童并使其健康、茁壮成长已成为一个紧迫且亟须解决的社会问题。正是以此为契机，宝丰县政府以社会关爱为抓手，以留守儿童自身需求为出发点和着力点，建立健全体制机制，取得了显著成效。

宝丰县总人口52万人，辖13个乡（镇、林站），314个行政村。全县留守儿童共计3264人，其中学龄前留守儿童数（0—6岁）有1289人，小学阶段留守儿童数有1574人，初中以上留守儿童数为401人；父母双方外出打工的留守儿童数2859人，父母单方外出打工（另一方无抚养能力）的留守儿童数405人；随爷爷奶奶（姥姥、姥爷）生活的留守儿童数3098人，随其他亲属生活的留守儿童数166人。留守儿童相对集中在离宝丰县城较远而且经济较落后的观音堂林站和前营乡，因此，此次调研在覆盖整个县域的基础上，有侧重地向这两个地方倾斜，以便更为深度地掌握第一手资料。

从实地调研的样本资料来看，家庭结构状况如图3—1所示，核心家庭仅占8%；在农村，受到传统社会舆论与社会认知的压力，离婚率相较于城市要低很多，因此单亲家庭为5%；相较于这两种家庭，主干家庭和隔代家庭分别占到了27%和45%，成为当前留守儿童成长的最主要家庭模式。从年龄结构和性别角度来看（如表3—1所示），0至3岁孩子所占比重较小，仅为2.5%，而4至8岁所占比重最大，占到75%左右，9岁至12岁孩子所占比重约为9.6%，12岁以上孩子所占比重约为15%。究其原因，主要是因为4至8岁孩子的父母年龄约在

26 至 30 岁，正处于青壮年时期，外出务工的意愿较为强烈。而 0 至 3 岁孩子的父母由于孩子正处于生长的萌芽阶段，在外出务工时有更多牵绊，因此会选择将孩子带到外出务工地或选择放弃外出务工的机会来保证孩子的成长。12 岁以上的农村孩子无论是在生活还是自理能力上均较为成熟，大人们对他们更为放心。

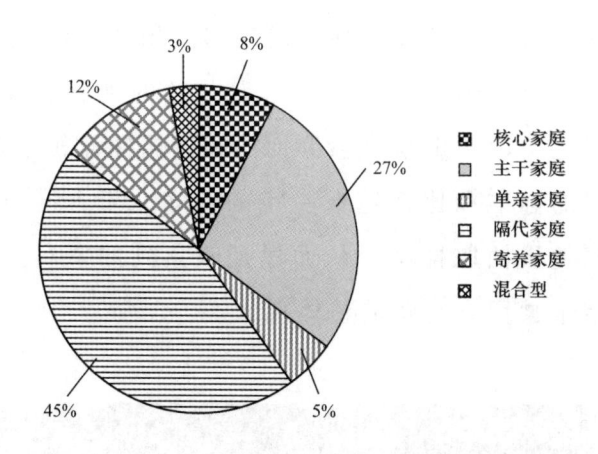

图 3—1　留守儿童家庭结构分布图

表 3—1　　　　宝丰县留守儿童年龄性别交互表

年龄	性别	
	男孩	女孩
0—3 岁	1.7%	0.8%
4—8 岁	35.4%	39.6%
9—12 岁	4.7%	4.9%
13 岁及以上	8.2%	6.8%

第二节　宝丰县留守儿童现状及需求分析

本次集中调研时间为 2016 年 7 月至 2016 年 8 月。

在研究方法上，课题组主要采用了问卷调查法与非结构访谈法相结合的资料收集方式（见图 3—2）。问卷调查的对象为宝丰县留守儿童及其实际看护人。非结构式访谈的对象包括社区居委会工作人员、学校老师、民政部门相关负责人等。

为了更为全面地了解宝丰县留守儿童的现状及需求，在样本选取方式上，课题组采取整群抽样和偶遇抽样相结合的方法，即按照一定的标准和比例选取一定的留守儿童，同时辅之以偶遇的方式来随机抽取样本，从而保证收集到的资料更具代表性且能反映宝丰县留守儿童的整体现状。

图 3—2　调研员访谈留守儿童

一 宝丰县留守儿童现状

1. 留守儿童的家庭生活现状

作为河南中西部的农业大县，宝丰一直是河南省外出务工人员输出的核心县域，这就直接导致了宝丰县存在大量留守儿童。由于心理、身体等方面的成长，儿童在其发展过程中需要父母、家庭的健康引导，而留守儿童父母的外出务工决定了他们在家庭生活上同正常儿童间必然存在差异，如何减少乃至消除这种差异化家庭功能的影响也是本次调研希望解决的关键所在。从调研数据分析来看，留守儿童的家庭生活情况体现在以下两个方面：

（1）家庭功能

从社会学角度而言，家庭是维系社会关系的核心纽带；对于一个社会而言，它的一个基本的功能就是以社会所赞同的方式来生养后代教育年轻人，这个任务是由家庭这种社会设置来完成的。而现在父母外出务工的客观现实迫使留守儿童家庭功能发生嬗变，这种变化必然导致孩子在成长过程中产生消极作用。

父母和孩子组成的家庭结构，按照家庭人员构成将家庭分为以下几种情况：核心家庭（父母及孩子构成）、主干家庭（祖父母、父母及孩子构成）、单亲家庭（父母一方与孩子构成）、隔代家庭（祖父母及孩子构成）、寄养家庭（旁系亲属及孩子构成），从人员构成来看，前两种情况并非留守儿童家庭结构，后三种情况是留守儿童的基本现状。

笔者进一步分析，之所以会产生这种现象，主要是因为主干家庭的父母几乎都在河南或离平顶山较近的区域务工；而隔代家庭的父母多在外省务工，离家较远，往往只有过年时全家才能团聚。我们利用统计学中的 ETA 相关系数来测算定类变量与定距变量间的关系程度，即留守儿童家庭结构与父母是否在本省务工之间的相关分析。从表3—2可以清晰地看出，在显著性为0.001的前提下，主干家庭与父母在本省务工之间的相关系数达到了0.45，大于0.3的相关标准，说明二者呈现出正相关关系；相应地，隔代家庭的结构与父母在外省务工之间相关系数达到0.42（远高于0.3的基准线），这说明外出省外务工的家庭更多地依靠隔代亲属来照顾和抚养孩子，这与现实情况相吻合，也从侧面反映出此次调研数据的真实性和可靠性。

表3—2　　　　　　　家庭结构与务工地点之间的相关关系

家庭结构	相关系数	自变量/因变量	相关系数
主干家庭	η	外出务工（因变量）	0.22
		本省务工（因变量）	0.45
隔代家庭	η	外出务工（因变量）	0.42
		本省务工（因变量）	0.03

（2）留守儿童的日常生活

无论是上述提到的隔代家庭还是主干家庭，父母由于外出务工的客观限制不可能和孩子生活在一起，这就使得留守儿童在日常生活上更为独立。为了进一步验证留守儿童日常生活的质量，课题组从饮食、家庭劳务、日常花销、生病四个维度进行数据分析（见表3—3、图3—3、图3—4、表3—4）。

饮食作为生活的最基本保证，从调研数据而言，主干家庭孩子更多地依靠自理和由旁系亲属提供餐食，这在某种程度上反映了当前留守儿童生活质量的低下以及学习成绩较差的原因，他们在幼小的年纪还需要承担与自身年龄不相符的责任；而单亲家庭的孩子由自己和父母提供饮食，从了解的情况来看，单亲家庭父母更多的是在县域周边务工，能够在日常生活上提供帮助；而作为留守儿童家庭结构最多的隔代家庭，孩子们依靠隔代看护人和自身来解决饮食问题，这种现象在农村最为普遍，即孩子和隔代亲属生活在一起，由孩子父母提供资金，隔代看护人负责孩子的日常生活及饮食；对于寄养家庭而言，孩子同一个家族内的其他亲属生活在一起，因此他的饮食往往由旁系亲属和其自身来负责提供。需要注意的是，上述四种家庭的孩子，选择"自理"和"学校提供"选项所占比重总和约为45%以上，这充分说明当前留守儿童所承担的生活压力。从调研中，课题组获悉学校也是刚开始为孩子提供午餐，这也为解决留守儿童的饮食问题提供了便利。

如图3—3所示，在"家务打扫情况"分析中，选择由自己打扫的占到了66.2%，隔代亲属的为12.2%，由父母打扫或邻里打扫的比重最低，分别为2.2%和5.7%。由于隔代亲属多为年龄较大的老年人，因此他们在日常生活上所能提供给孩子的帮助较为有限，同样需要留守儿童自食其力；选择由父母打扫的孩子均为单亲家庭和主干家庭，他们的父母均在县域周边务工，有时间和能力在生活上给予孩子一定的支持和帮助。

从生病照顾情况来看（见图3—4），当被问到"生病如何解决时"，52.7%的孩子会选择自己去买药或者看医生，22.5%的会选择硬抗，等着自己康复；选择找其他亲属和老师的分别占到15.2%和9.6%。从这些选项中来看，有75.2%的孩子在生病时，第一选择是由自身来解决（硬抗或者自己去看医生、买药），而没有其他方面的帮助和支持，这也是外出务工的父母最为担心的。

表3—4反映了受访的留守儿童的日常花销情况。100—200元以及200—300元的所占比重最大，分别为36.9%和27%，

这类家庭通常为隔代家庭和寄养家庭，其父母往往在外省务工，更多地通过现金物质上来补贴和帮助孩子的生活；300—500元家庭占到20.2%左右，这类家庭以寄养家庭为主，父母给予其他亲属一定的经济补贴，以此来换取亲属照顾、抚养孩子的机会。500元以上的选项所占比重最少，仅为2.4%（由于此选项样本量过小，不具有代表性，可以忽略）。从总体生活花销情况来看，平均值约为150元左右，这仅仅保证留守儿童的基本生活支出，往往没有剩余来满足其他方面的需求。

表3—3　　　　　家庭结构与留守儿童饮食情况交互分析表

家庭结构	目前您的饮食由谁负责					
	自理	隔代看护人	学校提供	旁系亲属	邻居	父母
主干家庭	35%	15.8%	20.5%	28%	0.7%	—
单亲家庭	32.5%	16.7%	22.8%	12.1%	—	15.9%
隔代家庭	23.6%	66.2%	5.5%	2.4%	2.3%	—
寄养家庭	33.5%	—	18.7%	29.9%	10.7%	7.2%
合计	31.5%	24.6%	6.8%	18.1%	3.2%	5.7%

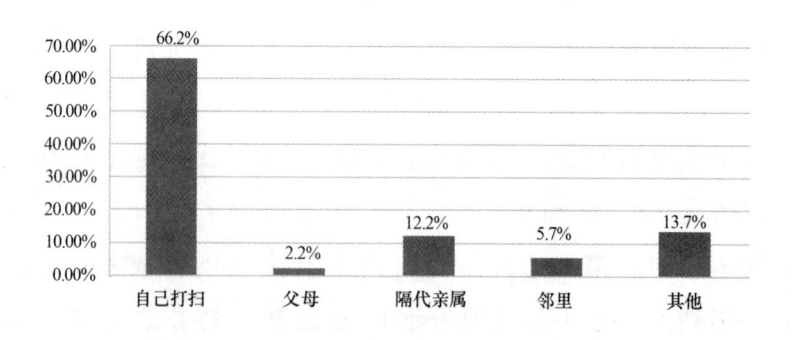

图3—3　留守儿童家务打扫情况分析

9.6%
22.5%
15.2%
52.7%

■ 硬抗，等着自己好
□ 自己去买药、看医生
▦ 找其他亲属
▨ 找老师

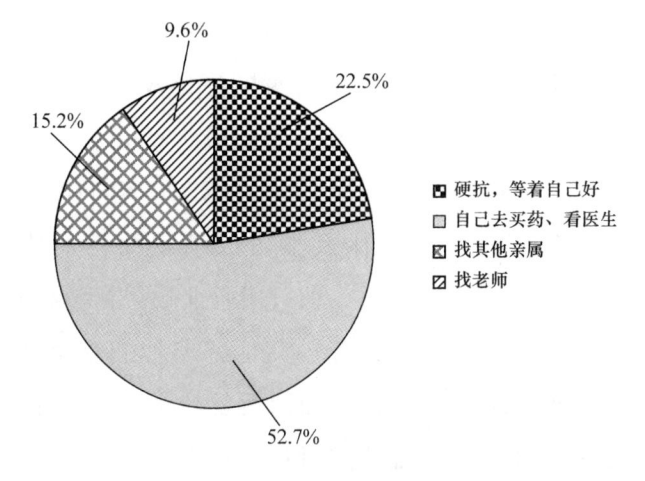

图 3—4 留守儿童生病解决方法

表 3—4　　　　　　　留守儿童日常生活花费状况

月花费情况	响应		个案百分比
	频次	百分比	
0—100 元	19	9.3%	34.2%
100—200 元	75	36.9%	2.6%
200—300 元	55	27%	21.1%
300—400 元	20	9.8%	6.6%
400—500 元	29	14.2%	19.7%
500 元以上	5	2.4%	26.3%
总计	203	99.6%	110.5%

2. 留守儿童的教育学习现状

由于对留守儿童的教育学习情况分析涉及客观（由学校老师来进行评价）和主观（即留守儿童自身对学习的认知和看法），因此在调研时针对这两个维度来进行问卷收集，并对数据进行分析。

从客观角度来讲，主要涉及学习态度、学习成绩等方面同非留守儿童进行比较。从老师反馈的结果来看，仅有 35% 左右的留守儿童成绩处于中上游水平以上，30%左右的留守儿童成绩在班级中处于垫底状态，留守儿童成绩两极分化较为严重。在学习态度上，老师们认为留守儿童学习态度都较为端正，他们深知父母外出务工的艰辛和自己学习生活的来之不易。但同时，我们也发现，既然学习态度较好，为什么学习成绩反而落后呢？究其原因，笔者认为相较于其他孩子，留守儿童除了要将自身精力放在学习上之外，还要自己负责家务等其他并非他们这个年龄所应承担的琐事；此外，缺乏课外辅导和课后复习也是另一个重要原因。

从主观视角分析，课题组对留守儿童在学习目的、课后辅导等方面进行了问卷访谈（见图3—5、表3—5）。从学习目的的维度来分析，8.5%认为仅仅是为了应付家长才来学校，70%知道自己父母外出务工的艰辛，为了改变自身生活而学习，12.7%的孩子认为为了父母而学习，约8.8%的孩子不知道自己为什么要来上学。表3—5清晰地反映了在对203个样本量进行统计分析后，仅有17.2%的留守儿童经常放学后也复习所学内容，这也从侧面验证了为什么留守儿童学习态度和成绩呈现出逆相关关系的缘由。

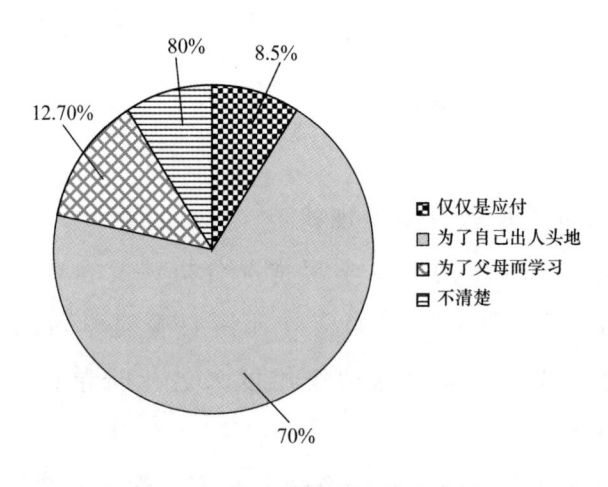

图3—5　留守儿童学习目的分析

表 3—5　　　　　　　　留守儿童课后复习情况分析

	频率	百分比（%）	累计百分比（%）
经常复习	35	17.2	17.2
偶尔复习	120	59.1	76.3
从不复习	48	23.6	6.5
总计	203	99.9	—

3. 留守儿童的心理健康现状

随着城镇化进程的推进，加之社会经济结构的转型，使得农村外出务工人员必然持续增加，也直接导致了留守儿童会愈来愈多。相较于身体上的成长，留守儿童的心理健康发展更为重要，且受到社会各界的广泛关注，因此如何使得留守儿童在客观上缺乏家庭教育的情况下保证心理的健康成为一个迫切且必要的课题。为此，课题组从其品行和行为两个方面来进行分析。需要注意的是，由于心理健康是一个主观性很强、难以量化的概念，缺乏明确的规范和界定标准，因此，课题组针对心理健康的调查仅代表宝丰县域的样本现状，可能不具有普遍适用价值。

当被询问"父母外出务工，您有何感觉"时，约有50%的孩子最初觉得是父母抛弃了自己，认为自己对于父母来说是累赘，给自身心理造成了阴影负担；35%的孩子表示自己茫然不知所措，不知道父母离开后，自己如何生活；约有15%的受访儿童表示自己跟随隔代亲属继续生活，对父母的离开没有特别的感觉。

当被问到"您是否经常思念、担心外出务工的父母"时，85%的孩子表示自己非常担心且思念父母，会因为这种家庭的思念而影响学习。通过进一步分析，笔者发现，这类孩子的父母几乎都是在外省务工，每年回家同孩子团聚的次数十分有限。

当被问及"父母回来团聚后,是否有陌生感"时,笔者惊讶地发现,78%的孩子表示尽管平时非常思念他们,但当他们真的回来时,觉得自身和父母之间有较强的隔阂感,无论是生活还是交谈都难以融入,产生排斥心理。之所以产生这种现象,是因为留守儿童平时孤独落寞成为习惯,父母的突然出现打破了他们原本已习惯的空间,而这种变化对于缺乏家庭感知的孩子而言难以适应。

二 留守儿童需求分析

1. 留守儿童自身需求

(1) 安全需求

首先,安全需求体现为留守儿童的人身安全。2014年开封市兰考县的弃婴火灾事件仍让人心有余悸,这场火灾烧死了4名儿童,虽然事后对相关负责人进行了严肃处理,但是孩子的生命却无法挽回。因此,我们应吸取教训严格防范,当留守儿童假期回到家中时,不要让孩子触碰电器和一切容易引发事故的东西,多给孩子普及电器合理操作的方法和安全使用相关的知识。特别需要注意的是,暑假有些留守儿童家庭平时无人照顾,孩子往往会选择去河边等地方纳凉、洗澡,结果发生了让人猝不及防的意外。作为孩子的监护人,无论家长还是老师,他们都应该定期给孩子灌输相关方面的安全知识。

与此同时,笔者认为安全需求还在于孩子在学校餐饮的自身安全保障。学校作为孩子的成长环境之一,应必须保证留守儿童饮食的质量和营养。孩子在学校因误食而导致集体食物中毒的现象在新闻报道中屡见不鲜,学校作为留守儿童监护的一个主体,应承担起孩子的饮食安全教育和宣传工作,防微杜渐,保证孩子们的健康成长。以宝丰县星光小学为例,为了满足孩子的营养需求，学校会选择固定菜品的选购点，从而保证饭菜原材料的新鲜和质量；在饭菜加工饮食处理中也得到了相关卫生许可证，在饭菜搭配上合理安排，保证孩子成长所需要的营养需求。

最后，安全需求最重要的一个方面就是留守儿童对安全感的渴求，一个没有安全感的孩子是无法信任别人的，他们长年缺乏父爱母爱的温暖，对他人无法信任就无法建立深厚的友谊。孩子缺失了安全感和自信心，会导致他们不敢自由自在地探索周围环境和学习新的事物，情绪和智力的发展也会受到不良影响。他们极度地渴求安全感和可靠的倾诉对象，他们喜欢自己被肯定和被爱围绕的感觉。

（2）学习需求

人的一生是学习的一生，如果没有学习，人类就不会发展；如果没有学习，人生只能是一个美丽的设想。学习是人类进步和发展的基础，也是每个人通往成功的必经之路。曾经有一组照片迅速红遍了网络：一名留守儿童趴在课桌上闪着一双水汪汪的眼睛，他们对知识充满了探索的好奇心。从访谈中笔者注意到，虽然他们也喜欢玩耍和娱乐，但是过不了几天就会想回到学校学习，孩子内心的空洞或许只有用学习填充才能更踏实。他们急切地希望老师每天都陪在他们身边，给他们布置课后作业，给他们进行课后辅导，也好让他们想念父母的心又能缓解一些。留守儿童数量太多，而老师们的精力有限，监护人的知识水平有限，因此他们期待我们的帮助，来满足他们对知识的渴求，孩子学习的过程也是适应客观世界的过程。当用优异的成绩来回报父母时，那该是多么的自豪。

（3）心理需求

由于父母的长期外出，他们缺席孩子成长过程中必要的关爱，留守儿童甚至成了某种意义上的"孤儿"。这种感情的欠缺影响到他们对外界的认识，缺少和父母交流的机会，孩子的心变得脆弱而又难以打开。在调查过程中，我们了解到有一名留守儿童，父亲外出打工遭遇意外，孩子的爷爷因为争夺赔偿金和孩子的妈妈发生了激烈的斗争，孩子的妈妈气急之下一走了之，孩子一下同时失去了两位至亲。根据老师的反映，这名孩子经常在学校和其他学生打架，每次都是鼻青脸肿地回家，孩子的爷爷找不到有效的解决办法就使用暴力解决的方式。在民政局赶往孩子家中的时候，看到孩子在气温39度的酷暑下，被自己的爷爷吊在树上，孩子的爷爷还用树枝抽孩子，整个过程中孩子不哭不闹也不求饶，只是去上学了以后还是照样和其他学生打架斗殴。后来孩子被送到了福利院管教，情况才有好转，我们不难猜想，孩子的心里必是渴望关怀和疼爱的，他们渴望父母在自己身边，只是他不知道如何改变父母的想法，或者如何用恰当的方式去表达自己的内心需求。因此，孩子的心理需求值得我们每一个人重视，也值得我们深思。孩子的心理需求离不开学校、政府、家庭的共同努力和帮助，孩子作为祖国花朵，我们必须制定有效的措施来避免悲剧的重演。

我们根据调研情况还发现了满足留守儿童需要的多元化主体机构存在的一些问题，从政府、学校、家庭、社区，到社会组织，满足留守儿童需要的途径，从政策到具体的社会服务，均与留守儿童的需要存在较大差距：第一，国家政府层面缺乏对留守儿童及其家庭的政策制度和法律等方面的具体保护措施，而且整个农村的公共资源少；第二，农村学校数量与资源少，硬件、软件配置不先进，没有完整的专门服务于留守儿童的措施与制度等；第三，留守儿童家庭大多家庭维持与发展能力薄弱；第四，农村社区组织涣散与边缘化导致社区发展滞后，无法为留守儿童提供充足的资源与力量。要想改善这些情况，从中国当前的服务体制看，政府部门及其所属事业单位掌管着大部分社会服务领域的资源。因此在社区发展留守儿童家庭教育服务离不开政府部门的支持，尤其是一些需要获取资源支持的活动，政府的支持就显得更为重要。在开展服务的过程中，社会工作者需要发挥资源整合者的角色，联络和整合资源为服务提供支持。

2. 留守儿童家庭需求

俗话说"父母是孩子最好的老师"，"家庭是孩子的第一所学校"，我们深知家长也想留在孩子身边，可怜天下父母心，为了家庭的生计他们不得不背井离乡。每年我们都能从新闻中看到，有父母春节为了能多挣一些钱没法回家的心酸，也有因为买不到票而站一路火车也要回家的决心，只是陪在孩子身边的时间太短。真正的爱是一种积极负责任的爱，不但要让孩子吃好、穿好，还要教育孩子如何做人，了解孩子的思想动向，抓住和孩子在一起的时光并教育他们明辨是非、有错就改的悟性。经常和孩子谈心，动之以情、晓之以理的方式不仅能帮孩子树立正确的价值观，而且能让孩子有一个好的心态和人生态度。

相较于正常的孩子，脱离父母成长这一现象的客观存在使得留守儿童家庭有更多维度的社会需求，通过对宝丰县的实地走访，课题组认为当前留守儿童家庭的需求表现为以下几个方面：

（1）对政府帮扶的需求

大多留守儿童的监护人年龄都在中老年范围，他们自身能力有限，教育水平也不高，无法担任起教育管理孩子的重任，他们只知道溺爱孩子，却不知道怎么管教，或者只知道关心生活，而不关心孩子的心灵需求和学习，给孩子太多的自由，使孩子容易养成散漫的不良习惯，并且普遍缺乏良好的教育氛围。政府作为人民的服务者，可以多留意一些他们的日常需求，抽时间多去走访和慰问。更重要的是，老人们也希望政府能多留意留守儿童机构对孩子的照顾，一个合理的政策关系着留守儿童的人生，一个良好的教育环境引导着孩子的每一步成长。因此这个方面，希望政府多做一些关于留守儿童父母方面的工作，让他们花更多的时间来给孩子一个温暖的港湾。那么如何发展经济来减少留守儿童的产生，这就需要政府因地制宜地制定相关政策来发展自身村庄的经济。其次，可以加大教育力度，改善教育方面存在的不足，我们在访谈中得知，有些学校的土地用地面积紧缺，孩子的体育设施和活动场地需要扩展，政府可以加大在教育方面的资金投入这样不仅可以帮助孩子拥有一个健康积极的身心，而且也弥补了监护人给予不了的东西。

（2）对专业社工服务的需求

留守儿童的父母常年不在身边，孩子的监护人渴望孩子有一个健康快乐的成长环境，他们深知自己的能力有限，而以爱为核心的社会工作能够很好地满足留守儿童在心理和成长中的多维度需求，因他们对社工机构寄予着厚望。

以"助人自助"为宗旨的社会工作，遵循专业社会工作的伦理规范，坚持以爱为核心，综合运用专业的知识和技巧来开展针对留守儿童的引导和教育，解决留守儿童因无法和父母一起生活而产生的心理问题，从而起到补救、预防和发展功能。而社会工作的三个职能同留守儿童的健康发展可以很好地契合，首先，补救功能表现在对有心理障碍的留守儿童提供心理辅导，帮助他们解决与孤独环境调适过程中出现的问题。其次，预防功能可以很好地帮助服务对象认识人与环境调适过程中的潜在问题，防患于未然，这点也是留守儿童家庭对社会工作需求的重点，他们希望通过专业化社工的介入，为孩子的成长提供一个良好的外部环境。最后，社会工作的发展功能旨在挖掘服务对象的潜能，实现自我提升发展，这也是留守儿童父母希望社会工作介入的另一个主要方面。

从现实角度分析，作为一种从人性出发的价值理念，专业的社会工作可以帮助留守儿童父母解决留守儿童在成长中遇到的问题，具体表现为：一是满足留守儿童的受尊重感。大部分留守儿童在父母离开时，认为是自己无用，遭到父母的遗弃，从而产生自卑、自闭心理。而社会工作者可以通过个案、小组工作的开展来疏导留守儿童的心理，使他们感受到自己存在的价值。二是帮助留守儿童更快地适应外部环境。留守儿童性格、心理的变化起点均是父母离开后，而此时社会工作的介入可以在孩子和模式的独立环境之间起到缓冲作用，给孩子一个适应区间来过渡。三是社会工作使留守儿童认识到"人有发展和改变自己的能力"。正是以上三个方面问题的客观存在，使得留守儿童家庭迫切呼吁社会工作的介入，从而为留守儿童和陌生的外部环境间架起一座桥梁，为他们的健康发展提供保障。

（3）对志愿者服务的需求

虽然志愿者服务不可能像社工服务一样专业和有规律性，但是志愿者对于满足留守儿童家庭的需求可以起到很好的补充作用。首先，志愿服务可以给留守儿童提供个性化的服务，帮助其解决生活、学习上的问题。比如，志愿者服务可以在假期为孩子学习上多增加一些辅导和课外生活；在生活上，多给孩子一些细微的照顾，让他们的心灵沐浴在爱的海洋里。此外，志愿服务"乐人乐己"的理念同样可以指导留守儿童的心理发展，有效拉近留守儿童与家人的心灵距离，减少疏远感，获得尊重感，从而减少心理畸形的产生。对于留守儿童家庭而言，他们认为志愿服务可以很好地帮助留守儿童融入以后的社会，锻炼留守儿童人际沟通能力；通过志愿服务亲切的关怀和鼓励，帮助留守儿童打破其闭塞、自卑的畸形心理，从而建立起自尊心和自信心。

因此，除社会工作的介入以外，志愿者服务是留守儿童家庭教育服务长远发展的有效补充形式。由于我国社会工作者人数较为有限，加之当前留守儿童数量日趋增加的客观形势，服务项目的开展若单纯地依靠社会工作者是远不能满足留守儿童家庭对服务的需求的。因此，必须大力组织和发展志愿者队伍参与到服务活动中来。高校组织到当地开展社会实践活动的大学生、假期入乡实践的大学生以及在当地工作的大学生村官都是社区重要的志愿者资源。此外，也可以组织本地的中小学生、本地居民参与到志愿者队伍中来。

第三节　"供需失衡"背景下折射出留守儿童发展所面临的困境

通过上述宝丰县留守儿童现状及需求的分析，课题组发现当前留守儿童在其成长过程中存在诸多方面的需求，但这些需求在现实中由于主观、客观方面的原因难以得到满足，这种"供需失衡"的现状成为制约留守儿童健康成长的关键所在，具体表现为：

一　对家庭教育认识和重视不足

从调研访谈结果来看，所访谈的留守儿童监护人都对"家庭教育"没有清晰的概念，不知道什么是家庭教育；隔代监护中大多数监护人认为自己不知道如何教育孩子，不能胜任教育孩子的重任，认为只要孩子吃饱穿暖，不出什么事情就可以了；而且还有一些监护人只注重孩子的学习，把学习当成了家庭教育的全部内容。由此可见，留守儿童的监护人对于家庭教育的认识还比较片面，对家庭教育的内容和重要性认识不够。这种情况一是受监护人文化程度较低的影响。在此次调查中，留守儿童监护人中除一人是高中文化程度外，其余的都是初中或初中以下文化程度。由于受自身文化素质的限制，影响了监护人对家庭教育认识，造成他们对家庭教育重视不足。另外，也是由于留守儿童的父母或监护人过分注重学校教育。他们普遍认为自身文化水平有限，教育不好孩子，也不知道怎么教育孩子，把教育孩子当成是学校一方的事情。所以，导致他们对留守儿童的家庭教育重视不够，留守儿童的家庭教育缺失严重。

二 家庭教育知识缺乏

留守儿童的监护人教育孩子的方法还是靠传统的教育方法来教育孩子，这些方法一方面来源于父母的经验传授，另一方面来源于自己家庭教育的体验所得。在与一位曾在学校家长会上介绍教育孩子方法的母亲交谈中，她说："对孩子的教育方法有时候是自己的经验，有时候是自己想怎么样就怎么样。"可见，除了经验教育外，家长们很少会主动关注或获取家庭教育的信息。

笔者从对妇联主任的访谈中了解到，当地政府对留守儿童的工作重点是保证义务教育和安全问题，保证每个留守儿童都有学上，不辍学，不发生安全事故。家庭教育方面还没有涉及过，从来没有开展过家庭教育知识普及的工作。可喜的是，有相当一部分留守儿童的父母或监护人对家庭教育知识的学习需求较大。在交谈中了解到监护人对于孩子的教育存在的最主要问题就是自身的素质影响到了孩子的教育，他们对于孩子的家庭教育有着很高的热情，但是缺乏必要的知识储备和技巧，不知道该如何对孩子实施教育。有监护人对笔者倾诉说："在农村，我们自己对教育也搞得不好，搞不懂，自己也没教育好，自己也不知道怎么去做。"

三　心理健康教育不够

在与留守儿童的访谈中，他们表示都不会将自己的心事告诉监护人，他们很想念父母，但一般也不会告诉监护人。可见，大多父母或监护人对留守儿童的心理感受未能及时关注。另外，笔者了解到有些父母或监护人过分注重留守儿童的学习，与孩子的沟通也始终是谈学习，从没意识到要关注孩子的心理。在访谈的留守儿童中有几位因为父母外出打工后出现不同程度的心理问题，有的性格变得内向、沉默，害怕与人交往，有的孤独感很强，还有的孩子表现得很叛逆。对于留守儿童的这些变化，监护人要么忽视不管，要么无力解决。

由于父母双方不在身边，对留守儿童学习方面的帮助和监督大大减少，使孩子在学习方面处于一种无人过问的状态，孩子的精力开始被分散，致使行为出现偏差，学生成绩不佳，在校表现不优。我们调查中发现，留守儿童中学习成绩和在校表现优秀的不到10%，良好的不到30%，学习和生活习惯不良且出现问题的占了近30%，多么让人寒心的数字。青少年时期是个性发展和形成的关键时期，父母的关爱、良好的家庭环境和教育对青少年个性的健康发展起着无法替代的作用。但是，农村留守儿童由于父母长时间不在身边，家庭的缺陷使留守儿童无法享受到正常的关爱，生活中有烦恼找不到倾诉的对象，成长中遇到困惑无法得到父母的正确引导和鼓励。久而久之，无助感、失落感和被遗弃感形成，从而严重影响着留守儿童的心理健康成长。我们发现大多数留守儿童与父母很少见面，缺少沟通。农村留守儿童在个性心理上表现为两种异常症状：一是性格内向、孤僻、自卑、不合群、不善于交流；二是脆弱、脾气暴躁、冲动易怒。

四 安全教育缺失

由于监护人疏于对孩子的管教，导致留守儿童这一群体存在较大的安全教育隐患。暑假是留守儿童安全事故多发的时期，溺水、交通等意外事故很容易发生。但是在访谈中了解到，有些监护人觉得把孩子送到补课班交给老师就可以放心他的安全了。但是学校也不能全程负责学生所有的安全事项，学生离开校园后的安全问题还是需要监护人负责的。但是大多数监护人很少重视这一问题。笔者在调研过程中观察到乡村适合儿童使用的公共娱乐设施很少，网吧却有好几个，每次经过那里都看到坐满了人，但大多数还是小学和初中的孩子。一位母亲告诉笔者："小学生在这个网吧的很多，我每天早上打开门，就看到他们不去上学先进网吧玩一会儿，等吃完早饭出来，他们就到学校去了。"网络能让孩子接触到新的信息，但是网络游戏、网络中不健康的内容会污染孩子幼小的心灵。由于留守儿童的父母或监护人缺乏安全教育意识和防范防护能力，导致留守儿童存在着诸多的安全隐患。

外出务工的父母由于长期不在孩子身边，父母的内心充满自责和愧疚感，再加上在外打工的经济条件宽裕，因此他们对孩子的生活经济支付能力较强。他们通常对孩子采取过度的物质奖励来弥补他们对孩子的亏欠，不管孩子提出怎样的需要父母都会努力办到,很少迟疑或者反复的思考。这种表达爱的方式虽然是父母的一片好心,却可能会形成孩子心理逍遥享乐的人生观和金钱万能的价值观。使他们艰苦奋斗和勤俭节约的观念逐渐淡薄,拿到钱以后的快感充斥着他们的内心,萎靡的坏习惯会慢慢出现。孩子成长过程中正确的目标和伟大的抱负犹如一盏指明灯,假如失去了正确的人生取向,后果将不堪设想。

五　文娱活动缺乏

农村留守儿童娱乐生活比较单调。2015年的时候在宝丰县李庄乡建立了留守子女假期学校,专门为留守儿童在暑期开办各种形式的兴趣小组、课外实践、运动器材、讲座等专题教学活动,以丰富留守儿童的假期生活,扩展他们的知识面。但由于学校缺少教学物资、缺少教师和专人管理,各种丰富的假期活动都未开展,学校仅为留守儿童开办了暑期补课班。留守儿童的监护人由于各种原因,很少在假期或周末的时间带孩子出去玩或旅游,以增长孩子见识,丰富他们的生活。访谈中了解到留守儿童主要的娱乐方式就是在家看电视或者出去乱跑玩耍,男孩喜欢看动画片、钓鱼,女孩尤其喜欢看偶像剧。

通过以上对农村留守儿童家庭教育现状和存在问题的分析,笔者发现农村留守儿童不仅缺乏及时有效的家庭教育,还存在其他的问题和需求。这包括监护人家庭教育重视不足,家庭教育知识和技巧缺乏,安全教育缺失,文娱活动极少,当地政府对留守儿童家庭教育重视不够。只有这些问题和需求得到解决才能有助于留守儿童家庭教育问题的解决,这也是社会工作介入农村留守儿童家庭教育服务的目的。

第四节 留守儿童所面临的困境呼吁
社会工作的介入

通过上述留守儿童成长过程中面临困境的分析，笔者认为对这些困境的解决需要专业的社会工作者参与其中。而宝丰作为社会工作引入留守儿童的先行者，取得了较为显著的成效，因此，笔者认为留守儿童的健康成长需要社会工作的介入，接下来我们要探讨的就是社会工作同留守儿童问题对接的可行性和必要性。

一 社会工作介入留守儿童成长的可行性分析

孩子是未来的象征，而留守儿童日趋增加这一现象的客观存在，使得我们对留守儿童的成长问题解决策略的探索刻不容缓。社会工作注重从心理、情感等角度出发增进人文精神关怀的服务，正是留守儿童这一社会现实的迫切需求。社会工作专业的价值理念包括同理心、平等、自我决策和尊重、接纳等。这种专业素养是留守儿童敞开心扉表达自己内心感受，疏导情绪的重要前提。[①]

首先，从宝丰县社会工作介入所取得的显著成效来看，社会工作的专业服务不同于一般的服务，也不同于政府开展的服务，它是在遵照社会工作伦理和价值理念的基础上，运用专业工作方法开展的助人活动。社会工作"助人自助"的服务理念，要求在帮助个案解决问题的同时还要帮助增强他们的挫折抵抗力和独立解决问题的能力。比如，社会工作者以个案服务

---

① 刘美玲：《社会工作对留守儿童成长问题介入的模式探索》，《成都信息工程学院学报》2007年第22期。

帮助留守儿童家庭解决了亲子沟通问题，但同时还鼓励他们参加小组活动和家庭教育讲座，以此来学习家庭沟通的技巧，掌握家庭教育的知识，提高他们自身处理和解决家庭教育问题的能力。针对服务对象的不同特点、不同需求，社会工作者采取不同的工作方法，有时也需要综合运用多种工作方法解决问题。可以说，社会工作的专业助人方法，是达到服务目标的有效的手段和措施，也是社会工作的独特优势所在。

其次，满足需求是服务持续开展的动力，在开展留守儿童家庭教育服务的过程中，社会工作必须深刻地意识到满足服务对象的需求为目标是保持服务持续开展的动力。假如社会工作者开展"服务"与服务对象的"需求"不相匹配，不但降低服务的质量，而且也会影响服务对象参与的积极性。因此，在开展留守儿童家庭教育服务活动之前，充分了解服务对象的需求是非常必要的。社会工作可以在前期通过访谈、观察、家访等形式进行需求调查，在需求调查的基础上确定服务的内容和介入策略。这一方面确保了服务的质量，也保证了服务对象对活动参与的积极性。社会工作者得到服务对象不断反馈的新的需求，将更有利于服务的开展。

此外，宝丰县已经建立了"大学生社会实践基地"并同郑州大学社会工作专业成为合作共建单位，专业社工人才对当地留守儿童进行结对服务，跟踪教育，高校教师、大学生有可能是项目服务的专业人才或重要的志愿力量。在宝丰县当地也走出了不少大学生，每到假期，都有不少的大学生返乡休假，可以吸引他们为留守儿童开展志愿服务活动。而且，还有十几名大学生村官在当地工作，他们不仅对于当地的情况比较了解，而且由于他们都接受过高等教育，也很有可能成为服务项目的专业人才。因此，社会工作者可以依据当地留守儿童家庭教育的问题和需求开展专业的个案工作、小组工作服务，有针对性地解决留守儿童的各种问题，同时还可以扩展一些娱乐活动来丰富课余时间。

最后，作为第三部门，社会工作的介入为各方资源的整合提供了有利的平台，有助于实现资源配置的"帕累托最优"。随着社会舆论对留守儿童的持续关注，社会各方资源持续注入，如何有效地配置资源也成为一个必须解决的问题。由于政府低效的客观存在，加之市场难以维系公平，社会工作作为平衡二者的桥梁作用更为凸显。从宝丰经验而言，通过依托学校的专业社会工作学生，通过"理论+实践"的结合，充分发挥社工整合资源的功能，在各种正式与非正式组织之间架起沟通的桥梁，使得资源配置更为科学、高效。

二 社会工作介入留守儿童成长的必要性分析

毫无疑问，留守儿童的成长是一个复杂的问题，涉及多个方面资源的共同配合，而这些资源和服务在农村往往难以提供，这就需要社会工作积极介入其中；此外，留守儿童随着城镇化进程的逐步加快，这一社会问题日益凸显，正是在这种社会转型期，社会工作介入留守儿童发展具有极强的现实意义和必要价值。

首先，从宝丰调研了解的情况而言，在解决留守儿童问题上，目前的策略主要是以学校教师为解决问题的主要力量。因老师缺乏专业的指导且长期超负荷的工作量，收效不大。而社会工作者采用专业的方法与技巧服务于留守儿童，效率会大大提高。

其次，通过上述分析可知，目前农村留守儿童存在家庭、心理、学习等诸多问题，各种问题相互交叉且互相影响，这就需要社工人才运用专业的工作方法和专业的伦理道德全面深入地了解并解决这些问题，要具备学校相关知识、儿童发展知识、学业辅导训练知识。助人自助的价值理念、专业的工作技巧及方法使学校社工成为解决农村留守儿童问题的不二人选。①

第五节　社会需求背景下社会工作介入留守儿童发展的路径

一　构建亲子沟通小组

亲子沟通小组工作是在社会工作者的指导下，通过有目的的小组成员间的互动、交流和分享以促进小组成员解决问题的能力和潜力的发挥。小组工作通过小组成员分享各自的经验和感受，可以纠正组员态度和行为方面的偏差，带来组员态度和行为的改变；可以丰富和扩大自己的经验和见识，提升自己面对困难和解决问题的能力。由于农村留守儿童的监护人缺少家庭教育的知识和技巧，对留守儿童的教育和指导较少，这也影响了留守儿童与监护人的关系。在与留守儿童的监护人访谈时，他们倾诉了在教育孩子的过程中出现的各种问题。有的孩子太内向、不爱说话，在家里都很少说话，监护人不知道该怎么办；有的孩子在家不服管教，经常顶撞，令监护人十分头疼；还有的孩子经常待在网吧里，沉迷网络。面对这些问题，因为在家中监护人和孩子的沟通很少，对孩子心理和行为的变化也关注很少，等到孩子的问题变得严重了，他们才有所发觉，但是却束手无策。在家庭教育中，家庭成员之间的沟通和互动是很重要的，没有家庭成员间的沟通互动，还何谈家庭教育？

---

①　皓凯英：《学校社工介入农村留守儿童问题的必要性与可行性探讨》，《郑州航空工业管理学院学报》2012年第6期。

二 普及家庭教育知识,开办家庭教育讲堂

留守儿童监护人对于家庭教育普遍认识不够,对家庭教育知识需求较大,单纯地依靠小组工作、个案工作的方法没有办法满足留守儿童监护人的需求,也无法尽快解决留守儿童家庭教育中的问题。在此基础上,社工人员可以针对社区的需求多开展一些社区"家庭教育讲堂"活动,以讲座的形式向留守儿童监护人介绍家庭教育、家庭教育的误区和具体教育方法。我们相信在讲座结束后有些监护人通过这个讲座会认识到自己对孩子教育的重视不够、自己教育孩子的一些方法不正确,并会用讲座中介绍的方法教育和孩子建立良好的关系。

三 重视与整合农村社区社会网络

在访问调研中发现,留守儿童在父母外出期间,除了父母的支持之外,亲戚和邻居的照顾也是非常重要的。在留守儿童社会福利建设的过程中,社区是国家政府和社会的纽带,农村社区直接面对广大的农村家庭和居民,是解决留守儿童问题的最为基本的途径。从社会福利管理的角度来看,社区是留守儿童福利政策实施的载体,可以帮助实现政府与留守儿童及家庭的互动。美国学者西德尼塔罗表示:"社区福利服务的发展,可以得到非预期的效果。"因此,我们应该充分重视和整合社区已有资源和力量来建设留守儿童社会服务体系。具体而言,在整合农村社区资源中,农村组织发挥着重要作用。

我国农村一直处于"碎片化"状态,没有充分地"组织化",在面对留守儿童问题上,是单个的留守儿童或留守儿童家庭来应对困难,而不是整个社区群体的力量。因此,农村留守儿童所处的社会背景和环境,相对于那些高度组织化的群体,

始终处在利益的"让渡"状态。面对留守儿童问题，以及留守儿童福利服务的建设，应该提高农村社区的组织化程度，以促进农民自我利益保障能力的提高。

四 宝丰县网格化留守儿童管理机制的探索

虽然宝丰县在关爱暑期留守流动儿童方面取得了成绩，但仍存在一些不足之处。今后宝丰县也会高标准建好"儿童之家"，为留守儿童提供图书阅览、体育健身、亲子活动、心理辅导、音乐绘画、多媒体教育、游戏娱乐及科普知识等活动场所。组建好"爱心妈妈"服务队伍，为宝丰县全体贫困留守儿童提供良好成长环境，开展特色活动，为留守儿童提供专业辅导和心理咨询。利用家长学校这一独特的教育机构，对留守儿童的监管人进行培训，引导他们树立正确的家庭教育理念、掌握科学的家庭教育方法以及留守儿童的生理、心理发展特点，为留守儿童健康成长提供一个有利的环境，广泛开展一些有助于留守儿童健康成长的活动。例如"爱心妈妈牵手留守儿童""牵手留守儿童·共建爱心家园""爱心助未来""共享阳光让爱飞翔，关爱留守儿童"结对帮扶等献爱心活动，引导他们形成互相帮助、积极向上、健康快乐的生活方式，为他们的健康成长提供一个宽松、快乐、向上的生活环境。

关爱留守儿童工作是一项重要的社会系统工程，为留守儿童创设良好的成长环境，是家庭、社会不容推辞的义务，为此宝丰县做出积极努力，并大力宣传《义务教育法》《未成年人保护法》等法律法规，强化外出务工人员对子女的教育责任与义务，努力使留守流动儿童和所有孩子一样享有同一片蓝天，争取得到同样的关爱，把健康成长落实到每一个孩子身上。

第六节　宝丰县社会工作发展的保障性条件

近年来，宝丰县在推进社会工作人才队伍建设和发展社会工作服务方面不断进行探索和实践，成功创建了全国首批社会工作服务示范地区，初步取得一些成效。

一　建立了强有力的社工领导机构

首先，成立了社会工作人才队伍建设领导小组，由组织部长任组长，主管副县长任副组长，领导小组下设办公室，民政局长兼办公室主任，努力构建组织部门牵头抓总，民政部门具体负责，教育、公安、司法、财政、人力资源和社会保障、卫生、人口计生等单位以及工会、共青团、妇联、残联等部门密切配合，社会力量广泛参与的工作格局。其次，在民政局设置了独立的社会工作管理机构社工指导中心，加大与县人才领导小组的沟通和协调，开展了一系列积极有效的社会工作，推动社会工作专业人才队伍建设工作不断进步。

二　建立了有效的社工宣传激励机制

通过网络、电视、报纸等多种形式，宣传推进社会工作人才队伍建设的重要意义和各项任务。由组织部和民政局联合下发文件，在全县范围内动员组织社会工作者职业水平报考工作。建立了社会工作专业人才奖励机制，对通过社会工作职业水平考试的同志报销费用，在职的获得社会工作师证书的给予每月200元补助，获得助理社会工作师证书的给予每月100元补助，提高了全县非专业社工人员报考社会工作职业水平证书的积极性和主动性，为今后宝丰县社会工作各项任务在全县的开展奠定了人才基础。

三　建立了完善的社工培训制度

为进一步宣传和推动宝丰县社会工作专业人才队伍建设，多次举办社会工作知识专题培训班。对县社会工作人才队伍建设领导小组成员单位主管领导、全县大学生村官、各单位报考社会工作师人员和全县民政系统干部职工进行社会工作知识的普及培训。经过培训，学员们的专业素质得到了进一步提高，为其在岗位上更好地开展和推动社会工作服务打下了良好基础。为进一步提升宝丰县社工专业人才工作的水平，2014年5月举办了社会工作者职业水平考试考前辅导班，聘请郑州大学教授对全县近百名报考人员进行教材培训。

四　建成了社工人才交流合作机制

宝丰县民政局和郑州大学公共管理学院建立合作关系，在宝丰县挂牌成立郑州大学社会工作实践基地和郑州大学社会工作专业人才培训基地，并签订了郑州大学—宝丰县合作建设社会工作服务示范地区战略协议。联合成立了郑州大学—宝丰县社会工作实践培训基地办公室，围绕县域社会工作人才队伍建设及管理开展研究。根据工作需要，郑州大学组织社会工作专业的师生到宝丰县进行社会实践，开展专业服务和相关研究，并为宝丰县每年开展社会工作专业人才培训提供师资力量，指导宝丰县逐步建立社会工作人才培养体系，该项合作对于培养宝丰县职业化、高层次、优秀的社会工作人才，全面加快宝丰县社会建设步伐发挥了积极作用。

五　开展了多种社工服务

郑州大学与宝丰县联合成立了社会工作实践培训基地办公

室后，在宝丰县当地开展了多种社工服务，如推进具有中国特色的农村社会工作实务探索；协助推进公益慈善类、社区服务类社会组织建设，推进政府购买社会工作服务的开展；健全农村社会保障体系，围绕老年人、妇女、儿童等弱势群体进行福利项目研究及服务模式探索开展工作。从而完善宝丰县社会功能，提高宝丰县社会福利水平和社会生活素质，实现个人和社会的和谐一致，促进了宝丰县的稳定与发展。

六　开展了富有成效的社工服务项目

由于外出务工人员的增多，留守儿童这一特殊群体不断增大，宝丰县目前有留守儿童1.2万人左右。针对近年来留守儿童监管缺失，意外伤害事件频发的状况，宝丰县设计并实施了"留守儿童暑期托管"项目，该项目以留守儿童假日看护、成长教育、整合社会资源、建构留守儿童社会支持体系为重点，以留守儿童及其家长、学校老师、社区为服务对象，采取政府购买服务的方式，开展专业的社会工作服务。（见图3—6）

图3—6　留守儿童暑期托管项目启动仪式

宝丰县"留守儿童暑期托管"项目2013年启动并开展试点工作（见图3—7、图3—8），起初仅仅提供日间托管，招募当地的大学生，经培训后，在县社工指导中心的指导和督导下，为暑期无人监管的孩子免费提供作业辅导、兴趣培养、安全教育、心理疏导等服务项目。2014年在试点工作的基础上，逐步扩大了儿童暑期托管的数量和范围，并联合妇联、关工委参与。以"受益广泛、群众急需、服务专业"为标准，通过对全县留守儿童分布情况的深入调研，选定留守儿童比较集中的6所私立学校设立暑期托管中心。共接收了876个孩子，招募了63名大学生老师，由2013年的单一看护，发展为如今的专业社会工作服务，为路程较远或无人接送的学生提供良好的食宿条件。该项目由郑州大学社会工作系27名师生分为6个工作小组全程介入提供专业的社会工作服务和督导评估，并对社会组织相关人员和志愿者进行社会工作专业培训，整合了妇联、关工委等相关部门资源，构建了政府主导、多方力量广泛参与的工作格局。

图3—7　留守儿童暑期托管项目启动仪式

第三章 社会治理呼唤社会工作——以宝丰县留守儿童为视角 / 129

图 3—8 留守儿童

"留守儿童暑期托管"项目规划共分为三部分：首先运用社会工作方法，为托管的留守儿童和特困家庭儿童提供专业服务。围绕项目目标对留守儿童和特困家庭儿童的需求以及需求满足的情况进行评估，根据评估结果及时修正和完善下一步工作方向和方法。其次将服务辐射至留守儿童和特困家庭儿童的家长、教师及社区居民，重建留守儿童的家庭支持功能，整合社区资源，构建多元化、可持续的留守儿童和特困家庭儿童社会照料体系。最后是项目品牌建设和推广。为留守儿童假期托管项目确立品牌，进行资源链接和品牌宣传。对项目的运行机制进行提炼，尝试建立可复制、可面向全国范围推广的留守儿童和特困家庭儿童社会工作服务长效机制，使更多的外出务工家庭和孩子们受益。

创新社会工作的脚步不会停止，下一步宝丰县将继续探索创新儿童和青少年社会工作的开展，着力加强社会工作专业人才队伍建设和部门资源整合，形成各系统各部门共同推进社会工作发展和提升的总体态势；在条件成熟的学校成立社会工作服务站，和郑州大学社会工作系合作开展学校社会工作和青少年社会工作的实务和研究；通过以点带面、点上突破、面上推广方式，有计划、有步骤地开展社会工作服务，打造具有宝丰特色的儿童和青少年社会工作服务模式，使同一片蓝天下的每一个孩子都能拥有一样灿烂的笑容和快乐的日子。

第四章　宝丰县社会工作人才队伍建设

  2011年中共中央、国务院出台的《国家中长期人才发展规划纲要（2010—2020年）》，首次将社会工作人才纳入人才发展大局，社会工作人才成为与党政人才、企业经营管理人才、专业技术人才、高技能人才、农村实用人才并列的第六支主体人才队伍；2011年，中央组织部、中央政法委、民政部等18部委联合下发了《关于加强社会工作专业人才队伍建设的意见》，这是我国第一个关于社会工作专业人才发展的纲领性文件，对我国社会工作专业人才队伍建设进行了顶层制度设计；2012年，中央组织部、中央政法委、民政部等19部委联合下发《社会工作专业人才队伍建设中长期规划（2011—2020年）》，明确了到2020年我国社会工作专业人才队伍建设规模、目标和主要任务；2012年，党的十八大报告中也突出"加强提高社会管理科学化水平，必须加强人才队伍建设"。党的十九大报告提出："人才是实现民族振兴、赢得国际竞争主动的战略资源。"今后时期，培养造就一支数量充足、结构合理、素质优良的社会工作专业人才队伍已经成为加快推进以保障和改善民生为重点的社会建设，加强和创新社会管理，大力发展社会事业的重要任务。

"十三五"时期是全面建成小康社会决胜阶段。必须认真贯彻党中央的战略决策部署,准确把握国内外发展环境、条件的深刻变化,积极适应把握引领经济发展新常态,全面推进创新发展、协调发展、绿色发展、开放发展、共享发展,确保全面建成小康社会。把人才作为支撑发展的第一资源,加快推进人才发展体制和政策创新,构建有国际竞争力的人才制度优势,提高人才质量,优化人才结构,加快建设人才强国。

人才是经济社会发展的第一资源,是社会文明进步、人民富裕幸福、国家繁荣昌盛的重要推动力量。加快人才发展是把人口大省变为人才大省、实现河南经济发展方式转变、推动经济社会全面协调可持续发展和人的全面发展的必要条件。实现中原崛起,河南振兴归根到底靠人才。省委、省政府历来高度重视人才工作,通过大力实施人才强省战略,人才发展取得了显著成绩。科学人才观初步确立,全社会人才意识明显增强,人才的战略地位更加突出,有利于人才成长的环境不断优化,以高层次人才和高技能人才为主的各类人才队伍日益壮大。人才市场体系逐步健全。人才对经济社会发展的贡献率逐年提高,党管人才的新格局基本形成。同时必须清醒地认识到:河南省人才规模和人才总量不相称,高层次科技领军人才和创新人才匮乏,人才结构和布局不尽合理,人才发展的体制机制不够完善,人才资源开发投入不足等。当前和今后一个时期,是河南省经济社会发展的关键时期。面对新形势和新任务,必须进一步认识到加快人才发展的极端重要性,坚定不移地走人才强省之路,坚持把人才工作摆在更加突出的位置,用事业凝聚人才,用实践造就人才,用机制激励人才,用法制保障人才,科学规划,开拓创新,重点突破,整体推进,不断开创河南省人才发展的新局面。

宝丰县委、县政府历来高度重视人才工作，通过一系列有效措施，大力推进党政人才、思想文化人才、企业管理人才、专业技术人才、高技能人才、农村实用技术人才以及社会工作人才队伍建设，并不断提升，人才发展的政策保障与创新机制，使得宝丰县人才队伍建设取得了显著成就，初步确立了科学人才观，党管人才的格局基本形成，人才总量持续增长，全县的人才结构得到了优化，人才素质显著提升人才成长环境不断改善。目前，宝丰县正处于加速推进工业化、城市化的关键时期，产业结构转型升级、发展方式转变是当前面临的重大战略任务。面对新形势新任务，宝丰县全面贯彻落实中央、省、市人才工作会议提出的各项目标任务，以时不我待的紧迫感和责任感，科学规划、深化改革、重点突破、整体推进，切实做好人才工作，加快建设人才强县步伐，为"魅力宝丰"建设提供坚强有力的人才保证和智力支撑。今后十年，宝丰县要抢占人才竞争制高点，掌握加快发展主动权，必须进一步增强责任感、使命感和危机感，坚定不移地走人才强县之路，坚持把人才工作摆在更加突出的位置，用事业凝聚人才，用实践造就人才，用机制激励人才，用法制保障人才，科学规划，强力推进，不断开创宝丰县人才事业发展的新局面。

近年来，国家开始逐步加大对社会工作人才队伍的建设力度，而社会工作"助人自助"理念会使这个队伍发展得更好。社会工作的存在价值和社会服务本质决定了社会工作者必须为未成年人保护体系的建构做出贡献。建构未成年人保护体系的过程中，仅仅呼吁如何建构是不够的，需要具有社会责任感的社会工作者的倡导。通过具体的服务实战和效能推广，以及相关社会工作专题研究，社会工作者有能力为建构未成年人保护体系承担相应的责任。从初创至今，社会工作逐渐发展成为一个综合助人专业。社会工作者的共同使命被认为是同时处理人的问题及其所处环境的问题，以提升人们的社会功能。社会工作已经形成了一个职业阶梯，划分有不同职业水平，而且这个专业体系的各个层面活动有所不同。所以，积极投入建构未成年人保护体系的工作中，并运用专业能力促进该体系的建构步伐，是每一个社会工作者的社会责任。

社会工作人才是以助人为宗旨，运用专业知识和方法，进行困难救助、社区建设、矛盾调处、权益维护、心理疏导、行为矫治等社会服务工作的专门人才，是人才队伍的重要组成部分。从总体上看，现阶段社会工作人才队伍建设是宝丰县人才队伍建设中的薄弱环节，主要表现在：人才总量不足，素质偏低，结构不合理，专业化程度低；人才培养、评价、激励、保障机制不健全，队伍行政分割的特点比较明显，社会工作职业还未被社会广泛了解和认同。这在很大程度上制约着宝丰县经济社会的可持续发展。

社会工作人才作为和谐社会的探索者、实践者和推动者，肩负着"解决社会问题、维护社会公平、促进社会和谐、推动社会进步"的重要职责，是建设和谐宝丰不可或缺的重要力量。今后五年是宝丰推进"五大发展"、实现"五大跨越"的关键时期，树立和落实科学发展观，加快建设城市新型社区和社会主义新农村，建设以人为本、充满活力、文明诚信、不同群体和睦相处的和谐新宝丰，对社会工作人才队伍建设提出了新的更高的要求。尽快改变宝丰县社会工作人才队伍建设相对滞后的局面，切实发挥社会工作人才在和谐社会建设中的重要作用，是一项具有战略意义的紧迫任务。各地各部门要从全局和战略的高度，充分认识加快推进社会工作人才队伍建设的重要性，认清形势，明确任务，进一步增强责任感和使命感，采取扎实有效的举措,全面推进、切实加快社会工作人才队伍的建设步伐。

第一节 宝丰县社工人才队伍建设现状

宝丰县在《宝丰县中长期人才发展规划(2010—2020年)》中提出:到2015年,社会工作专业人才总量达到650人,其中具有助理社会工作师职业水平证书或达到同等能力素质的初级社会工作专业人才约350人,具有社会工作师职业水平证书或达到同等能力素质的中级社会工作专业人才约220人,具有高级社会工作师职业水平证书或达到同等能力素质的高级社会工作专业人才约80人。到2020年,社会工作专业人才总量达到1000人,其中具有助理社会工作师职业水平证书或达到同等能力素质的初级社会工作专业人才约500人,具有社会工作师职业水平证书或达到同等能力素质的中级社会工作专业人才约350人,具有高级社会工作师职业水平证书或达到同等能力素质的高级社会工作专业人才约150人。

为推进社会工作专业人才队伍建设,近年来宝丰县不断进行探索和实践。先后成立了县社会工作专业人才队伍建设领导小组,专门要求就社会工作专业人才队伍建设拟定人才发展规划。计划形成组织部门牵头抓总,民政部门具体负责,相关部门密切配合,社会力量广泛参与的工作格局;在全县范围内组织社会工作者职业水平考试报名工作;逐步建立社会工作专业人才奖励机制,对通过社会工作职业水平考试的同志报销考试费用,在职的获得社会工作师证书的给予每月200元补助,获得助理社会工作师证书的给予每月100元补助;经编委批准设置了独立的社会工作管理机构,开展了一系列积极有效的社工作，初步形成了一套适合本地实际的儿童社会工作模式；开展的"留守儿童暑期日间托管"项目为外出务工人员从根本上解决了后顾之忧，得到了百姓的一致好评和社会各界的高度评价；大力开展社会工作专业知识培训，对社会工作管理人员和从业人员进行分批分层培训，切实推进了社会工作职业化和专业化进程。

通过努力，宝丰县社会工作人才队伍建设开始进入了全面、深入发展的新阶段。随着中央对社会建设、社会管理、民生保障服务的日益重视，宝丰县社会工作专业人才队伍建设必将开创新的局面、获得更大的发展。

一　宝丰县社会工作人才队伍建设发展历程

2007年，宝丰县被命名为全国首批社会工作人才队伍建设试点县，但由于没有成熟的经验可以参考和借鉴，且全国范围内对各项工作都尚属探索阶段，因此，宝丰县的社会工作人才队伍建设工作基本处于起始和停滞状态。2012年6月，民政局挂牌成立了社工指导中心，隶属局行政办公室，由在办公室工作的张秋兼任社工指导中心主任，负责整理准备验收时需要的相关材料。该中心承担本地区社会工作师登记注册管理工作，组织开展社工培训和社会工作者职业水平考试，组织实施政府购买社会工作服务项目，并会同有关方面按规定拟定社会工作发展规划、政策和职业规范，积极推进本地区社会工作人才队伍建设和相关志愿者队伍建设等职责。2013年是宝丰县社会工作快速推进的一年，当年4月份宝丰县民政局发布了《关于成立社工指导中心的申请》和《关于成立社工指导中心领导小组的（通知）》；5月，宝丰县民政局向县里请示为通过社会工作职业水平考试的在职人员发放补贴；7月，宝丰县民政局启动了"留守儿童暑期日间托管"项目,并在杨庄镇柳沟营村丹江口移民小学开展试点工作;8月,宝丰县民政局对留守儿童暑期日间托管中心的工作进行了总结和表彰;宝丰县民政局9月4日、5日邀请河南师范大学副院长、副教授张长伟和王君健来宝丰县对全县大学生村官,领导小组成员,单位主管领导近400人进行了社会工作知识的普及培训。社会工作与我们的日常工作和生活息息相关,对创新社会管理,促进社会和谐具有重要的意义。国家为了推动发展,在全国开展首批社会工作服务示范地区的创建活动,宝丰县积极参与,认真筹备,成功创建全国首批社会工作服务示范地区,在61个示范地区中,宝丰县是全国仅有的两个县域示范地区之一,其他全部为市级以上区域。

二 宝丰县社会工作人才培养状况

紧紧围绕构建和谐宝丰,大力推进社会工作人才队伍建设。大力开发与设置社会工作岗位,以民主、公开、竞争、择优为原则,以"社会化招聘、契约化管理、专业化培训、职业化运作"为导向,探索建立专职制、聘用制等多种用人机制,吸引和聚集社会工作人才。建立健全社会工作人才职业水平评价制度体系,改善社会工作人才的工资收入、福利待遇和工作条件,为社会工作人才营造良好的工作环境。开展社会工作者职业资格认证,鼓励和引导社会工作者参加岗位培训和全国统一的职称资格考试,逐步提高社会工作者专业化和职业化的水平。

宝丰县民政局于2013年9月4日举办第一期社会工作人才培训班,参加人数220人,9月5日举办第二期社会工作人才培训班,参加人数130人。通过职业水平考试的社会工作师5人,助理社会工作师3人,取得社会工作者职业水平证书人员是6人。2014年培训社会工作人员200人，报考社会工作者职业水平考试107人，通过审核93人，通过社会工作师考试4人，助理社会工作师15人。2015年通过社会工作师考试11人，助理社会工作师18人。

2014年，宝丰县与郑州大学达成合作，郑州大学社会工作实践基地暨郑州大学社会工作人才培训基地落户宝丰县。2014年5月30日上午，郑州大学社会工作实践培训基地和郑州大学社会工作人才培训基地揭牌仪式在县民政局举行。郑州大学公共管理学院党委书记刘学民、副县长胡进栓共同为两基地揭牌。郑州大学公共管理学院副院长高卫星、秦国民等出席揭牌仪式。（见图4—1、图4—2、图4—4）

图4—1 宝丰县第二期社会工作人才培训班

三 宝丰县社会工作人才队伍建设举措

1. 领导高度重视，健全管理机构

宝丰县社会工作人才队伍建设受到了领导的高度重视，其建设人才队伍的主要措施包括：第一，成立了宝丰县社会工作

图 4—2 社会工作实践培训基地揭牌仪式

人才队伍建设领导小组,由组织部长任组长,副县长和民政局长任副组长,领导小组下设办公室,民政局局长兼办公室主任。努力构建组织部门牵头抓总,民政部门具体负责,教育、公安、司法、财政、人力资源和社会保障、卫生、人口计生等部门以及工会、共青团、妇联、残联等组织密切配合,社会力量广泛参与的工作格局。第二,在民政局设置了独立的社会工作管理机构社工指导中心,加大与县人才领导小组的沟通和协调,开展了一系列积极有效的社会工作,推动社会工作专业人才队伍建设工作不断进步。

2. 注重专业培训,形成县域合力

为进一步宣传和推动本地区社会工作专业人才队伍建设,深入学习社会工作知识,增强社会工作理念,理解和掌握社会工作方法,宝丰县民政局举办了宝丰县第一期、第二期社会工作知识专题培训班。对县社会工作人才队伍建设领导小组成员单位、全县大学生村官、各单位报考社会工作师人员和各乡镇主管民政领导、民政所所长及工作人员、敬老院院长、县民政局机关和二级

机构干部职工 350 人进行社会工作知识的普及培训。(见图 4—3)

图 4—3　社会工作师考前培训班

　　为提高社会工作相关部门对社会工作者职业水平考试的普及率，通过飞信、Q 群等网络平台，宝丰县民政局大力宣传普及社会工作知识，鼓励有关人员参加社会工作职业水平考试。邀请了河南师范大学社会事业学院的两位副院长、副教授授课，课程既有宏观的社会工作理念和发展方向，也有实务的方法和技巧，着重对社会工作的伦理和价值进行深入的讲解和论述，具有很强的现实针对性和工作指导性。经过培训，学员们的专业素质得到了进一步提高，为自己在岗位上更好地推动社会工作服务打下了良好基础。

　　3. 建立奖励机制，提高报考积极性

　　宝丰县民政局和组织部联合下发文件，在全县范围内动员组织社会工作者职业水平报考工作。逐步建立社会工作专业人才奖励机制，对通过社会工作职业水平考试的同志报销费用，在职的获得社会工作师证书的给予每月 200 元补助，获得助理社会工作师证书的给予每月100元补助，提高了报考社会工作职业水平证书的积极性和主动性。

4. 注重工作实践，营造社会氛围

为营造社会氛围，宝丰县民政局启动了2013年"留守儿童暑期日间托管"项目并开展试点工作。该项目以社会工作专业理念为指导，以满足人民群众服务需求、加强社会对留守儿童的关注为根本出发点，以培养使用社会工作专业人才队伍、扶持培育民办社会工作服务机构为基础，积极探索推进社会工作人才队伍建设和政府购买社会工作服务的方法和途径。该项目的开展主要具有以下三方面的作用：一是积累探索和建立一套适合宝丰县实际的关爱留守儿童、促进健康成长的社会工作模式并予以推广；二是普及社会工作知识，对社会组织相关人员和志愿者进行社会工作专业培训，大力提高他们的专业化社会服务水平，壮大社会工作人才队伍；三是在培育、扶持处于起步阶段、具有发展潜力的民办社会工作服务机构发展中提出行之有效的办法和措施。为更好地开展政府购买社会工作服务提供专业支持。

图 4—4　郑州大学公共管理学院蒋美华教授

5. 加强与高校合作，推进社会工作实务与科研相结合

为加快推进宝丰县社会工作人才队伍建设和社会工作服务专业化，县民政局在和郑州大学建立社会工作实践基地和社会工作专业人才培训基地的基础上，2015年5月，通过县民政局，宝丰县人民政府和郑州大学公共管理学院签订横向科研协议书，开展宝丰县社会工作模式研究项目，计划将宝丰社会工作经验进行研究推广。

社会工作是一种帮助人和解决社会问题的工作。它帮助社会上的贫困者、老弱者、身心残障者和其他不幸者；预防和解决部分经济困难或生活方式不良而造成的社会问题；开展社区服务，完善社会功能，提高社会福利水平和社会生活素质，实现个人和社会的和谐一致，促进社会的稳定与发展。

宝丰县民政局社工指导中心开展工作的共有6人，其中社会工作师3人，心理咨询师2人。该中心承担本地区社会工作师登记注册管理工作，组织开展社工培训和社会工作者职业水平考试，组织实施政府购买社会工作服务项目，并会同有关方面按规定拟定社会工作发展规划、政策和职业规范，积极推进本地区社会工作人才队伍建设和相关志愿者队伍建设等职责。

近年来，大胆创新，积极探索。为解决暑期留守儿童监管缺失问题，解除外出务工人员的后顾之忧，启动了"宝丰县留守儿童暑期日间托管"项目并开展试点工作（见图4—5），通过政府出资购买社会组织社会服务的方式，委托宝丰县建筑业协会，招募当地大学生，为暑期无人监管的孩子免费提供作业辅导、兴趣培养、安全教育、心理疏导等服务项目。该项目坚持政府主导、突出公益，以社会工作专业理念为指导，以满足人民群众服务需求、加强社会对留守儿童的关注为根本出发点，

扶持培育民办社会工作服务机构，积极探索推进社会工作人才队伍建设和政府购买社会工作服务的方法和途径。通过该项目的开展，探索出一套适合本县实际的关爱留守儿童、促进其健康成长的社会工作模式。该项目得到了社会各界的巨大反响，人民网、新华网、中新网、大河网等主流网站纷纷刊发转载，省、市、县电视台多次进行采访报道，老百姓交口称赞，说政府切切实实办了好事、实事。

图4—5 暑期留守儿童托管报名

注重培训，培养队伍。为进一步宣传和推动本地区社会工作专业人才队伍建设，深入学习社会工作知识，增强社会工作理念，理解和掌握社会工作方法，举办了两期社会工作人才专题培训班。对县社会工作人才队伍建设领导小组成员单位主管领导、全县大学生村官、各单位报考社会工作师人员和全县民政系统全体干部职工近400人次进行社会工作知识的普及培训。邀请了河南师范大学社会事业学院的两位副院长、副教授授课，课程既有宏观的社会工作理念和发展方向，也有实务的方法和技巧，着重对社会工作的伦理和价值进行了深入的讲解和论述，具有很强的现实针对性和工作指导性。经过培训，学员们的专业素质得到了进一步提高，为其在岗位上更好地推动社会工作服务打下了良好基础。

广泛宣传，营造氛围。通过网络、电视、报纸等多种形式，加大对社会工作宣传力度，普及社会工作知识，宣传推进社会工作人才队伍建设的重要意义和各项任务，让各级党委政府、社会组织、服务对象和人民群众更多地认识社工、了解社工、支持社工、参与社工，在全县营造了浓厚的学习社会工作知识的氛围，社工指导中心常常接到咨询报考社会工作职业水平考试的电话，大家对运用社会工作专业知识开展助人自助活动，主动参与社会工作的积极性空前高涨。

四　宝丰县社工人才队伍建设模式

宝丰县自从2007年被民政部确定为社会工作人才队伍建设试点县以来，经过不断的探索与实践，逐渐形成了自己的社会工作发展模式，并于2014年初，被民政部在全国范围内开展的首批社会工作服务标准化建设示范创建活动中，确定为全国社会工作服务示范地区，并成为首批61个示范地区中，河南省唯一的县域示范点。在人才队伍建设上，形成了"三推进三结合"的发展模式。

1. 在推进社会工作专业人才队伍建设中，坚持"三推进"

"三推进"就是在推进社会工作人才队伍建设试点工作中，建立一套适合本地区实际的工作模式，引导社区干部社工化，促进社会工作本土化，积极探索开展社会工作新思路。"三推进"要做到以下几点：

(1) 建立一套适合本地区实际的工作模式

在工作过程中,宝丰县坚持"以人为本、助人自助"的社会工作理念,以构建一支"结构合理、素质优良的职业化、专业化和本土化的社会工作人才队伍"为目的,形成了"以社区社会工作室为平台,以社区干部社会化为目标,以社会工作实务为抓手"的"三社"工作格局和以"社工、专业义工、社区志愿者"三者有机结合的联动机制,同时运用"党委领导、政府联动、部门配合、社会运作、专业社工引领、多方参与"的社会工作模式,来推进全社区工作人才队伍建设的发展。

(2) 引导社区干部社工化,促进社会工作本土化

为了引导社区干部走上专业化的社会工作道路,留住社会工作人才,宝丰县提出了"社区干部社会化、社会工作本土化"的工作理念。

(3) 积极探索开展社会工作的新思路

在开展社区工作中,宝丰县注重满足不同人群的需求,在总体的社区社会计划中,按照不同需求设置相应方案,将大的社区社会工作划分为区、街、居、院、楼五个层次,使社区社会工作更易操作。此外,在设立社区社会工作的总体目标时,在总体目标中设置不同的子目标。子目标与总体目标在根本上是一致的,但各自的侧重点不同,通过运用个案小组等社会工作方法,因地制宜地开展活动,从而实现总体目标。此外,为了使民政干部走上社会工作专业化道路,提高广大民政干部运用社会工作方式方法的技巧,从以前单纯地关注服务对象的物质需求转变到开始关注其物质需求、精神需求和社会需求,从以前单纯关注服务对象本身转变到关注其家庭和所在社区的大环境等多方面。例如,宝丰县将社会工作引入低保工作,在积极帮助低保服务对象获得国家应有的最低生活保障的同时,更

加注重低保服务对象的人格平等和提升能力。不仅对他们给予充分的尊重，还加大了对其心理上的救助。在社会福利、社区建设、社会事务等业务工作方面，形成了一整套"以社会工作理念和社会工作核心价值观为指导，以社会工作专业方法为手段"的新型民政模式，使传统民政工作开始向现代新型民政工作转轨。

2. 在开展社会工作人才队伍建设工作中，要做到"三结合"

"三结合"就是要把发展社会工作与城市社会管理体制改革相结合，与改善民生工作相结合，与培育民办社会工作服务机构相结合。

（1）要与城市社会管理体制改革相结合

宝丰县开展社会工作人才队伍建设工作是在创新社会管理体制的大背景下规划和实施的。社会管理体制改革创新，主要就是围绕"建立一个机制、突破两个领域"进行。"建立一个机制"指的是探索建立政府与社会组织共同管理社会事务的机制；"突破两个领域"指的是社会管理体制创新的重点在社会保障和社会服务两个领域。宝丰县就是在这样一个改革思路下，开始开展社会工作人才队伍建设工作的。从宝丰县社会工作人才队伍建设工作的方案设计和推进策略上，我们都可以看到"创新社会管理体制"的理念。同时，为了顺应社会管理体制的需要，宝丰县形成了"政府主导、民间运作"的社会工作运作机制。

（2）要与改善民生工作相结合

宝丰县是老城区，老年、贫困、残疾等特殊人口多。宝丰县在推进社会工作人才队伍建设的同时改善了民生工作，充分发挥了社会工作在帮助弱势群体、解决社会问题和助人自助的专业优势。宝丰县立足于实际，根据不同街道面对的不同民生重点，在社会福利、社会救助、社区建设、残障康复、司法矫正、劳动保障、社会公益类服务等领域开展试点工作。宝丰县在推进社会工作人才队伍建设工作中的一大特点、亮点，就是通过大力发展居民最迫切需要的社区服务项目来推动工作的发展。在实践过程中，宝丰县提出了"在居民最迫切需要的服务中去培养社会工作人才队伍"的理念，专业社会工作者要通过专业的社工手法来开展个案、小组、社区工作，开展的服务要让服务对象感到更细致、更有效。如从2013年开始实施的"暑期留守儿童日间托管项目"，不仅得到家长们的欢迎，也收到了良好的社会效益，将宝丰县社会工作推上了一个新的台阶。

（3）要与培育民办社会工作服务机构相结合

宝丰县为了发展社区工作，大力培养社会工作服务类社会组织，并在短时间内先后培育了2个社会工作机构，引进了4家社会工作类社会组织，在3个街道开展低保、下岗人员及"村转居"社区居民再就业指导和培训、社区儿童辅导、社区戒毒康复服务以及居家养老和未成年人成长干预等服务。这些公益性社会组织的建立，构建起了宝丰县在社会工作方面政府购买社会服务上的多层次、多元化的竞争主体，为居民提供了更多的选择，为社会工作专业人才提供了发挥其作用的舞台。

案例：

张秋，女，汉族，宝丰县商酒务镇人，本科文化，1975年7月出生，1996年7月参加工作，2002年12月调入宝丰县民政局。先后在低保办、行政大厅民政窗口、婚姻登记处、局办公室工作，2012年6月任局社工指导中心主任至今。

张秋同志有着很高的学识水平和业务工作能力，是宝丰县第一个通过全国统考取得社会工作师职业水平证书的干部，并通过自学考取国家三级和二级心理咨询师证书。在"5·12汶川大地震"中作为宝丰县唯一的志愿者奔赴灾区进行心理危机干预工作，凭着扎实的专业知识和出色的工作能力，获得了灾区政府和人民的一致肯定和高度评价，被市总工会授予"五一劳动奖章"，并入选宝丰县年鉴；2010年6月，受中科院邀请，在中科院心理研究所玉树工作站和各界专家一起，开展灾后社会工作40多天，因出色的表现被中央四套电视台节目组跟踪采访并做了专访，采访内容部分在大型电视纪录片《百年青海》中播出。2013年11月29日《河南日报》民生民情栏目以《社工张秋，用爱点亮心灯》为题报道了张秋同志的个人事迹。

张秋同志任社工指导中心主任以来，不断发挥岗位职能，积极推进宝丰县社会工作发展。

（1）大力宣传普及社会工作专业知识。2013年9月组织了社会工作知识培训。邀请河南师范大学社会事业学院的两位副院长、副教授授课，对县社会工作人才队伍建设领导小组成员单位主管领导、全县大学生村官、县直各单位报考社会工作师人员和全县民政系统全体干部职工近400人次进行社会工作知识的普及培训。

（2）积极推进宝丰县社会工作专业人才激励机制。为考取职业水平证书的社会工作专业人才争取待遇。向县政府请示为全县在岗的社会工作师发放每人每月200元的补助，助理社会工作师发放每人每月100元的补助，提高了社会工作者报考积极性和学习主动性，从而加快推进宝丰县社会工作专业人才队伍建设。2014年宝丰县社会工作者职业水平考试报考人数达到107人。

（3）积极探索开创宝丰县社会工作新局面。策划并组织实施了"宝丰县留守儿童暑期日间托管"项目并开展试点工作，通过政府出资购买社会组织社会服务的方式，为暑期无人监管的孩子免费提供作业辅导、兴趣培养、安全教育、心理疏导等服务项目。通过该项目的开展，探索出了一套适合本县实际的关爱未成年人特别是留守儿童、促进其健康成长的社会工作模式。该项目得到了社会各界的巨大反响，河南电视台、平顶山电视台和宝丰电视台多次进行宣传报道，《东方今报》《平顶山日报》《平顶山晚报》和《宝丰快报》也多次刊发消息报道工作开展情况。这些文章和图片也先后被人民网、新华网、中新网、大河网、平顶山新闻网等多家主流网站刊发转载。2013年7月27日，平顶山日报百姓话题栏目以此为内容进行讨论。各界人士交口称赞，说政府切切实实办了好事、实事！

（4）辛勤付出换来丰硕成果。在领导的支持和张秋同志的努力下，宝丰县被评为全国首批社会工作服务示范地区，成为全国首批61所社会工作服务示范地区中河南省唯一的一个县域示范地区；和郑州大学公共管理学院建立了良好的合作关系，宝丰县成为该院社会工作专业研究生社会实践基地。

张秋同志政治思想成熟，能够坚持把学习贯彻马列主义、毛泽东思想、邓小平理论、"三个代表"重要思想作为第一位的使命，把学习掌握科学文化知识作为第一等的需要，持之以恒，学以致用。该同志理想信念、公仆意识和奉献精神很强，在任何时候都能把国家和人民的利益看得重于一切、高于一切、胜过一切。

个案访谈：

访谈时间：2015年7月23日上午8点10分

图4—6　调研员访谈张秋同志

访谈地点：宝丰县民政局会议室

访问者：调研小组调研员

受访者：宝丰县民政局社会工作指导中心主任张秋（见图4—6）

问1：能介绍下宝丰县社会工作大体情况吗？

答1：宝丰县位于河南省中西部，隶属平顶山市，总面积722平方公里，辖8镇4乡1办事处1林站，327个行政村，总人口51.7万人。截至2014年，全县通过社会工作职业水平考试27人，其中社会工作师9人，助理社会工作师18人。

问2：了解到您之前也不是专门学习社会工作的，您大概是什么时候开始了解这一块的（社会工作）？接触这一块工作的？

答2：我最早在民政局这一块的工作是在婚姻登记处、民管办、行政事务中心，包括低保办等，这些年民政局的各个科室差不多转了一圈了。2007年，宝丰县成为全国第一批社会工作人才队伍建设试点地区，河南省一共有两个县域试点，宝丰县是其中一个。2008年，全国开始有了社会工作师证考试，由于当时民政局李局长的重视和支持，民政局所有干部职工包括乡民政所的工作人员2008年一共报名参加考试63人，全部都是民政系统的，我从这个时候开始接触并了解社会工作，但还不是太明白。刚开始的认识是，我们（民政局）干的工作就是社会工作，然后再考个证，就这么简单。2008年的考试，所有参加考试的人只有我一个人过了，并且是一次3科全过（考的是中级社工师证）。后来，理所当然的局里涉及这方面（与社会工作有关）的工作就交给我。但是考过证之后一直也就没有过其他的发展。2012年的时候从网站上看到民政部要对第一批试点单位（地区）进行验收，后来领导就在民政局行政办公室挂了一个"社会工作指导中心"的牌子，由于当时我在办公室工作，所以我就兼职社会工作指导中心主任，但是一直也没有开展工作。既然挂了这个牌子就要开展工作，后来在一次下乡中看到孩子（留守儿童）们的生存状况让人很难受，孩子是一个家庭、社会、民族、国家的未来。另外，我也考虑了做老年人社会工作这一块纯粹是服务性质的，没有钱是无法推动的，而且在农村地区大多数老人根深蒂固的观念还是养儿防老，在家庭养老，所以我们能做的就是把他们的孩子教育好，让他们更好地赡养老人，这一块问题就解决了。青年人出去打工，老年人留在家，在条件有限的基础上，在老年人这一块一是没有足够的钱把他们养起来，二是没有能力让他们的子女都回来赡养他们，所以我的想法就是从儿童开始，教他们一些能力和做人的道理，长大后就会赡养老人，并且也会对下一代形成榜样。所以，我2012年设计这个留守儿童托管项目就是想着在假期2个月相对集中的时间，把这部分人集中起来教他们一些东西。（第二年）2013年这个项目获批开始实施，由于人力资源有限，定了一个试点刘沟营小学，是个公办学校，招了几个教育学院的老师，给老师们以及学校负责人提供一些补贴，第一年的效果是比较好的。开班计划招80人，但是后来招的人数超过80人，很多在县城或村里报了辅导班的也回到村里上这个托管班了。由于第一年没有专业人员的参与，这个项目是按照我个人的想法进行的。由于各方面资源有限，当时请了消防队教孩子们消防安全、用电安全、溺水等方面自我保护的知识，还组织了一场消防演练等；还请了幼儿园的志愿者教孩子们跳舞、游戏，请国学老师给孩子们讲宝丰历史、国学知识。尽最大努力做好这件事，但这不是严格意义上的社会工作。后来，郑州大学的张明锁老师在网上看到了对该项目的宣传，后来联系，双方商议进行合作。2014年与郑州大学进行合作，项目进行得更专业一些。总结前两年，感觉这个项目还是挺符合大众需求的，也很有实施和推行的必要性。2015年，计划办15个试点，由于一系列原因，该项目被突然叫停，很遗憾。但是，前期所做筹备工作的时候，资源联系得都非常好，像中国福利基金会已经知道了这个项目，它（中国福利基金会）计划让"爱小丫"基金项目——一个关爱女童的项目——与我们进行合作，另外我还联系了省里青少年教育的专家教授青少年防侵害、对人格形成有帮助的课程，今年的准备是很充分的。

问3：2015年年计划的15个试点，是在公立学校还是私立学校？

答3：全都是私立学校，因为公立学校不配合。第一年的时候是在公立学校，但是后来由于民政和教育上的领导都换了，就不好协调了。

问4：刚才您提到2015年的项目没有开展，可能是涉及安全责任方面的问题，这个您怎么看？

答4：这个事选择理解吧。虽然这是一个很好的事，也相信中间不会出现问题，毕竟私立学校平常也都是五六百个学生也正常运转了，这个项目对它们（私立学校）来说也是一个多方互利的行为，所以他们也都很操心，包括地方政府、学校。尤其是2014年采取了防范措施，给每个孩子都交了保险。对领导也比较理解，毕竟他们考虑更周全一些，担有一定责任。

问5：能给我们谈谈宝丰县社会工作的具体发展情况吗？

答5：总体来说，推进最快的一年就是2013年。2013年因为留守儿童项目这个工作，在全县领导也比较重视（社会工作）。2013年组织了两场培训，一场是针对全县323名大学生村官，2月份与组织部联合下发"在全县范围内参加社会工作者职业水平考试"的文件，并在县里成立人才队伍建设领导小组，组织部牵头，相关单位如福利院、卫生系统、教育系统等社会工作相关领域这些部门在一起成立的这个领导小组，领导小组成员单位的主管副职、主管领导，包括全县的大学生村官、乡镇负责民政这一块的领导，全部集中在一起进行了一个培训。第二场是针对全县民政系统，民政局的全部职工，包括各乡镇民政所、养老院的工作人员，开展了这两次规模比较大的培训。2013年，还申请成立社会工作指导中心，并批了2个编制，有机构有编制是符合上级要求的（后来由于领导更替，关于编制的文件没有批复，所以说这个指导中心是不合法的）。另外，县里领导也签批了对全县考过证（社工师证）的人员的奖励措施，考过初级的是100元，中级的是200元，是一个请示，县里没有正式文件发，文件上批示请财政局处理，财政局局长也同意了按此方案执行，从7月1日起开始执行。但是9月份局长更替，新来的局长对这一块的工作不太了解，所以这个事就搁那儿了，虽然说这个文件已经批过了，但是没有执行。所以说2013年是整体推进最快的一年，无论是人才激励措施、机构的成立、对人员考试的组织、领导机构（领导小组）的成立，都建立得非常完善，并且，当时（2013年）领导还要求出一个社会工作服务标准化的标准，这都做得很好，可以说是走在前列。但是，由于领导的一个交替，2014年跟教育局也没有协调好，办了一半（留守儿童假日托管项目）被教育局叫停。所以，2015年教育局不允许（在公立学校开展假日托管项目），但是我们在私立学校办，由县领导（主要是关工委的老领导）出面与教育部门协调。另外，团委2015年给社会工作指导中心颁了一个"杰出青年集体"的奖项，这个奖项背后有重要意义，说明团委系统的领导对社会工作这一块是非常重视的，至少说明他们知道社会工作的意义在哪儿。通过这一次与宣传部、组织部的联合调研，下一步他们也会重视这个工作（社会工作），至少会很愿意去配合（社会工作指导中心的工作）。

问6：可以谈谈社会工作介入领域的整体发展情况吗？

答6：妇联主要是管留守妇女、儿童的；司法局虽然没有（社会工作）介入，但是它们明白这是社会工作的一部分。我个人认为，只要领导重视，工作就不难开展。跳过这个问题，说一下我的想法。我个人很希望把宝丰作为郑大的一块自留地、试验田，把理论转化为生产力。这次从四川学习回来，我有一个思考，想重新开展一个社会工作项目作为着力点来支撑我们社会工作服务示范地区，因为就目前来看，留守儿童的项目是做不了了，新的服务项目目前我已经在筹划。

问7：社会工作在宝丰县发展的最大障碍是什么？

答7：最大障碍是上级部门是否支持。每位领导的想法不一样，工作重点也不一样。

问8：您的部门在县政府是否有对口部门？是否在乡镇政府一级有下设对口部门？

答8：都没有对口部门。

问9：考过资格证的政府工作人员或村官，是否有人从事社会工作？

答9：没有人。

问10：您认为当前工作的创新点有哪些？社会工作在实务领域有没有发挥其作用？

答10：我个人认为是发挥作用的，在自己的日常工作中，学过社会工作后，把一些理念、方法用到工作中比以前效果要好很多，能够站到对方的立场上去考虑问题，考虑到对方的需求时再去开展工作，效果就好很多。

问11：您觉得社会工作在宝丰县的发展有哪些创新和亮点？

答11：我觉得好的方面就是组织部能把社会工作专业人才纳入到县里拔尖人才选拔中，这应该说是他们工作中的一个亮点。县里人才规划2015—2020，也把社会工作人才单列出来，这也体现了领导的重视，在整体政策层面这一块，体现在机制建设上。

问12：您对未来几年宝丰县社会工作的发展有何规划和设想？

答12：这个是领导的事，我说了也不算。

第二节　宝丰县与郑州大学的合作

人才建设是社会发展的重中之重，党的十九大报告提出："人才是实现民族振兴、赢得国际竞争主动的战略资源。"宝丰县强力实施"人才强县"战略，突出"四个创新"，加快人才队伍建设，不断打造人才聚集高地，为全县经济社会全面协调发展提供了强有力的智力支持和人才保障。为加快推进宝丰县社会工作人才队伍建设和社会工作服务专业化，宝丰县民政局和郑州大学建立合作关系，在宝丰县挂牌成立郑州大学社会工作实践基地和社会工作专业人才培训基地，并签署战略合作协议，以此为平台进行长期合作。围绕如下领域开展工作：县域社会工作人才队伍建设及管理研究；具有中国特色的农村社会工作实务探索；协助推进公益慈善类、社区服务类社会组织建设，推进政府购买社会工作服务的开展；健全农村社会保障体系，围绕老年人、妇女、儿童等弱势群体进行福利项目研究及服务模式探索。为合作研究持续发展，联合成立"郑州大学—宝丰县社会工作实践培训基地办公室"，实践基地办公室设在宝丰县民政局。根据工作需要，郑州大学组织社会工作专业的师生到宝丰县进行社会实践，开展专业服务和相关研究，并为宝丰县每年开展社会工作专业人才培训提供师资力量，指导宝丰县逐步建立社会工作人才培养体系，为社会工作以及相关岗位培养具有资质的专业人才。通过和郑州大学的合作，能够使宝丰县的社会工作专业人才队伍不断壮大，社会工作者职业化、专业化进程不断加快，为创新社会管理、推进和谐社会建设提供充足的人才保证和专业支撑。

2014年初，民政部在全国范围内开展了首批社会工作服务标准化建设示范创建活动。河南省宝丰县被民政部确定为全国社会工作服务示范地区，首批61个示范地区中，宝丰县是河南省唯一的县域示范点。郑州大学和宝丰县分别作为从事社会工作教学研究单位和社会工作服务示范地区有责任为贯彻落实国家相关文件精神以及推进我省社会工作的整体发展做出自己的贡献。

郑州大学自1988年设置了社会工作专业，是全国最早成立社会工作专业的四所高等院校之一，也是全国首批三十三个社会工作硕士研究生（MSW）培养试点单位之一。在人才培养方面，郑州大学社会工作系通过与社会工作实务机构的密切合作，建成了一批成效显著的社会工作实习基地，如与郑州市救助保护流浪少年儿童中心合作，组织社会工作大学生参加救助保护流浪少年儿童的外展社会工作（见图4—7）。郑州大学社会工作专业的这一人才培养模式得到了民政部和联合国儿童基金会的好评，外展社会工作成为救助保护流浪儿童的"郑州模式"的重要组成部分。2008年，由武汉大学科研评价中心公布的中国大学本科教育排行榜中，郑州大学社会工作专业排名第七，业已形成了较为完善的师资培训队伍和培训管理体系；宝丰县近年来一直专注于社会工作人才队伍的培育以及服务探索，于2013年成立了宝丰县社会工作人才队伍建设领导小组，并于

2012年在民政局设置了独立的社会工作管理机构社工指导中心。双方近年来在社会工作人才培训以及专业探索方面的工作是卓有成效的，已经具备了合作开展社会工作服务示范区建设的基础。

图4—7　郑州大学社会实践小分队

宝丰县政府根据工作需要，组织郑州大学社会工作专业的师生到宝丰县进行专业服务和相关研究，并为宝丰县每年开展社会工作专业人才培训提供师资力量，宝丰县政府提供一定的经费支持和服务保障。从而建立起社会工作专业人才培训基地，并以此为平台进行长期合作，利用社会工作科学助人的专业性质为宝丰县留守儿童工作全面增能，保证了政府购买服务的品质和专业性，满足了农村留守儿童更高层次的心理和精神需求。

第三节　宝丰县社会工作人才建设的启示

社会工作是在社会服务与管理领域，遵循专业伦理规范，综合运用专业知识、技能和方法，帮助有需要的个人、家庭、群体、组织和社区，整合社会资源，协调社会关系，预防和解决社会问题，恢复和发展社会功能，促进社会和谐的职业活动。社会工作人才是具有一定社会工作专业知识或专门技能，在社会服务与管理领域进行创造性工作并做出积极贡献的人。

一　新时期社会工作人才队伍建设的必要性

1. 建设宏大的社会工作人才队伍是解决社会问题、构建和谐社会的重要力量

当前，我国处于发展的重要战略机遇期，同时也是社会矛盾凸显期。解决新出现的矛盾和问题，除需要运用法律、行政、经济等手段外，也需要依靠大量社会工作专业方法和专门人才，综合运用社会工作手段。社会工作人才分布在基层一线，能够深刻体察社会心态和社会矛盾，能够及时提供社会生活各个领域的专业服务，在基层化解矛盾，在一线维护和谐，是预防和解决社会问题、化解社会矛盾的主力军，也是发展社会工作、维护社会稳定的骨干力量。

2. 建设宏大的社会工作人才队伍是实施社会管理政策、创新社会管理体制的重要举措

制定和实施社会政策是进行社会管理的主要方式。从国际经验看，实施效果较好的社会政策主要是通过专业化、职业化的社会服务工作体系来实现的。在制定实施社会政策，创新社会管理体制过程中，社会工作人才有着独特的优势。他们依托政府支持，工作手段灵活，能够充分动员和调动社会各阶层力量理解、参与完善社会管理，提高社会管理效率。加快社会工作人才队伍建设是创新社会管理的重要方面，是凝聚社会力量，用好社会资源的重要举措。

3. 建设宏大的社会工作人才队伍是更好实施人才强国战略、加快建设人才强国的重要内容

2010年党中央、国务院颁布实施的《国家中长期人才发展规划纲要（2010—2020年）》，第一次将社会工作人才作为一支独立的人才队伍纳入到国家人才工作全局。《纲要》明确提出，要培养造就一支职业化、专业化的社会工作人才队伍，到2020年使我国社会工作人才总量达到300万人。这充分表明社会工作人才是我国人才队伍中的一支生力军，是建设人才强国的一支重要力量。社会工作人才作为一支独立的人才队伍，有利于充分调动社会资源，推动人才队伍发展，加快建设人才强国；有利于在社会发展各个方面落实人才政策，凸显人才对社会发展的智力支撑和第一资源的作用。

二 新时期社会工作人才队伍建设的思考和建议

《国家中长期人才发展规划纲要（2010—2020年）》指出，要"适应构建社会主义和谐社会的需要，以人才培养和岗位开发为基础，以中高级社会工作人才为重点，培养造就一支职业化、专业化的社会工作人才队伍"①。这为社会工作人才队伍建设指明了方向，明确了思路。新时期社会工作人才队伍建设要立足于中国特色社会主义建设事业的总体布局，立足于创新社会管理，加强社会建设的现实需要，坚持党管人才原则，遵循人才成长规律，建设一支规模宏大、结构合理、素质优良的社会工作人才队伍，为构建社会主义和谐社会提供人才支撑。

1. 坚持专业化与大众化相结合

社会工作人才既包括经过社会工作专业教育、具备社会工

---

① 《国家中长期人才发展规划纲要（2010—2020年）》，《人民日报》2010年6月7日。

作职业资格的专业社会工作者，也包括具备一定社会工作知识的一般从业人员。社会工作人才队伍建设必须用专业化高层次人才来引领社会工作发展，为专业社会工作者制定必要的准入门槛、严格的管理制度、合理的薪酬待遇、有效的激励机制、畅通的职业发展道路，不断提高社会工作职业的社会地位，更好地凝聚人才。要大力普及社会工作知识，促进社会公众对社会工作的了解。要推动广大一线社会工作者加强业务学习，提高服务能力。

2. 坚持服务社会大众与帮扶困难群众相结合

社会工作要面向最广大的人民群众，以改善民生、服务群众为落脚点，以提高人民生活、增进社会福祉为己任。新时期我国的社会工作必须优先着眼于最迫切的需求，以贫困人口、农村留守儿童、灾民、农民工、失地农民、老年人、残疾人、下岗失业人员、问题青少年、优抚安置、流浪乞讨人员以及违法犯罪人员为重点，优先在社会福利与救助、慈善事业、优抚安置、就业服务、社区建设、流动人口服务、婚姻家庭、青少年教育、社会治安等领域推进，充分发挥社会工作者的优势。

3. 坚持体制内与体制外人才相结合

在我国，社会工作人才主要分布在党政机关、人民团体、事业单位、城乡社区等体制内单位，同时也有一部分分布在公益类社会组织、新社会组织等体制外单位。在制定政策、建立制度时，一方面，必须立足于促进体制内社会工作人才队伍建设，充分发挥各级党委和政府在把握社会工作及其人才队伍建设的正确方向和整合社会资源方面的强大优势，调动各方面资源，形成工作合力；另一方面，要按照政事分离、政社分开的要求，把社会工作人才开发的重点，逐步转移到社会团体、民办非企业单位和各种社会福利服务机构，要逐步提高直接提供社会服务的体制外各类机构专业社会工作人才的比重。

4. 坚持提升存量与培养增量相结合

我国社会工作人才总量不足、质量不高。从长远看，要加快发展社会工作专业教育，培养大批专业化、职业化的社会工作新生力量，不断提高社会工作人才增量。从当前看，必须采取多种方式对现有社会工作从业人员进行专业教育和培训，帮助他们尽快提高专业素质和技能，这是较快提升我国社会工作专业化水平、满足社会建设需求的现实选择。

三　建立完善社会工作人才队伍建设的制度体系

根据构建社会主义和谐社会对社会工作人才的要求和我国社会工作发展的实际，我国社会工作人才队伍建设必须抓住关键环节，创新管理政策，完善制度体系，努力建立健全社会工作人才的培养制度、评价制度、使用制度和激励制度，为造就一支宏大的社会工作人才队伍提供制度保证。

1. 建立和完善社会工作人才培养制度体系

建立和完善社会工作人才培养制度体系首先要加强社会工作人才继续教育。抓紧制定相应的管理办法，建立健全社会工作从业人员专业培训和继续教育制度，从经费和政策上支持鼓励社会工作人才参加专业培训、岗位培训，确保及时掌握和了解最新的专业知识和技能。其次要加强社会工作学科体系建设。建立完整的社会工作专业学历学位体系，建立规范的社会工作专业教学管理制度，大力发展社会工作高等职业教育，大力发展实务型社会工作教育。再次要加强社会工作培训师资力量建设。以高级培训师资为重点进行社会工作人才师资培训，着重培养教师的专业理论功底与实务经验相结合的能力。最后要切实加强对社会工作人才的思想政治教育和职业道德教育，引导他们牢固树立服务观念、奉献意识和敬业精神，不断增强社会责任感。

2. 建立和完善社会工作人才评价制度体系

根据我国社会工作人才所在单位类别较多，不易统一评价标准的现实情况，应将对社会工作人才的评价与相关行业人员考核评价相结合，区别对待。对党政机关的社会工作人员，按照公务员评价考核办法进行评价。对在事业单位、社会团体、城乡社区和社会组织等机构内专业从事社会工作的人员，按照社会工作专业技术资格制度、职务聘任制度、岗位考核制度等进行评价。前一类评价制度体系已经比较完善。工作的重点是完善后一类评价制度体系。首先应完善社会工作者职业水平评价制度。稳步推进助理社会工作师、社会工作师职业水平考试制度，加快制定高级社会工作师职业水平评价办法，建立完整的社会工作者职业水平评价体系。其次应实行社会工作者专业技术职务聘任制度。将社会工作者纳入国家专业技术职称制度统一管理，明确相应职务的等级、适用范围、结构比例、岗位职责、任职条件、任职期限及聘任办法，为单位提供用人依据。再次应建立社会工作人才岗位考核制度。采用资格考试、实绩考核和同行评议相结合的办法，对在岗社会工作人才的专业能力、职业素质和工作绩效进行综合评价。最后应实行社会工作者登记管理制度。建立社会工作人才数据管理系统，加强对社会工作人才宏观管理。

3. 建立和完善社会工作人才使用制度体系

人才发展，以用为本。建立和完善社会工作人才使用制度体系，首先要加快制定社会工作岗位开发与设置的政策措施。综合考虑实际需求情况，参照国际标准，按照专业化、职业化的要求，研究建立各类单位性质内社会工作岗位的设置范围、数量结构、配备比例、职责任务和任职条件等，建立健全各类社会工作岗位开发与设置的政策措施和标准体系。其次要建立社会工作人才流动机制。打破行业、地域、身份、所有制界限，放宽视野，拓宽渠道，畅通社会工作人才流动机制。再次要逐步完善社会工作人才使用政策。公务员招考和选拔干部时，应把在社区和其他基层单位工作、具有丰富基层实践经验的社会工作人才纳入范围。要在城市社区逐步加大社会工作人才配置力度，要探索在农村社区设置社会工作岗位，使用社会工作人才制度。要鼓励高校社会工作专业毕业生到广大城乡基层从事社会工作实践。

4. 建立和完善社会工作人才激励保障制度体系

为建立和完善社会工作人才激励保障制度体系，首先应建立健全多层次的社会工作人才薪酬机制。在公务员岗位从事社会工作的人员，执行相应的公务员薪酬标准；在企事业单位岗位、城乡社区、公益类社会组织从事社会工作的人员，执行专业技术人员薪酬标准。其次应完善社会工作人才的社会保险制度。对于城乡社区、公益类社会组织的社会工作人员，要严格按照国家有关规定，缴纳各种社会保险。做好社会保险关系转移接续工作。最后应建立社会工作人才的表彰奖励机制。对德才兼备、业绩突出的社会工作人才给予表彰奖励，不断提高社会工作人才的社会地位和待遇，增强社会工作职业对社会优秀人才的吸引力，使社会工作成为受人尊重的职业。

第五章　宝丰县社会工作制度建设

2007年宝丰县被民政部确定为社会工作人才队伍建设试点县，县政府先后出台了多项制度、政策指导宝丰县社会工作的发展，从整体上对宝丰县政府以及各级部门、组织在社会工作上提供宏观指引，有力地推进了宝丰县社会工作介入社会治理，加快了社会建设的步伐。尤其是在人才队伍制度建设上，形成了"三推进三结合"的发展模式，将宝丰县社会工作推上了一个新的台阶，真正发挥社会工作促进社会治理的工具作用，同时也丰富了社会建设的内涵。

第一节　社会工作制度

一　制度

道格拉斯·诺斯从新制度经济学的角度认为："制度是一个社会的游戏规则，更规范地说，它们是为决定人们的相互关系而人为设定的一些制约。"[①] 罗伯逊从社会学的角度认为："制度是非常稳定地组合在一起的一套规范、价值标准、地位和角

---

① ［美］道格拉斯·诺斯：《制度、制度变迁与经济绩效》，上海三联书店1994年版，第3页。

色,它们都是围绕着某种社会需要建立起来的。"① 马奇与奥尔森等从新制度主义政治学的角度提出了恰适性逻辑,认为"政治制度是相互关联的规则和惯例的集合,依据角色和情景间的彼此关系,这些制度规定了哪些行为是恰当的"②。马克思主义认为,要想揭示制度的本质就必须借助于人与人之间的社会经济关系,其将社会制度定义为经济基础和上层建筑的统一。

本书认为,制度是为了满足社会成员的某些基本的社会需求而建立起来的规范,是人类在群居生活中用来约束个体行为的规则,是群居生活质量的保障。制度根据其是否成文可以分为正式制度和非正式制度,在本书中,提到的制度都是指政府部门下发的相关文件、通知、纲要等。

二 社会工作制度

目前,国内学者对社会工作的理解主要有两种。第一种是指义务劳动或志愿服务。一般我们将这种工作理解为社会工作,即人们在本职工作之外所做的不取劳动报酬的工作。第二种是将其作为一种专业或职业的称呼。

对社会工作的定义,我们可以从不同的角度出发。从教育工作的角度来说,社会工作就是一门学科、一门专业;从事务工作的角度来说,社会工作就是一种活动、一种职业;从制度主义来说,也就是从政府部门的角度来说,社会工作就是指"政府和社会为舒缓、解决个体、家庭、群体、社区和组织在与环境互动中出现的问题与矛盾、实现与环境之间良好互动而

---

① [美] 伊恩·罗伯逊:《社会学》下册,商务印书馆1991年版,第453页。
② [美] 詹姆斯·马奇、[挪] 约翰·奥尔森:《重新发现制度》,生活·读书·新知三联书店2011年版,第160页。

建构的专业化、职业化的社会服务制度"[①]。所以，我们所讲的社会工作就是制度化的社会工作，它既是一门专业也是一门职业，既是静态的规章制度，又是动态的行为活动。要全面理解制度主义视角下的社会工作制度的内涵，需要从以下四个方面来理解：

1. 制度主体

社会工作制度主体可以分为两大类：政府和社会。政府作为制度主体，主要是指各级政府主管社会工作和社会工作人才队伍建设的行政机构，如民政系统的各个部门，它们担负着规划、设计、支持和推动社会工作制度建设的职责。此外，我国实行的是党管人才，所以除了各级政府，各级党委在社会工作制度建设中也起着非常重要的作用，例如领导作用。社会作为制度主体，主要是指从事社会工作行业管理的、提供社会工作服务的组织等，具体可以分为行业管理组织和专业服务组织。行业管理组织就是为了规范社会工作发展和社会工作人员管理而建立的各级、各类行业协会等；专业服务组织是指围绕社会工作服务提供、服务监督、服务提升、服务评估等环节形成的各类民间社会工作组织。在社会工作实践中，社会工作主体更多地表现为在不同机构与组织中工作的社会工作人员。

2. 制度客体

制度客体也称制度对象或工作对象。主要是指有问题或处于弱势状态的、有需要的个人、家庭、群体、社区与组织。

3. 制度性质

相对于一般性制度或其他服务制度，社会工作制度有着独特的性质。这种性质主要体现在专业性上。如前文所述，社会

[①] 柳拯：《规律与模式：从制度视角建构中国本土社会工作》，中国社会出版社2010年版，第30页。

工作是一种专业性的动态行为活动，必须具备一定的专业知识、专业理念、专业技能与专业方法。其中，专业理念就是社会工作区别于其他一般助人活动和社会服务的核心所在。"以人为本"和"助人自助"是社会工作专业理念的重点所在。社会工作之所以能够区别于其他社会服务制度，关键就在于开展社会工作需要运用相关的知识、技术和方法。这些知识、技术和方法，是建构社会工作制度的重要工具。其专业知识主要包括社会学、心理学、法学、经济学、人类学、社会政策等。其专业技能主要包括倾听、接纳、同感、人际关系协调、组织策划、资源整合等。其专业方法主要包括个案方法、小组方法、社区工作方法、社会工作督导、社会工作行政、社会工作研究等。

4. 制度功能

任何一种制度都有其特定的功能。从宏观上说，制度的功能主要有促进社会经济发展、提供社会秩序、引导与约束行为、制约权力等。社会工作作为一种专业服务制度，具有特定的社会功能。主要体现在三个方面：（1）融合功能。通过帮助解决个人、家庭、社区、组织和环境之间的各类问题与矛盾，从而使服务对象重新融入到均衡的环境中，实现社会工作对象与自身、环境之间的良性互动，达到关系融合与功能恢复。（2）发展功能。通过挖掘社会资源或个人潜能，增强个体、家庭、社区或组织的生存发展能力。（3）预防功能。通过提前发展和控制潜在的、阻碍个人或社会功能发挥的条件和情景，预防问题的发生，从而实现个体或组织的成长与发展。

第二节　社会工作制度发展与现状

一　社会工作制度发展背景

经过40多年的改革开放，我国的经济经历了高速发展到

"经济新常态"的转变。随着经济的发展进入新常态，我国也进入了一个新的社会转型期，这一转型期将是新的社会问题层出不穷、日益严峻的阶段，这也就使得社会建设成为我国在社会转型时期的重要任务，能否处理好社会中日益增多的矛盾也就成为新时期检验政府工作好坏的标准。

党的十六届六中全会通过了《中共中央关于构建社会主义和谐社会若干重大问题的决定》（以下简称《决定》），该《决定》指出："建设宏大的社会工作人才队伍。造就一支结构合理、素质优良的社会工作人才队伍，是构建社会主义和谐社会的迫切需要。建立健全以培养、评价、使用、激励为主要内容的政策措施和制度保障，确定职业规范和从业标准，加强专业培训，提高社会工作人员职业素质和专业水平。制定人才培养规划，加快高等院校社会工作人才培养体系建设，抓紧培养大批社会工作急需的各类专门人才。充实公共服务和社会管理部门，配备社会工作专门人员，完善社会工作岗位设置，通过多种渠道吸纳社会工作人才，提高专业化社会服务水平。"同时，在该《决定》中，明确指出"建设宏大的社会工作人才队伍"，这就意味着我国的社会工作将聚焦在社会工作专业人才队伍建设上来。自此，社会工作，特别是社会工作专业人才队伍的建设，便成为社会建设的重要手段，上升到了国家的高度并得到了国家的关注和重视。

党的十九大报告指出，在2020年到2035年第一个阶段实现小康社会的基础上，基本实现社会主义现代化，要求国家治理体系和治理能力现代化基本实现。从社会管理向社会治理方向的转变，是我们在推进治理体系和治理能力现代化过程中必须紧抓的一个方面，同样也是加强我国社会建设的一个重要举措。将社会工作引入社会治理，有助于促进个人与社会的和谐发展，促进社会的稳定与发展，有利于我国在社会转型时期解决层出不穷的社会问题。

二 我国社会工作相关政策的发展脉络

我国从十六届六中全会到十八大、十八届三中和四中全会，均非常重视社会工作的发展，在社会工作专业人才队伍建设、政府购买社会工作服务等方面相继出台了一系列具有建设性意义的政策文件。这些政策的出台，为我国未来社会工作的发展指明了方向，勾勒出一幅宏伟的发展蓝图，不仅改变了传统社会服务的价值理念和方式方法，更是将社会工作的制度化建设推向了新的高度。

2010年6月，根据党的十七大提出的更好地实施人才强国战略的总体要求，着眼于为实现全面建设小康社会的奋斗目标提供人才保证，制定了《国家中长期人才发展规划纲要（2010—2020年）》（以下简称《纲要》），该《纲要》明确将社会工作人才建设纳入了六类人才队伍建设中来，并要求要以人才培养和岗位开发为基础，以中高级社会工作人才为重点，培养造就一支职业化、专业化的社会工作人才队伍。到2015年，社会工作人才总量达到200万人。到2020年，社会工作人才总量达到300万人。以此为起点，我国的社会工作进入一个新的阶段，进入了一个以社会工作人才队伍建设为主攻方向的新时期。

继《中共中央关于构建社会主义和谐社会若干重大问题的决定》和《国家中长期人才发展规划纲要（2010—2020年）》之后，2011年10月，国家出台了一个具有里程碑意义的、第一个系统构建社会工作制度的专门性文件即《关于加强社会工作专业人才队伍建设的意见》，该政策文件在指导发展原则、未来的发展目标、人才培养的新举措和社会工作专业人才地位等方面都做出了指导性的意见，特别是在工作机制上明确提出：组织部门要牵头抓总，民政相关部门要具体负责，相关部门要密切配合，社会力量要广泛参与的一种多部门联合协作推进的工作格局。这就形成了一个政府主导、社会力量参与的政府、社会、个人三位一体的共同推进社会工作的一种模式。

在《关于加强社会工作专业人才队伍建设的意见》出台之后，它的姊妹篇《社会工作专业人才队伍建设中长期规划（2011—2020年）》也于2012年4月出台。该《规划》是我国社会工作专业发展和社会工作专业人才队伍建设的又一制度保障。它是我国关于社会工作专业人才队伍建设的第一个中长期规划，它明确提出了我国在未来10年内的社会工作专业人才队伍建设的方向与目标，也为我国地方政府在社会工作方面的工作指明了道路。

2012年11月，民政部、财政部等部门联合发布了《关于政府购买社会工作服务的指导意见》，它是我国第一个关于政府购买社会工作服务的国家性文件，它明确规定了政府在购买社会工作服务时的主体、对象、范围、程序与监督等内容，有力地推进了我国政府购买社会工作服务的制度化和规范化建设，也预示着我国社会组织迎来了一个繁荣发展的新时期。

2014年4月，民政部发布了《民政部关于进一步加快推进民办社会工作服务机构发展的意见》[①]，该意见旨在发挥民办社会工作服务机构在吸纳使用社会工作专业人才、提供专业化、个性化社会工作服务、创新社会治理方面的重要作用。它指出民办社会工作服务机构是社会工作专业人才发挥作用的重要平

---

① 《民政部关于进一步加快推进民办社会工作服务机构发展的意见》，2014年4月17日，中华人民共和国民政部官网（http://www.mca.gov.cn/article/zwgk/fvfg/shgz/201404/20140400622265.shtml）。

台，是整合社会工作资源、提供社会工作服务的重要载体，是承接政府社会服务职能的重要依托。在未来的发展目标上，到2020年，全国发展8万家管理规范、服务专业、作用明显、公信力强的民办社会工作服务机构，有效承接政府社会服务职能，满足人民群众专业化、个性化的社会工作服务需求，使民办社会工作服务机构在加强现代社会组织建设、促进转变政府职能、引导社会力量有序参与社会治理、建立健全社会服务体系等方面发挥重要的作用。

这一系列的规划、意见等政策的出台，是我国在国家层面重视社会工作发展的体现，是我国对社会组织发展的支持，是我国开始将社会工作、社会组织引入社会建设中，转变传统公共服务模式，实现社会管理方式转变的重要举措，这也为我国地方政府在社会建设、社会工作发展方面形成了详细的顶层设计，营造了良好的环境氛围，指明了发展方向。

三 河南省社会工作发展核心政策

随着国家层面关于社会工作方面相关政策的出台，为了更好地实施社会工作和社会建设，推进国家治理能力体系和治理能力现代化，在国家相关政策与意见的指导下，中共河南省委、河南省人民政府相继出台了配套政策与意见，加快推进河南省在社会工作建设方面的人才队伍建设、社会组织建设以及规范化政府购买社会公共服务等。

1.《河南省社会工作专业人才队伍建设中长期规划（2011—2020年）》

该规划是以中央《关于加强社会工作专业人才队伍建设的意见》《社会工作专业人才队伍建设中长期规划（2011—2020年）》和《河南省中长期人才发展规划纲要（2010—2020年）》

为依据，以推进河南省社会工作专业人才建设为目的，并结合河南省社会工作人才发展实际情况制定的。该规划明确指出：社会工作专业人才是社会建设不可或缺的重要力量，对解决社会问题、应对社会风险、促进社会和谐、推动社会发展具有重要的基础性作用。并认为从2011年到2020年，这十年是加快中原崛起河南振兴的关键十年，首次提出重视选拔培养社会工作专业人才要像重视选拔培养经济建设人才一样，这说明河南省的社会建设工作已经上升到和经济建设工作一样的高度，得到了省委省政府同等的重视，使其两者共同有效促进河南省经济社会全面协调可持续发展。

在人才队伍建设的基本原则上强调：

（1）要坚持党政主导、社会运作。首先，社会工作专业人才队伍建设必须有党的领导，培养出的人才队伍必须具有正确的政治方向，这样人才才能更好地为社会建设所用。其次，必须要由政府来推动，增强政府的主要作用，充分发挥政府在依法规范、政策引导、资金投入等方面的作用与职责。再次，就是要充分调动各个方面的力量，尤其是要培育民办社会工作服务机构，发展社会工作行业自治组织。最终要形成这样一种发展格局：党政主导、社会运作、公众参与的三位一体的模式。这是与我国社会管理体制相一致的原则，也体现了我国社会工作本土化的方向。

（2）面向基层，服务群众。社会工作专业人才队伍建设作为社会工作参与到社会建设中的一个重要方面，其目的就是为了要直接满足人民群众的服务需求，建设的成效必须用人民群众的满意度来检验，所以一定要以基层建设为重点，要鼓励和引导社会工作专业人才到基层一线来服务人民群众。这是我国社会主义优越性的体现，是一切为人民服务的现实体现。

（3）专业建设，职业发展。随着社会的发展，社会分工在不断地细化，所以社会工作专业人才队伍建设也必须专业化、职业化。只有这样才能真正体现社会工作的价值伦理，提高专业知识和方法技巧、提高服务社会建设的能力。

（4）分类开发，统筹推进。社会服务具有个性化、多样化的需求，我们的人才队伍建设必须适应这样的需求，要遵循从重点领域向一般领域有序推进的规律，使社会工作受益对象从特定人群向普通大众拓展。这样一条基本原则是符合社会工作发展规律的，是由点到面的工作原则。

在人才队伍发展目标上，从人才队伍的规模、结构、素质、人才使用的效能和人才发展环境五个方面都做出了明确的要求。

在扩大人才队伍规模上，明确要求：社会工作专业人才总量到2015年达到3.5万人，到2020年达到10万人；在优化人才队伍结构上，要"坚持城乡并重、高端引领、服务基层"，形成人才的梯次配置，基本实现全覆盖；在提升人才能力素质上，明确要求"未系统受过社会工作专业教育的社会工作服务人员普遍接受一次不少于72小时的社会工作知识集中培训"，这样有助于我们社会工作专业人才的专业化不断增强，综合素质不断提升；同时，在人才使用效能和人才发展环境两方面也做出了指导性意见，使得社会工作专业人才的建设更重视环境的建设，更重视发挥人才的能动作用，更有利于促进社会和谐。

在人才培养上，详细规划了多层次、广范围和专业化的人才计划。

（1）要大力开展社会工作专业教育和培训。要通过发展社会工作专业教育来培养大批社会工作专业人才，要建立健全专科、本科、硕士、博士等多层次的学历学位体系，要依托有条件的高等院校、科研院所、党校（行政学院）等培训机构、社会工作服务机构，加强社会工作专业培训。特别是要对社会工作专业化人才进行职业道德教育，使其在工作中做到"以人为本、为民解困、为民服务、注重实践"，进一步强化社会责任感和职业认同感。

（2）要大规模开发社会工作专业服务人才。强调"以基层为重点，着力培养开发社区建设、社区救助、老年人服务、残疾人服务、婚姻家庭服务、教育辅导、卫生服务、矫治帮扶、群众文化等领域的社会工作专业服务人才，逐步形成城乡基层社会工作服务网络"。这样社会工作专业人才建设的对象就基本上实现了全覆盖、多方面的格局。

（3）要加快培养社会工作管理人才。社会工作行政管理部门领导班子要逐步配备社会工作专业人才，这样就进一步提升了领导干部的专业素养，推动了专业实务发展和社会工作服务人才的成长。

为了弥补社会工作及专业人才队伍建设认知度较低，人才总量不足、分布不平衡，人才开发政策机制不完善，与人民群众日益增长的社会服务需求以及建设城乡经济繁荣、人民生活富裕、生态环境优良、社会和谐文明的中原经济区要求不适应等这些不足，该规划还制定了五大重点发展工程与三种保障措施。

五大重点工程分别是：①社会工作专业人才素质提升工程。要分级分类对全省约8000名社会工作行政管理干部和社会工作服务机构负责人进行培训，要加强社会工作培训与继续教育基地建设，到2020年重点扶持发展15—20个省级培训教育基地，争取建立2—3个国家级培训教育基地。②高层次社会工作专业人才培养引进工程。要成立河南省社会工作发展中心，通过省哲学社会科学规划项目、省软科学研究计划项目、省政府决策招标项目等，支持开展社会工作专业研究。到 2020 年，培养和引进 20 名社会工作专业博士、100 名社会工作专业督导、200 名"双师型"专业教师。③城乡社区社会工作专业人才发展工程。要培养大批直接面向社区群众、提供专业服务的基层社会工作专业人才，到 2020 年，基本达到"一社区一社工"，形成 3 万人左右的社区社会工作专业人才队伍，基本实现全省街道（乡镇）社会工作服务中心全覆盖。④民办社会工作服务机构人才支撑工程。到 2015 年，每个省辖市建立 1 个民办社会工作服务机构孵化基地。2020 年全省民办社会工作服务机构争取达到 1000 家，从而使民办社会工作服务机构成为社会工作专业人才集聚使用的重要渠道和平台。⑤社会工作专业人才信息系统建设工程。建设全省社会工作专业人才队伍管理门户网站，到 2015 年建立基本覆盖所有县（市、区）的管理信息系统平台，实现社会工作专业人才需求预测、就业预警、在线登记注册、信息查询、行业自律和社会监管。

在保障措施上，主要有：①组织保障。加强党的领导，形成组织部门牵头抓总，民政部门具体负责，其他部门密切配合，社会力量广泛参与的工作格局。要将社会工作专业人才队伍建设成效纳入地方和有关部门领导班子考核指标。②制度保障。突出了法治建设在社会工作发展中的重要作用，"用法律法规明确社会工作专业人才的职责权利，健全社会工作专业人才信息披露、专业督导、服务评估、行业自律、继续教育、违纪处置、职业道德规范等配套制度，促进社会工作专业人才发展"。③资金保障。不仅要将其建设经费纳入到财政预算中来，更要"大力拓宽社会融资渠道，鼓励和支持有条件的企业和个人设立非公募基金会，引导社会资金投向社会工作服务领域"。

2.《河南省政府关于购买社会工作服务实施办法》

该实施办法是根据《民政部财政部关于政府购买社会工作服务的指导意见》(民发〔2012〕196号)、《河南省社会工作专业人才队伍建设中长期规划(2011—2020年)》(豫人才〔2012〕20号)和《中华人民共和国政府采购法》相关要求制定的,目的在于建立健全政府购买社会工作服务制度,加快推进河南省社会工作专业人才队伍建设。

该实施办法在总则中特别指出,政府购买社会工作服务,是政府利用财政资金,采取市场化、契约化方式,面向具有专业资质的社会组织和企事业单位购买社会工作服务的一项重要制度安排。各级财政不仅应将政府购买社会工作服务经费列入财政预算,逐步加大财政投入力度,扩大政府购买社会工作服务范围和规模,带动建立多元化社会工作服务投入机制,还应鼓励引导社会资金支持购买社会工作服务。更重要的是探索建立社会工作服务项目库,实现项目库管理与预算编制的有机衔接。

政府在购买社会工作服务时,首先要突出政府牵头、多方筹资。要鼓励社会力量筹资开展社会工作服务。其次,必须要立足省情、有序推进。制定了"受益广泛、群众急需、服务专业"的标准。再次,必须突出公益、科学规范。在尊重市场主体地位的前提下,一定要树立以公益为导向的意识。最后,强化管理、注重实效。要探索建立多方参与政府购买社会工作服务监管方式,增强政府购买社会工作服务的针对性和有效性。

在组织开展政府购买社会工作服务过程中,要重点围绕城市流动人口、农村留守人员、困难群体、特殊人群和受灾群众的个性化、多样化社会服务需求,特别是要实施农村留守人员社会保护计划,帮助农村留守儿童、妇女和老人缓解生活困难,构建完善的社会保护与支持网络。

在绩效评估和监督管理方面，要形成综合性的绩效评估机制，积极推进第三方评估进入机制。同时还要兼顾评估工作的全面性、客观性和科学性。"建立由购买主体、服务对象及第三方组成的综合性绩效评估机制，及时对已完成的社会工作服务计划进行结项验收。""积极推进第三方评估，发挥专业评估机构、行业管理组织、专家等方面作用，对社会工作服务提供机构的计划管理、服务成效、经费使用等内容进行全面评估。坚持过程评估与结果评估、短期效果评估与长远效果评估、社会效益评估与经济效益评估相结合，确保评估工作的全面性、客观性和科学性。"

第三节　宝丰县社会工作发展政策现状

一　宝丰县社会工作政策发展脉络

自从 2007 年宝丰县被民政部确定为社会工作人才队伍建设试点县以来，宝丰县政府先后出台了多项政策来指导宝丰县社会工作的发展，这些政策总体上可以分为三类：第一类是针对宝丰成为试点县的政策，如《宝丰县开展社会工作专业人才队伍建设工作实施方案》《宝丰县民政局关于留守儿童暑期日间托管项目的实施方案》；第二类是关于社会工作人才队伍建设长远发展的系统性政策，如《宝丰县中长期人才发展规划（2010—2020 年）》《宝丰县社会工作专业人才队伍建设中长期规划（2010—2020 年）》；第三类是关于社会工作服务的规范性政策，如《社会工作者协会章程》《宝丰县社会工作管理和服务标准》。以上政策总体上构成了宝丰县政府以及各级部门、组织在社会工作上的政策支持，有力地推进了宝丰县社会工作

二 宝丰县社会工作发展核心政策解读

1.《宝丰县社会工作专业人才队伍建设中长期规划（2010—2020年）》

该规划是根据《河南省社会工作专业人才队伍建设中长期规划（2010—2020年）》和《宝丰县中长期人才发展规划（2010—2020年）》，并结合宝丰县社会工作人才发展实际情况制定的。该规划分别从规划背景、指导思想、基本原则、发展目标、主要任务和保障措施等方面对宝丰县2010年到2020年社会工作专业人才队伍建设进行了规划。

在规划背景中，特别强调社会工作的地位，将其作为社会建设的重要组成部分。该规划指出，社会工作是一种活动，是一种为了整合社会资源、协调社会关系、预防和解决社会问题、恢复和发展社会功能、促进社会和谐的职业活动。它体现了社会主义核心价值理念，其宗旨是"助人自助"，其目标是在社会服务和社会管理等领域，综合运用专业知识、技能和方法，帮助有需要的个人、家庭、群体、组织和社区。

在发展目标上，尤其是人才队伍发展规模上，做出了具体的规定。到2015年，社会工作专业人才总量要达到650人，其中，具有社会工作师职业水平证书或达到同等能力素质的中级社会工作专业人才约220人，具有高级社会工作师职业水平证书或达到同等能力素质的高级社会工作专业人才约20人。到2020年，社会工作专业人才总量要达到1000人，其中，具有社会工作师职业水平证书或达到同等能力素质的中级社会工作专业人才约350人，具有高级社会工作师职业水平证书或达到同等能力素质的高级社会工作专业人才约150人。（见表5—1）

表 5—1　　　　　　　宝丰县人才队伍发展目标

	中级社会工作专业人才	高级社会工作专业人才	其他	合计
2015 年	约 220 人	约 80 人	350 人	650 人
2020 年	约 350 人	约 150 人	500 人	1000 人

在人才发展环境中，提出了要让"社会各界对社会工作专业人才的认知度和认可度显著提升"的目标。

在主要任务上，其规划思路即从教育和培训入手，大力开发和培养社会工作专业服务人才和管理人才。在教育和培训上，要加强社会工作专业人才的道德教育，践行"以人为本、为民解困、为民服务、注重实践"的工作理念，进一步强化社会工作人才的社会责任感和职业认同感。并提出，到 2020 年，要基本实现全县社区（乡镇）社会工作服务中心全覆盖。

在保障措施上，分别从组织保障、制度保障、资金保障等三方面，为宝丰县加快推进社会工作专业人才队伍建设提供了有力的保障。

2.《宝丰县开展社会工作专业人才队伍建设工作实施方案》

该方案是宝丰县根据河南省民政厅的有关文件精神，为了将社会工作人才队伍建设试点工作落到实处，并结合宝丰县实际情况而制定的。其根本目的是为了加快推进宝丰县社会工作人才队伍建设，充分发挥社会工作人才在构建社会主义和谐社会中的基础作用。

该实施方案从以下几个方面对宝丰县社会工作专业人才队伍建设进行了规划：

（1）基本目标。对从事社会管理和公共服务的人员进行社会工作专业培训，向其普及社会工作知识，使其掌握基本的专业理论、技术和方法，从而大力提高他们的专业化社会服务水平。要通过培养和储备社会工作人才，逐步形成与社会事业发展相协调的初、中、高级社会工作人才梯次结构和服务老年人、妇女、儿童等弱势群体和社区、社团等社会组织的人才分布格局；大力开发社会工作岗位，在民政服务机构、基层单位、公益性社会团体和民办社会服务机构等组织中，设置社会工作岗位，并配备相应的社会工作专门人才；要积极探索和建立一套适合宝丰县实际情况的社会工作的建立与运行的基本制度框架。

（2）试点内容。开展教育培训工作，组织参加职业水平考试。根据实际需要，开发社会工作岗位，推进和谐社区建设，壮大社会工作人才队伍。在城区，要通过组建社会工作服务站和建立规范的专业化服务体系来壮大人才队伍。在农村，不仅要壮大社会工作人才队伍，更要壮大志愿者队伍，还明确规定了要村民政助理员担任社会工作专干，同时要在村委会干部和志愿者中培养和吸纳更多的人员从事社会工作。促进民办社会工作服务机构的发展，健全社会工作服务网络体系。不仅要简化登记手续，完善注册方法，更要鼓励和帮助已经取得社会工作师（助理师）的人员创建民办社会工作服务机构。落实各项配套制度，保障社工的薪酬待遇。要将社会工作人才队伍建设的专项经费纳入到同级财政预算中，并出台社会工作者"资格与岗位挂钩，岗位与薪酬挂钩"的工资制度。换句话说，就是以岗定薪。

（3）具体实施步骤，主要分为三个阶段。第一阶段，制定工作方案，成立工作机构，调查、确定试点单位，开展试点工作。在工作机构上，在宝丰县民政局成立了宝丰县社会工作人才队伍建设工作机构，并配备了专职工作人员2—3人，负责民政系统社会工作人才队伍建设的组织实施工作和与其他相关的单位的协调工作。在试点单位的选取上，确定了城关镇的南关、西街，周庄镇的陈营，杨庄镇的姜湾和范庄居委会五个社区为试点单位。第二阶段，开发社会工作岗位，落实各项配套制度，保障社工的薪酬待遇，组织考前培训，参加全国统考。具体做法有：在各乡镇、有关部门和县城11个社会各设置一个社工岗位，在各中学、小学以及行政村设置一个社会岗位，但定编不定人；出台社会工作者"资格与岗位挂钩，岗位与薪酬挂钩"的工资制度，以岗定薪；制定社会工作人才队伍建设培训方案，确定培养对象。第三阶段，总结提高，巩固完善。

为了使该实施方案能够得到切实的执行，在组织领导上，成立了宝丰县社会工作人才队伍建设领导小组，并下设办公室，统筹协调全县社会工作人才队伍建设工作；在宣传上，利用广播电视、标语口号、社区宣传橱窗等多种方式，普及社会工作知识，营造良好的发展氛围。为了确保试点工作的顺利实施，宝丰县将推进社会工作人才队伍建设作为一项全新的综合性工作来推进，要求各单位各部门必须明确一名领导来牵头抓总，要制定专门机构具体负责，要组织精干力量真抓实干，并在试点过程中，及时研究并解决遇到的困难与问题。

3.《宝丰县民政局关于留守儿童暑期日间托管项目的实施方案》

《宝丰县民政局关于留守儿童暑期日间托管项目实施方案》是根据河南省民政厅有关文件精神，为了推进宝丰县社会工作人才队伍建设和政府购买社会工作服务，并结合宝丰县实际情况而制定，其目的在于将"留守儿童暑期日间托管"项目落到实处。

2013年的项目实施方案主要包括以下几个方面：

（1）根本目的。以社会工作专业理念为指导，以满足人民群众服务需求、加强社会对留守儿童的关注为根本出发点，以培养使用社会工作专业人才队伍、扶持培育民办社会工作服务机构为基础，探索推进社会工作人才队伍建设和政府购买社会工作服务的方法和途径。

（2）基本目标。对留守儿童开展社会工作，解决暑期留守儿童监管缺失的问题，解决外出务工人员后顾之忧。主要做法包括：通过对孩子们传授知识、进行素质拓展教育和心理健康教育，使他们更好地成长。通过试点活动，加深对留守儿童的了解，深入留守儿童的内心，挖掘他们的自卑心理、矛盾心理等一系列的心理问题并予以解决。开展宣传，加强对留守儿童的关注，号召社会对留守儿童进行援助。普及社会工作知识。具体做法有：对社会组织相关人员和志愿者进行社会工作专业培训，使其掌握基本的专业理论、技术和方法，大力提高他们的专业化社会服务水平，壮大社会工作专业人才队伍；以探索培养使用社会工作人才队伍、扶持发展民办社会工作服务机构为基础，深入推进政府购买社会 UI 工作服务，增强政府购买社会工作服务的针对性和有效性；招募贫困优秀大学生。通过暑期社会实践创造价值，培养他们付出爱心、回报社会的奉献精神。

（3）该方案的实施分为四个阶段。制定工作方案，确定试点单位，开展试点工作。指导社会组织招募大学生和志愿者。对相关人员进行社会工作专业理念和方案技巧的培训。总结提升，主要包括两方面：一方面，认真总结开展"暑期留守儿童日间托管"项目的成效、找出存在的问题和解决的措施。根据实际情况，提供一套相对可行的对留守儿童开展社会工作的模式与方法，真正起到试点带动作用；另一方面，要提供孵化、培育民办社会工作机构行之有效的办法和措施。

（4）保障措施。该方案的保障措施主要有两个方面：一方面是组织保障。即该项目由社工指导中心负责，民管办协助。另一方面是经费保障。经费主要分为两部分：一部分是购买社会组织进行社会服务的资金，由政府财政承担；另一部分是项目工作经费，由民政局办公经费承担。

2014年项目实施方案，是在2013年方案以及试点工作经验基础上，并结合宝丰县实际情况制定并实施的。该方案与2013年方案的不同之处主要有两点：一是在基本目标上，其突出强调要整合并利用社会各界资源，在全县形成合力，加快推进宝丰县在各个领域对关心下一代青少年工作的进程。二是在保障措施上。除了组织保障和经费保障外，又增加了项目评估。主要就是由郑州大学公共管理学院社会工作系专家组织对暑期留守儿童托管项目进行需求评估和效果评估。

宝丰县暑期留守儿童托管项目经过2013年和2014年两年的实施，取得了很好的社会效益。2015年，为了深入贯彻落实党的十八大和十八届三中、四中全会精神，进一步创新社会管理和公共服务方式，切实推进政府购买社会工作服务，积极探索农村留守儿童社会工作服务的有效模式，在2013年和2014年的基础之上，并结合宝丰县实际，制定了2015年"宝丰县暑期留守儿童日间托管"项目实施方案，并将其落到了实处。

2015年实施方案的突出的创新点首先体现在方案的基本目标上，将原来的四条归纳升华为了两条：理论联系实际和促进成长发展。在理论联系实际方面，采取社会工作实务和理论研究相结合的方式，探索地方和高校的合作模式；立足于农村留守儿童和困境儿童群体，通过对其进行需求调查，进而有效整合各部门资源，运用社会工作专业方法开展有针对性的服务，并逐步将其服务辐射至留守儿童的家长、教师及社区居民，从而推进宝丰县各个领域对关心下一代青少年工作的进程，最终构建多元化、可持续的留守儿童和困境儿童社会照料体系；通过连续开展留守儿童假日托管项目，在不断总结提升的基础上，对项目的运行机制进行提炼，探索一套可在全国推广的青少年社会工作"宝丰模式"，树立针对留守儿童和困境儿童社会工作服务的项目品牌。

首先，在促进成长发展方面，通过提供思想道德教育辅导，帮助他们形成正确的世界观、人生观、价值观，帮助他们形成正确的生活、学习和行为习惯，帮助他们提升合作意识和能力、沟通交往技巧和能力等。在维护合法权益上，要帮助他们获得政府救济和保障以及社会资助和帮扶，培养他们的自强自助的生活态度，提高他们的自我管控能力，促进健康人格的形成，同时要通过开展多种形式的活动，培养和提高他们自我保护意识和能力。

其次，在项目开展阶段，规定项目工作历时32天（2015年7月13日—2015年8月14日），期间由郑州大学公共管理学院和民政局社工指导中心对项目的开展情况进行全程监督。主要分为四个部分：郑州大学社会工作系师生分为6个工作小组入驻每个项目点，全程介入提供志愿性的专业社会工作服务，和民政局社工指导中心一起，围绕项目每期的具体工作目标提供一线社会工作专业服务，在不同阶段对留守儿童和困境儿童的需求以及需求满足的情况进行评估，根据评估结果及时修正和完善下一步工作方向和方法；由关工委和教育局组织举行"中华梦·放飞梦想"主体教育活动和国学教育，由卫计委组织医院为每个项目点的孩子们体检并建立健康档案，由民政局社工服务中心邀请河南省儿童青少年问题专家对每个项目点的孩子进行防侵犯专题知识培训，由县司法局组织人员对每个项目点的孩子开展青少年预防犯罪专题讲座，由县消防队组织对每个项目点开展消防安全知识培训和消防安全演练，由学校组织老师对孩子进行作业辅导和兴趣培养；在深入了解和掌握本地区留守人员和特困家庭群体的数量、面临的困境以及迫切需求的基础上，对其进行有效的资源链接和帮扶救助；组建社会工作专家督导团，对一线服务进行专业督导，逐步将服务辐射至留守儿童的家长、教师及社区居民，重建留守儿童的家庭支持功能。

在工作保障上，基于2013年和2014年的经验，在其基础上，又增加了推广宣传，即在总结提升的基础上，对项目的运行机制进行提炼，尝试建立具有推广性的农村留守儿童和困境儿童社会工作服务的"宝丰模式"，树立针对留守儿童和困境儿童社会工作服务的项目品牌。

4.《宝丰县社会工作管理和服务标准》

宝丰县根据《关于加强社会工作专业人才队伍建设的意见》（中组发〔2011〕25号）、《社会工作专业人才队伍建设中长期规划（2011—2020年）》（中组发〔2012〕7号）和《河南省中长期社会工作人才队伍建设发展专项规划（2011—2020年）》（豫民办〔2011〕67号），并结合宝丰县社会工作发展实际，制定了《宝丰县社会工作管理和服务标准》，该标准于2013年10月1日起施行。其目的在于进一步加强社会工作专业人才队伍建设，保障社会工作服务对象权益，规范社会工作服务机构行为，推动社会工作服务专业化发展。

该标准包括服务机构和项目管理标准、专业服务标准、服务量标准、服务成效标准四个方面。

在服务机构和项目管理标准上，具体包括七个方面：组织内部的制度；计划制订及执行；服务资料的提供；服务记录；财务管理；人力资源管理；服务创新能力。

在专业服务标准上规定,社会工作服务机构应配备能够完成服务项目需要的专业社工和督导;认真策划、制定相关专业服务项目书,要求在实施服务项目过程中主要运用个案工作、小组工作和社区工作等专业社会工作方法。

在服务量标准的规定上,除了对社会工作服务机构整体工作量和社工个体工作量的具体内容做出规定外,还将社工个体工作量作为政府购买服务合同指标的考核依据,并明确规定:原则上专职社工每年人均负责个案工作数不少于20个(每年负责个案数＝上年未结个案数＋该年个案开案数),参与小组和社区社会工作活动次数不少于20次。

在服务成效的标准里,社会工作服务实质效果包括服务对象的受益情况和服务工作的社会效益。服务对象的受益情况要通过第三方来进行评估,而服务工作的社会效益通过公共媒体对于专业服务的报道和评价、相关部门和社会公众对社会工作服务机构服务开展情况的普遍认可和接受来体现。

三 宝丰县社会工作制度取得成效

1. 宝丰县政府购买社会工作服务

2013年,按照"受益广泛、群众急需、服务专业"的标准,宝丰县设计并组织实施了"宝丰县留守儿童假日托管"项目,在杨庄镇为暑期无人监管的孩子免费提供作业辅导、兴趣培养、安全教育、心理疏导等服务项目,从而解决暑期留守儿童监管缺失问题,解除外出务工人员的后顾之忧。

在2013年试点工作的基础上,2014年逐步扩大"留守儿童假日托管"的数量和范围。通过对全县留守儿童分布情况进行深入调研,确定了留守儿童比较集中的李庄乡霞光学校、前营乡曙光学校、前营乡兴华学校、城关镇小神童学校、城关镇文龙学校、商酒务镇星光艺术学校6个地点为暑期托管中心，投入资金13万元，共接收876个孩子，招募63名大学生老师。由郑州大学社会工作系27名师生组成6个工作小组全程介入、提供专业的社会工作服务和督导评估，并对社会组织相关人员和志愿者进行社会工作专业培训。同时，对私立学校的教职工进行培训，使他们初步掌握维护青少年权益、保护孩子健康成长的专业知识。通过一个多月的专业社会工作服务，增强了留守儿童的人际交往能力、情绪处理能力、应对意外伤害的自我保护能力、健康生活的自理能力和自觉自主的学习能力。

2. 宝丰县社会工作人才队伍建设基本情况

宝丰县社会工作人才队伍建设主要分为两个阶段，以《宝丰县社会工作专业人才队伍建设中长期规划（2010—2020年）》的出台为分界线，分为试点工作阶段和取得成效阶段。

第一个阶段，试点工作阶段基本情况。

2007年宝丰县被民政部确定为社会工作人才队伍建设试点县，宝丰县民政局党组高度重视，利用社区组织建设逐步发展、基础设施进一步改善和服务领域不断拓展等有利条件，坚持教育培训、突出重点，以人为本、按需施训，与时俱进、创新工作的原则，采取强化领导、落实责任，精心部署，统一规划、服务为先等措施，使宝丰县的社会工作人才队伍建设试点工作取得了阶段性成效。截至2010年6月，宝丰县取得助理社会工作师和社会工作师执业资格者3人。宝丰县社会工作专业人才队伍建设基本情况主要体现在以下七个方面：

（1）领导重视，健全机构。宝丰县民政局高度重视社会工作人才队伍建设试点工作，把此项工作摆上重要位置，提到议事日程，多次召开局党组会议进行研究，专门听取工作人员的汇报，做出安排部署。试点工作一开始，就成立了社会工作人才队伍建设试点工作领导小组,局长亲自任组长,副局长任副组长,抽调有关股室人员专门负责具体工作。在平顶山市民政局的指导下,研究制定了有关措施。局党组的高度重视和市民政局的大力支持,为宝丰县社会工作人才队伍建设试点工作的开展提供了组织保障。

(2)认真研究,深入探讨。参加培训的人员回来后,局党组责成参加培训人员及基层政权股、优抚股、社救股、退伍安置办、地名办、婚姻登记室等有关股室的负责同志,认真学习了培训内容,对宝丰县社会工作人才队伍建设试点工作进行了研究,拿出了初步方案。邀请县委组织部、人事劳动和社会保障局、教育局、卫生局、司法局、残联和妇联等有关部门的负责人共同探讨,提出了宝丰县社会工作人才队伍建设的构架、初步设想,制定了试点工作方案。

(3)广泛动员,提高认识。社会工作人才队伍建设试点工作的构架和初步设想提交局党组后,局党组立即召开会议进行了研究和部署,特别是对宣传工作做出了具体的安排。一是对全县民政系统干部职工进行宣传。宝丰县每次召开全县民政工作业务会议时,都要在会议上对此项工作进行部署。着重对社会人才队伍建设的目的、意义,社会人才队伍建设的性质、地位和作用进行宣传,使全县民政系统内的干部职工了解开展社会工作人才队伍的重要目的、意义,使他们提高认识,做好应对职业水平考试的准备。二是积极开展对外宣传工作。对外宣传,是扩大知晓率的重要渠道。宣传内容包括社会工作人才队伍的现状,社会工作人才建设的目的、意义,我们还注重对外宣传社会工作与社会工作者,社会工作人才队伍的构成,社会工作者的服务对象、工作职责,社会工作者应具备的知识、能力和素质,社会工作者的专业化、职业化、社会化等。

（4）加强交流，协商沟通。2007年、2008年暑假期间，宝丰县利用高等院校学生利用暑假到宝丰县进行社会调查这一时机，积极与学生进行了交流和沟通，主动与他们联系，了解了高校社会工作系所开设的课程。同时，宝丰县通过网站，查找了与社会工作人才队伍建设有关的学习内容，为将来的培训和考试奠定基础。

（5）搞好培训，提升素质。广大民政工作者是社会工作人才队伍的主力军，是推进社会工作人才队伍建设的基础和前提，为此，宝丰县以民政局机关干部职工和乡镇民政所工作人员为重点，积极进行培训。一是制订了教学计划，对每个阶段列出学习任务、目标和重点，从上级机关部门获得培训教材，对全县43名报考者进行了统一系统的培训；在召开的局机关会议、民政所长会议上安排培训内容；统一时间，在每周二下午，集中局机关报考者在民政局会议室进行统一的学习和交流，采取人人都是传授者、人人都是求学者的形式，进行串讲；受培训人员每人都写出心得体会，按时完成布置的作业。二是把考试工作作为工作重点，认真调查摸底，周密做好考务工作。2008年，为43名报考助理社会工作师和社会工作师的人员购置教材和模拟试题43套，并免费发放给他们。并为43名参加考试人员免费提供了交通和食宿。2008年考上初级的2人，考上中级的1人。在2009年的考试报名工作中，民政局对参加考试人员进行了补助。2010年，民政局统一对全县各乡镇民政所的管理人员和工作人员进行集中培训，邀请相关人员对大家传授社会工作知识，从而提升了他们的专业水平和整体素质。

（6）学用结合，认真实践。2008年"5·12"汶川大地震和2010年青海玉树地震后，宝丰县积极响应党中央和国务院的号召，全县社会工作者，尤其是慈善社工，积极地投入到接收抗震救灾款物上来。用培训时学到的知识，用讲课时受到的启发，把学到的知识运用到这次抗震救灾行动上来，用知识指导了工作，用实践检验了学习的成效，发挥了社会工作者的积极作用。2008年全县社区建设工作全面推开后，紧紧结合社区建设，按照岗位设置，在全县12个乡镇和部分社区设立了社会福利社工、社会救助社工、社会慈善社工、城乡低保社工等工作岗位，从事兼职社工工作。取得社会工作师执业资格的张秋同志，在2008年汶川和2010年青海玉树抗震救灾中，积极参与募集慈善资金后，奔赴灾区进行心理危机干预，积极开展社会救助工作，一个人从事了社会慈善、社会救助两种岗位的社工工作。乡镇社会福利社工建立了以居家为基础，满足了老年人、残疾人等广大公众的福利服务要求，积极开展上门服务。比如，前营乡社会福利社工李玉珍同志，老年朋友只要听声音，就知道是李玉珍同志来上门服务的。城关镇民政所的王春红，兼职城乡低保社工，她经常走访所管辖城乡低保户，了解最低生活保障的初审工作。退伍安置办的高增坡是优抚安置社工，他积极主动为宝丰县辖区内的退伍军人出点子、找出路、联系外出务工，为城镇自谋职业者积极争取补助资金等，受到了农村和城市自谋职业者的认可。

（7）聘用社工，发挥作用。由县委组织部牵头，在全县农村社区居委会聘用大学生社工。截至2010年6月，全县有大学生社工297人，每个社区居委会至少有一名大学生社工，工资纳入县财政预算，并在农村居委会担任一定的职务，为农村社区居委会服务，帮助农村社区居委会发展经济，发挥大学生社工知识、信息、技术、个人素质等优势。此外，修路43公里，修桥8座，举办培训班1500多期，建文化大院26个，组建文艺表演队17个，解决纠纷530多起，为群众办实事办好事

7000多件，切实发挥了大学生社工的作用。

第二阶段，取得成效阶段基本情况。

通过不断探索和实践，宝丰县在推进社会工作专业人才队伍建设和发展社会工作服务方面，取得了一定的成效。

（1）机构不断健全。一是成立宝丰县社会工作人才队伍建设领导小组，由组织部长任组长，主管副县长任副组长，领导小组下设办公室，民政局长兼办公室主任，努力构建组织部门牵头抓总，民政部门具体负责，教育、公安、司法、财政、人力资源和社会保障、卫生、人口计生等单位以及工会、共青团、妇联、残联等部门密切配合，社会力量广泛参与的工作格局。二是在民政局设立了独立的社会工作管理机构：社工指导中心，加大了与县人才领导小组的沟通和协调，开展了一系列积极有效的社会工作，推动了社会工作专业人才队伍建设工作不断进步。

（2）机制不断完善。由组织部和民政局联合下发文件，在全县范围内动员组织社会工作者职业水平报考工作。建立了社会公平工作专业人才奖励机制，对通过社会工作职业水平考试的同志报销费用，在职的获得社会工作师证书的给予每个月200元补助，获得助理社会工作师证书的给予每个月100元补助，从而提高了报考社会工作职业水平证书人员的积极性和主动性。

（3）队伍不断壮大。通过举办社会工作人才专题培训班，对社会工作人才队伍建设领导小组成员单位主管领导、全县大学生村官、各单位报考社会工作师人员和全县民政系统全体职工近400人次进行了知识的普及培训。

（4）加强合作，引进人才。2014年4月，和郑州大学社会管理学院积极交流协商，在宝丰县挂牌成立郑州大学社会工作实践基地和郑州大学社会工作专业人才培训基地，并签订了郑州大学—宝丰县合作建设社会工作服务示范地区战略协议。联合成立了"郑州大学—宝丰县社会工作实践培训基地办公室",围绕社会工作的各个领域开展实务和研究工作。该项合作,对于培养宝丰县职业化、高层次、优秀的社会工作人才,全面加快宝丰县社会建设步伐具有十分重要而积极的意义。

四 宝丰县社会工作制度建设的思路与建议

社会工作是现代社会管理与公共服务的重要内容,是现代社会制度的有机构成。完善的制度体系是社会工作持续健康发展的根本保障。宝丰县从2007年被民政部确定为社会工作人才队伍建设试点县以来,经过不断的探索与实践,社会工作制度体系正在不断完善,对社会工作的有序开展提供了保障。为了进一步推进社会工作制度建设,宝丰县应该在总结试点经验的基础上,在以下几个方面进一步完善社会工作制度体系。

1. 不断发展完善政策,为社会工作事业的发展提供保障

政策是行动的基础,要推动社会工作事业的不断发展,就必须不断研究、制定相关的政策,为其提供重要保障。首先,是综合性政策。该类政策的制定主体是党委与政府,这些政策是指方向、顾大局、利长远的政策,这些政策的好坏事关社会工作制度的建立健全与否。宝丰县委、县政府应根据宝丰县实际情况以及试点经验,不断革新社会工作纲领性政策,为宝丰县社会工作制度发展提供方向。其次,是部门性政策。民政系统等各部门出台的相关支持性政策,是社会工作制度建设的重要组成部分。民政系统等各部门都是社会工作制度建设的"利益相关者",各部门应该在其掌握一定的政策资源

下，充分利用部门政策资源空间，加快社会工作制度建设的步伐。最后，是业务类政策。为了能够将政策资源用足用好，为社会工作持续开展提供政策基础，各个职能部门都应该在自身职责范围内出台相关的旨在推进政策得到切实执行的政策，这样不仅可以体现职能部门的使命感与紧迫感，也能够不断健全职能部门业务范围内的政策制度，不断推进社会工作政策的发展和完善。

2. 不断培育社会组织，促进政府转变职能

社会组织的建立与发展，填补了政府在转变职能过程中留下的真空地带。要落实政府职能转变，就必须充分发挥政府的孵化器功能，通过出台一定的政策措施，培育一定数量、类型与规模的社会工作服务组织，并把它们纳入到政府的发展规划中，在机构运作、项目委托、人员培训等方面为其提供良好的发展环境，不断提高其承接政府社会管理与公共事务的能力。宝丰县应该在暑期留守儿童假日托管项目的基础上，充分发挥政府引导作用，不断培育社会工作服务组织，形成多层次、多功能的社会工作组织。此外，还可以在社会工作指导中心的基础上，成立以开展社会培训业务为主的社会工作者培训中心、以社会工作业务监督评估为主的社会工作评估中心以及其他的志愿者协会和社会组织服务中心等。实践证明，社会专业组织的发展，可以使社会工作作为一项基本制度安排落到实处，不断满足社会工作制度建设的需要。

3. 不断加强政府购买服务，促进政府与社会合作

政府购买服务的过程，是政府与社会合作发展的过程，是政府与社会之间关系的重构过程。在这一过程中，政府与社会之间按照契约规定，享有各自的权利，履行各自的义务。政府与社会之间的这种契约关系是一种新型的契约关系，是

一种平等的伙伴关系。宝丰县应该在试点经验的基础上，继续加大政府的投入，在相关政策的引导下，进一步加大政府购买服务，不断促进政府与社会之间的合作，使政府职能转变落实到位，为社会工作制度发展提供持续的财力支持。

第六章 宝丰县社会工作组织建设

组织可以划分为政府组织与非政府组织，政府组织在广义上指中央和地方的全部立法、行政、司法和官僚机关。狭义的政府机构仅指中央和地方的行政机关、官僚机关，即依照国家法律设立并享有行政权力、担负行政管理职能的那部分国家机构，在我国，亦称为"国家行政机关"。非政府组织泛指那些独立于政府体系之外具有一定公共职能的社会组织。相对于政府组织来说，非政府组织往往更具有公共性、民主性、开放性和社会价值导向。社会工作组织是社会工作者运用专业的科学知识和科学的工作方法针对有需要的困难群体，整合社会资源，帮助解决有困难的群体的生活问题，包括物质方面的问题以及精神方面的问题，引导他们更好地生活或工作的社会组织。社会工作组织作为非政府组织的一种，在宝丰县留守儿童帮扶的"宝丰模式"中发挥了重要作用。

目前，河南省宝丰县留守儿童超过12000人，为了解决留守儿童特别是留守儿童暑期长假无人看护的问题，由宝丰县政府指导，县民政主导，县财政出资，县教育、妇联、关工委辅助的宝丰县留守儿童暑期托管项目应运而生。自2014年以来，项目已经成功实施3年，取得了长足的进展。本章将从组织建设角度解析社会工作在宝丰的开展以及所形成的"宝丰模式"。

第一节 宝丰县社会工作相关部门和组织

宝丰县的留守儿童社会工作开展主要负责部门包括县政府、民政局、财政局、教育体育局、国土资源局、妇联、组织部等以及相关社工组织和高校。由县政府首先规划宏观政策，教育体育局制定项目细则，财政出资购买，国土资源局负责提供土地，组织部协调各部门运转，民政部等负责项目具体实施的模式，同时依托宝丰县社会工作指导中心和郑州大学公共管理学院的密切合作，共同探索解决宝丰县暑期留守儿童无人看护的问题（见图6—1）。

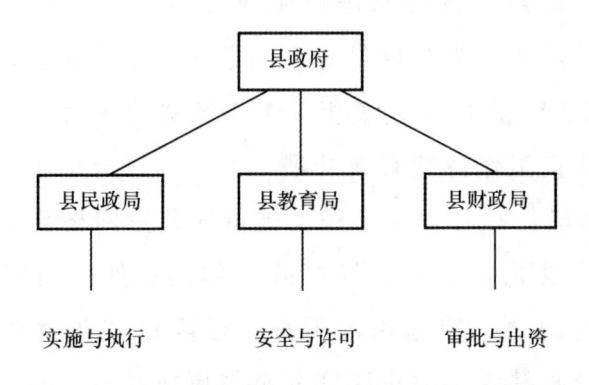

图6—1 宝丰县政府部分留守儿童工作开展简图

一 宝丰县政府部门

为进一步加强关爱留守儿童工作，促进关爱留守儿童健康成长，结合宝丰县实际，宝丰县政府于2016年3月制定《宝丰县妇儿工委关爱留守儿童工作职责分工》，对相关单位职责进行明确分工。

县委组织部：发挥基层党组织和广大党员在推进留守儿童

工作中的积极作用，指导农村基层组织活动场所增加适应留守儿童需要的服务项目。广泛动员广大党员开展"手拉手""结对子"活动，为留守儿童办实事、献爱心。把留守儿童工作作为考核基层党组织的一项重要内容，建立有效的激励机制。

县委宣传部：把关爱留守儿童工作纳入社会主义精神文明建设活动，引导媒体高度关注留守儿童成长，加强正面典型宣传，充分调动社会各界关爱力量，营造良好的舆论氛围。

县委政法委：协调和指导政法部门严格、公正执法，监督政法部门认真履行职责，严厉打击侵害留守儿童合法权益的违法犯罪，切实保障留守儿童的合法权益。

县发改委：将留守儿童工作纳入全县国民经济和社会发展规划，在寄宿制学校等基础设施建设中，充分考虑留守儿童教育和生活需要，为其提供必要的学习和生活条件。

县财政局：将留守儿童相关工作经费纳入财政预算，确保关爱留守儿童工作持续有效开展。

县教体局：在各中小学校实施留守儿童网格化管理。依托教育资源建设儿童之家，发挥阵地作用；加强与留守儿童家长的联系与沟通，实施精准帮扶；保障留守儿童在学校的人身安全和身心健康，促进留守儿童健康成长。

县公安局：严厉打击侵害留守儿童权益的犯罪行为，切实维护儿童合法权益。对实施家庭暴力、虐待或遗弃留守儿童的父母或受委托监护人，公安机关应当给予批评教育，必要时予以治安管理处罚，情节恶劣构成犯罪的，依法立案侦查。

县司法局：大力开展"法律进学校"活动，将《中华人民共和国未成年人保护法》纳入普法宣传范围，大力宣传保护儿童合法权益的法律、法规，加强对留守儿童法制观念、安全知识等方面的教育和引导，切实提高留守儿童及其监护人的维权意识和能力。优先受理、精心办理涉及留守儿童合法权益的法律援助案件。

县法院：依法严格、公正司法，快审、快结侵害留守儿童权益的案件，依法维护留守儿童的合法权益。

县检察院：认真履行职责，强化司法保护和法律监督；对侵害留守儿童合法权益的犯罪分子快捕、快诉，严厉打击。

县民政局：抓好留守儿童的社会救助工作，保障贫困留守儿童享受应有的社会救助。开展留守儿童监护指导、心理疏导、行为矫正、社会融入和家庭关系调试等专业服务。充分发挥市场机制作用，支持社会组织、爱心企业依托学校、社区综合社会服务设施举办留守儿童托管服务机构，开展亲情关爱活动。

县人社局：将父母对留守子女应履行的义务、责任纳入劳动力转移培训中，提高外出务工人员教育子女的责任意识。为农村剩余劳动力提供就近就业机会，鼓励外出务工人员返乡创业就业，从源头上逐步减少儿童留守现象。

县国土资源局：支持关爱留守儿童项目建设，依法依规解决好项目建设用地。

县文广局：切实加强文化市场管理，重点整治中小学校周边游戏室、歌舞厅、卡拉OK厅和网吧等文化娱乐场所。充分发挥乡镇综合文化站、农家书屋等基层文化阵地作用，积极开展形式多样的青少年文化活动，努力为留守儿童营造健康、文明、安全的文化环境。

县卫计委：抓好留守儿童卫生保健工作，广泛宣传科学育儿知识，倡导文明健康的生活方式，开展健康讲座、咨询和义诊。乡镇卫生院、村卫生室要为留守儿童提供营养指导、生长发育监测、计划免疫、儿童常见病诊疗等基本卫生保健服务。

县关工委：充分发挥关工委的优势和特殊作用，开展调研，发动和组织身体好、有爱心、有热情的"五老"参与留守儿童结对帮扶活动。

县总工会：发挥自身优势，组织、动员广大职工开展形式多样的留守儿童关爱服务和互助活动。

县妇联：依托妇女之家、儿童之家等活动场所，为留守儿童提供关爱服务，加强对留守儿童父母、受委托监护人的家庭教育指导，引导他们及时关注留守儿童身心健康状况，加强亲情关爱。

团县委：发挥自身优势，组织团员青年、少先队员等积极为留守儿童提供假期日间照料、课后辅导、心理疏导等关爱服务和互助活动。

县残联：依法维护残疾留守儿童的合法权益，开展残疾留守儿童康复等工作，为残疾留守儿童健康成长提供保障。

县广电总台：做好舆论引导，关注留守儿童成长，加强正面典型宣传，营造积极健康的良好关爱氛围。

县信息中心：做好舆论引导，关注留守儿童成长，加强正面典型宣传，营造关爱留守儿童的良好社会氛围。

县农业局：做好农业科技培训和务工技能培训工作，为返乡农民工创业就业提供技术支持，从源头上逐步减少儿童留守现象。

县农开办：积极开发适合贫困地区扶贫项目，加大对贫困地区发展生产的扶持力度，减少贫困留守儿童的数量。

县爱卫办、县直工委、县住建局、县水利局、县林业局、县统计局、县科技局、县民宗局等单位：结合各自工作实际，开展关爱留守儿童活动。

乡镇（办事处）和行政村（社区）：各乡镇（办事处）建立留守儿童档案，一人一档，实行动态管理。各行政村（社区）实施留守儿童网格化管理，组建帮扶队伍，建立儿童之家，开展精准帮扶；督促监护人履行监护责任，提高监护能力；各行政村（社区）要定期走访、全面排查，掌握留守儿童的家庭情况、监护情况、就学情况等基本信息，及时向乡镇（办事处）报告；乡镇（办事处）要及时将留守儿童相关情况向县妇儿工委办公室报告。

妇儿工委办公室：协调、指导妇儿工委成员单位和各乡镇（办事处）的关爱留守儿童工作；开展调查研究，为县妇儿工委决策提供依据。

二　社工组织与高校

1. 宝丰县社会工作指导中心

宝丰县社会工作指导中心隶属于宝丰县民政局，主要职责包括会同有关方面按规定拟定社会工作发展规划、政策和职业规范，推进社会工作人才队伍建设和相关志愿者队伍建设；承担社会工作师登记注册管理工作，组织开展社工培训和职业考试；组织实施政府购买社会工作服务项目。在留守儿童假日托管项目中，社会工作指导中心全面负责执行工作，取得了丰硕的成果。

2. 郑州大学公共管理学院

郑州大学公共管理学院于1988年就设置了社会工作专业，是全国最早成立社会工作专业的四所高等院校之一，也是全国首批三十三个社会工作硕士研究生（MSW）培养试点单位之一。郑州大学社会工作系通过与社会工作实务机构的密切合作，建成了一批成效显著的社会工作实习基地，如与郑州市救助保护流浪少年儿童中心合作，组织社会工作大学生参加救助保护流浪少年儿童的外展社会工作。郑州大学社会工作专业的这一人才培养模式曾得到民政部和联合国儿童基金会的一致好评。

宝丰县政府根据工作需要，组织郑州大学社会工作专业的师生到宝丰县进行专业服务和相关研究，并为宝丰县每年开展社会工作专业人才培训提供师资力量，宝丰县政府提供一定的经费支持和服务保障。从而建立起社会工作专业人才培训基地，并以此为平台进行长期合作。

三 宝丰县社会工作组织建设

在各级领导的正确指导和大力支持下，宝丰县在推进社工组织队伍建设、政府购买社会工作服务方面进行了有益探索。

领导重视，机构健全。一是成立了宝丰县社会工作人才队伍建设领导小组，由组织部长任组长，副县长和民政局长任副组长，领导小组下设办公室，民政局局长兼办公室主任。努力构建组织部门牵头抓总，民政部门具体负责，教育、公安、司法、财政、人力资源和社会保障、卫生、人口计生等部门以及工会、共青团、妇联、残联等组织密切配合，社会力量广泛参与的工作格局。二是在民政局设置了独立的社会工作管理机构社工指导中心，加大与县人才领导小组的沟通和协调，开展了一系列积极有效的社会工作，推动社会工作专业人才队伍建设工作不断进步。

建立奖励机制，提高报考积极性。和组织部联合下发文件，在全县范围内动员组织社会工作者职业水平报考工作。逐步建立社会工作专业人才奖励机制，对通过社会工作职业水平考试的同志报销费用，在职的获得社会工作师证书的给予每月200元补助，获得助理社会工作师证书的给予每月100元补助，提高了报考社会工作职业水平证书的积极性和主动性。

加大社会工作宣传培训力度。为进一步宣传和推动本地区社会工作专业人才队伍建设，深入学习社会工作知识，增强社会工作理念，理解和掌握社会工作方法，举办了宝丰县第一期、第二期社会工作知识专题培训班。对县社会工作人才队伍建设领导小组成员单位、全县大学生村官、各单位报考社会工作师人员和各乡镇主管民政领导、民政所所长及工作人员、敬老院院长、县民政局机关和二级机构干部职工进行社会工作知识的普及培训。邀请了河南师范大学社会事业学院的两位副院长、副教授授课，课程既有宏观的社会工作理念和发展方向，也有实务的方法和技巧，着重对社会工作的伦理和价值进行深入的讲解和论述，具有很强的现实针对性和工作指导性。经过培训，学员们的专业素质得到了进一步提高，为自己在岗位上更好地推动社会工作服务打下了良好基础。

第二节　社工组织参与假期留守儿童托管项目

一　政府购买社会服务要求

为建立健全政府购买社会工作服务制度，加快推进社会工作专业人才队伍建设，加强以保障和改善民生为重点的社会建设，根据《国家中长期人才发展规划纲要（2010—2020年）》（中发〔2010〕6号）、《国家基本公共服务体系"十二五"规划》（国发〔2012〕29号）、《关于加强社会工作专业人才队伍建设的意

见》(中组发〔2011〕25号)和《中华人民共和国政府采购法》要求,现就政府购买社会工作服务提出如下意见:

1. 充分认识政府购买社会工作服务的重要性与紧迫性

社会工作服务是社会工作专业人才运用专业方法为有需要的人群提供的包括困难救助、矛盾调处、人文关怀、心理疏导、行为矫治、关系调适、资源协调、社会功能修复和促进个人与环境适应等在内的专业服务,是现代社会服务体系的重要组成部分。政府购买社会工作服务,是政府利用财政资金,采取市场化、契约化方式,面向具有专业资质的社会组织和企事业单位购买社会工作服务的一项重要制度安排。建立健全政府购买社会工作服务制度,深入推进政府购买社会工作服务,是加强社会工作专业人才队伍建设、促进民办社会工作服务机构发展的内在要求;是创新公共财政投入方式、拓宽公共财政支持范围、提高公共财政投入效益的重要举措;是改进现代社会管理服务方式、丰富现代社会管理服务主体、完善现代社会管理服务体系的客观需要。

近年来,不少地方围绕政府购买社会工作服务政策制加快政府职能转变,建设服务型政府,有效满足人民群众不断增长的个性化、多样化社会服务需求,具有十分重要的意义。制度、体制机制、方式方法等进行了一系列实践探索,在拓宽服务领域、深化服务内涵、提高服务质量、满足社会需求等方面取得了重要成果。但从整体上看,我国政府购买社会工作服务还存在着政策制度不健全、体制机制不完善、规模范围较小等问题,与中央加快构建现代社会服务体系、增强民生保障能力、加强和创新社会管理的目标要求和人民群众不断增长的社会服务需求相比尚有较大差距。各级民政和财政部门要切实增强责任感和紧迫感,充分总结借鉴国内外政府购买社会工作服务实践经验，以改革创新精神，采取更加有力措施，加快推进政府购买社会工作服务。

2. 政府购买社会工作服务的指导思想、工作原则和主要目标

（1）指导思想。以中国特色社会主义理论体系为指导，大力推进公共财政改革，以满足人民群众服务需求、保障和改善基本民生为根本出发点，以建立健全政策制度、完善体制机制为着力点，以培养使用社会工作专业人才队伍、扶持发展民办社会工作服务机构为基础，深入推进政府购买社会工作服务，为进一步完善现代社会服务体系、深化公共财政体制改革、促进社会事业健康发展提供有力保障。

（2）工作原则。坚持立足需求、量力而为，从人民群众最基本、最紧迫的需求出发设计、实施社会工作服务项目，用人民群众社会服务需求是否得到有效满足作为检验政府购买社会工作服务的重要标准。通过以点带面、点上突破、面上推广方式，以城市流动人口、农村留守人员、困难群体、特殊人群和受灾群众为重点，有计划、有步骤地开展政府购买社会工作服务，逐步拓展政府购买的领域和范围。坚持政府主导、突出公益，加强对政府购买社会工作服务的组织领导、政策支持、财政投入和监督管理，充分尊重市场主体地位，发挥市场机制在配置社会服务资源中的基础性作用，通过公开透明、竞争择优方式选择服务提供机构。引导服务提供机构按照公益导向原则组织实施社会工作服务项目。坚持鼓励创新、强化实效，立足各地经济社会发展实际，充分借鉴国内外有益经验，创新政府购买社会工作服务的体制机制，改进政府购买社会工作服务的方式方法，建立健全具有中国特色的政府购买社会工作服务制度。切实加强绩效管理，降低服务成本，提高服务效率，增强政府购买社会工作服务的针对性和有效性。

（3）主要目标。建立健全政府购买社会工作服务政策制度，建立完善的社会工作服务标准体系，形成协调有力的政府购买社会工作服务管理体制以及规范高效的工作机制。加大财政投入力度，逐步拓宽政府购买社会工作服务范围、扩大政府购买社会工作服务规模、提升政府购买社会工作服务质量。加快培养一支高素质的社会工作专业人才队伍，发展一批数量充足、治理科学、服务专业、作用明显的社会工作服务机构，提高其承接政府购买社会工作服务的能力，使社会工作服务的范围、数量、规模和质量适应经济社会发展要求，有效满足人民群众个性化、多样化、专业化服务需求。

3. 政府购买社会工作服务的主体、对象、范围、程序与监督管理

（1）购买主体。各级政府是购买社会工作服务的主体。各级民政部门具体负责本级政府购买社会工作服务的统筹规划、组织实施和绩效评估；各级财政部门具体负责本级政府购买社会工作服务规划计划审核、经费安排与监督管理；各有关部门和群团组织负责本系统、本行业社会工作服务需求评估，向同级民政部门申报社会工作服务计划并具体实施。

（2）购买对象。政府购买社会工作服务的对象主要为具有独立法人资格，拥有一支能够熟练掌握和灵活运用社会工作知识、方法和技能的专业团队，具备完善的内部治理结构、健全的规章制度、良好的社会公信力以及较强的公益项目运营管理和社会工作专业服务能力的社会团体、民办非企业单位和基金会。具备相应能力和条件的企事业单位可承接政府购买社会工作服务。

（3）购买范围。按照"受益广泛、群众急需、服务专业"原则，重点围绕城市流动人口、农村留守人员、困难群体、特

殊人群和受灾群众的个性化、多样化社会服务需求，组织开展政府购买社会工作服务。实施城市流动人口社会融入计划，为流动人口提供生活扶助、就业援助、生计发展、权益维护等服务，帮助其尽快融入城市生活，实现城市户籍居民与外来经商务工人员的和谐共处。实施农村留守人员社会保护计划，帮助农村留守儿童、妇女和老人缓解生活困难，构建完善的社会保护与支持网络。实施老年人、残疾人社会照顾计划，为老年人和残疾人提供生活照料、精神慰藉、社会参与、代际沟通等服务，构建系统化、人性化、专业化的养老助残服务机制。实施特殊群体社会关爱计划，帮助药物滥用人员、有不良行为青少年、艾滋病患者、精神病患者、流浪乞讨人员、社区矫正人员、服刑人员、刑释解教人员等特殊人群纠正行为偏差、缓解生活困难、疏导心理情绪、改善家庭和社区关系、恢复和发展社会功能。实施受灾群众生活重建计划，围绕各类受灾群众的经济、社会、心理需要，开展生活救助、心理疏导、社区重建、资源链接、生计项目开发等社会工作专业服务，帮助受灾群众重树生活信心、修复社会关系、恢复生产生活。

（4）购买程序。一是编制预算。民政部门根据本地经济社会发展水平和财力状况，协调有关部门和群团组织切实做好人民群众尤其是困难群体、特殊人群社会服务需求的摸底调查与分析评估，核算服务成本，提出政府购买社会工作服务的数量、规模、质量与效果目标要求，科学编制年度社会工作服务项目预算并报同级财政部门审批。二是组织购买。购买社会工作服务，原则上应通过公开招标方式进行。对只能从有限范围服务机构购买，或因技术复杂、性质特殊而不能确定具体服务要求、不能事先计算出价格总额的社会工作服务项目，经同级财政部门批准，可以采用邀请招标、竞争性谈判方式购买。对只能从唯一服务提供机构购买的，向社会公示并经同级财政部门批准后，可以采取单一来源采购方式组织采购。政府购买社会工作服务的组织实施，必须符合《中华人民共和国政府采购法》以及相关法律法规和部门规章要求。三是签订合同。民政部门要按照合同管理要求，与服务提供机构订立购买服务合同，明确购买服务的范围、数量、质量要求以及服务期限、资金支付方式、违约责任等内容。四是指导实施。财政和民政部门要及时下拨购买经费，指导、督促服务承接机构严格履行合同义务，按时完成服务项目任务，保证服务数量、质量和效果。

（5）监督管理。建立健全政府购买社会工作服务监督管理制度，形成完善的社会工作服务项目购买文件档案，制定具体、翔实、严格的专业服务、资金管理及效果评价等方面指导标准。切实加强过程监管，按照政府购买社会工作服务合同要求，对专业服务过程、任务完成和资金使用情况等进行督促检查。建立由购买方、服务对象及第三方组成的综合性评审机制，及时组织对已完成社会工作服务项目的结项验收。积极推进第三方评估，发挥专业评估机构、行业管理组织、专家等方面作用，对服务机构承担的项目管理、服务成效、经费使用等内容进行综合考评。坚持过程评估与结果评估、短期效果评估与长远效果评估、社会效益评估与经济效益评估相结合，确保评估工作的全面性、客观性和科学性。将考评结果与后续政府购买服务挂钩，对考评合格者，继续支持开展购买服务合作；对考评不合格者，提出整改意见，并取消一定时期内承接政府购买社会工作服务资格；情节严重者，依法依约追究有关责任。建立社会工作服务提供机构征信管理制度。

二 宝丰县政府购买假日儿童托管项目实践

为解决暑期留守儿童监管缺失问题，解除外出务工人员的后顾之忧，2013年宝丰县启动了"宝丰县留守儿童暑期日间托管"项目并开展试点工作，通过政府出资购买社会组织社会服务的方式，为暑期无人监管的孩子免费提供作业辅导、兴趣培养、安全教育、心理疏导等服务项目。宝丰县民政局与宝丰县建筑业协会合作，由宝丰县民政局出资，全权委托宝丰县建筑业协会承办宝丰县杨庄镇柳沟营村"留守儿童暑期日间托管中心"，并提供为期一个月的服务管理工作。管理期间，宝丰县建筑业协会需对托管中心儿童提供作业辅导、兴趣培养、安全教育、心理疏导等服务项目。此外，开展适合少年儿童的丰富多彩的活动，使柳沟营村留守儿童度过一个平安、文明、健康、愉快的暑假。此过程民政局有权时时监督。项目资金购买方面，由民政局在项目开始前预付相应数额的款项，尾款则根据项目进展结果审计后给予。

该项目坚持政府主导、突出公益，以社会工作专业理念为指导，以满足人民群众服务需求、加强社会对留守儿童的关注为根本出发点，扶持培育民办社会工作服务机构，积极探索推进社会工作人才队伍建设和政府购买社会工作服务的方法和途径。通过该项目的开展，探索出一套适合本县实际的关爱留守儿童、促进其健康成长的社会工作模式。

在2013年试点工作的基础上，2014年逐步扩大"留守儿童暑期托管"的数量和范围。按照"受益广泛、群众急需、服务专业"为标准，通过对全县留守儿童分布情况的深入调研，确定在留守儿童比较集中的李庄乡霞光学校、前营乡曙光学校、前营乡兴华学校、城关镇小神童、城关镇文龙学校、商酒务镇星光艺术学校6个地点设立暑期托管中心，为暑期无人监管的孩子免费提供作业辅导、兴趣培养、安全教育、心理疏导等服务项目，从而解决暑期留守儿童监管缺失问题，解除外出务工人员的后顾之忧。

该项目在试点的基础上不断完善，作为社会实践平台，由郑州大学社会工作系师生提供专业的社会工作服务和督导评估，整合妇联、教育、关工委等相关部门资源，构建了政府主导、多方力量广泛参与的工作格局。县关工委、妇联和民政局连续召开三次工作协调会，就暑期托管项目进行沟通和部署。敲定项目承办学校后，县政府及时拨付项目资金13万元，保障了暑期托管工作的顺利开展。2014年6个托管中心共接收了876个孩子，招募了63名大学生老师。由郑州大学社会工作系27名师生分为6个工作小组全程介入提供志愿性的专业的社会工作服务和督导评估，并对社会组织相关人员和志愿者进行社会工作专业培训。项目开展中，县民政局及时跟进，提供了良好的业务指导和后勤保障，使托管工作不断规范化。关工委的老领导们积极协调多方配合，不仅联系卫生系统为6个托管中心的孩子们免费进行体检，还为师生们送去了400册"中华梦·放飞梦想"主题教育活动读本，极大地鼓舞了师生们的工作热情和信心。

"留守儿童暑期托管"工作不断完善和提升，2014共为804名留守儿童建立了服务档案和健康档案；采取问卷调查的形式面向托管中心所有留守儿童和特困家庭儿童进行了一次需求和服务质量评估，从个人及家庭基本状况、教育状况、健康卫生状况、安全意识状况、人际关系状况以及对服务方式的满意程度六个方面做了详细深入的调查，回收问卷824份，其中有效问卷804份，获得了准确而珍贵的资料；采取访谈法针对所有项目承办单位进行了一次需求和服务质量评估；围绕项目目标共设计了7个服务主题，策划并实施了14个团体/小组活动、开展了13个个案，并为每个案主建立了规范的服务档案。对私立学校的教职工进行培训，使他们初步掌握维护青少年权益、保护孩子健康成长的专业知识。通过一个多月的专业社会工作服务，增强了留守儿童的人际交往能力、情绪处理能力、应对意外伤害的自我保护能力、健康生活的自理能力和自觉自主的学习能力。

2016年7月，为帮助宝丰县更好地开展"留守儿童假日托管活动"，郑州大学公共管理学院派出本科生30人，研究生12人，分别对留守儿童进行日常陪伴照顾与实地调研。为期一个月的暑期活动取得了令人满意的成果：本科生队伍成功完成陪伴与教学任务，并与宝丰当地儿童、学生家长建立了深厚的友谊；研究生队伍则通过实地调研，掌握了第一手资料，为今后"宝丰模式"的推广奠定了基础。

该项目启动以来，受到了社会各界和多家媒体的广泛关注，社会反响强烈，人民网、新华网、凤凰网、中新网、大河网、新浪网等主流门户网站及香港《文汇报》《河南日报》《大河报》《东方今报》等多家报纸对该项目进行宣传报道。中国新闻社记者为托管项目制作了专题片；中国社会福利基金会常务副秘书长肖隆君等一行专程从北京赶来考察，拟在全国进行复制推广；河南电视台、平顶山电视台和宝丰电视台多次报道项目的开展情况。可以说，留守儿童社会工作的"宝丰模式"已初步建立，并且成为关心下一代青少年工作的品牌项目，宝丰县政府在创新社会管理和公共服务方式，建设服务型政府方面迈出了一大步。

第三节 宝丰县社会工作组织发展的瓶颈与展望

一 社会工作组织建设发展瓶颈

1. 资金不足

目前财政尚未将社会工作人才队伍建设经费纳入预算，工作中存在资金严重短缺问题。宝丰县2014年的"留守儿童暑期日间托管"项目试点费用 1 万元还没有支付给建筑业协会，大大影响了社会组织参与社会工作服务的积极性和主动性。

2. 专业人才不足

宝丰县社会工作专业人才力量还比较薄弱，据统计，全县只有 20 人通过社会工作师职业水平考试，36 人通过助理社会工作师职业水平考试，在岗的 6 人全部从事行政管理工作，没有专职的社工在一线开展工作。

3. 政府部门间运转存在阻碍

调研小组走访中发现，在假日儿童托管项目实施中，宝丰县各部门间运转存在一定问题。首先，民政部门与教育部门理念不同。民政部门旨在尽力帮助更多的孩子，让留守儿童能够在假期中回到学校学习与娱乐。而教育部门则出于安全考虑并不希望孩子们假期聚集在一起。这种观念上的偏差导致了执行上出现分歧。其次，教育用地民办学校难以获取。假日儿童托管项目的相关参与学校基本为民办院校，在各个学校走访中，几位校领导均表达了难以获得土地支持的问题。教育土地多偏向于分配给公办学校，对民办学校支持力度不够。

二　社会工作组织建设发展建议

推进社会工作组织队伍建设是一项全新的综合性工作，要健全管理体制，推进力量整合。加强社会工作人才队伍建设，动员鼓励更多的人投身到社会工作人才队伍中来；从人民群众最基本、最紧迫的需求出发设计、实施社会工作服务项目；加强宣传，通过以点带面、点上突破、面上推广方式，以农村留守人员、困难群体、特殊人群和受灾群众为重点，有计划、有步骤地开展社会工作服务。主要建议包括：

1. 社会工作专业人才队伍建设纳入经济社会发展总体规

划，纳入有关部门领导班子考核，形成推进社会工作专业人才队伍建设的长效机制。

2. 先确定个别县区（社区）作为试点，协调相关单位联合开展工作，各单位各部门要明确一名领导牵头抓总，指定专人负责，组织精干力量真抓实干，及时研究解决试点过程中出现的问题和困难，确保试点工作的顺利完成。

3. 在每年党校举办的培训班中增加社会工作专业知识内容。

4. 加强对优秀社会工作者和社会工作先进单位的表彰和奖励。

5. 明确各部门分工，完善成果检验体系。

6. 适当加大对民办学校、社工机构的扶持力度。

第七章　宝丰县农村留守儿童治理的"宝丰模式"

党的十九大报告指出，加强社区治理体系建设，推动社会治理重心向基层下移，发挥社会组织作用，实现政府治理和社会调节、居民自治良性互动。① 社会工作作为社会组织治理国家的主要方面，在推进国家治理体系和治理能力现代化的过程中发挥着重要作用。近年来，河南省宝丰县在培养专业人才、培育社工机构、开展专业服务等方面进行了积极有效的探索和实践，取得了长足的发展。2007年，宝丰县被民政部确定为社会工作人才队伍建设试点；2012年，评估验收顺利完成；2014年1月，民政部下发《关于确定首批全国社会工作服务示范地区、社区和单位的通知》（民发〔2014〕4号），在全国范围内确定了北京市朝阳区等61个首批全国社会工作服务示范区。宝丰县由于在社会工作介入社会治理方面的积极探索，成为全国仅有的两个农村示范地区之一。"宝丰县留守儿童假日托管项目"是宝丰县社会工作介入社会治理的初步尝试，是"宝丰模式"的重要导入点。本章节将结合宝丰县留守儿童问题治理的实践案例，对宝丰县社会工作介入社会治理的路径和模式进行

---

① 《中国共产党第十九次全国代表大会报告》，2017年10月18日。

分析探讨，为加快河南省社会工作发展，强化社会治理能力，推进区域治理体系和治理能力现代化提供参考和借鉴。

第一节 "宝丰模式"的创建及发展

一 项目由来

全国妇联课题组 2013 年 5 月发布的《我国留守儿童、城乡流动儿童状况研究报告》显示，目前中国农村留守儿童数 6102.55 万人，占农村儿童总数的 37.7%，占全国儿童总数的 21.88%。其中，河南省农村留守儿童数量占全国农村留守儿童总数的比例已经达到 10.73%，仅次于留守儿童数量最大的四川省（11.34%）。随着留守儿童的安全、教育、心理、卫生等诸多问题日益凸显，如何妥善、准确、有效地解决留守儿童问题亟待得到关注和解决。

河南省宝丰县区域面积 722 平方公里，辖 12 个乡镇，1 个办事处，1 个林业工作站，303 个建制村，24 个社区居委会，总人口 50 万人。目前通过社会工作师职业水平考试 56 人，其中社会工作师 20 人，助理社会工作师 36 人。2014 年 1 月，宝丰县成功创建了全国首批社会工作服务示范地区。

目前，宝丰县留守儿童人数已达 12000 人。留守儿童的监管一直存在诸多问题。其中，假期更是留守儿童人身安全事件频发的高危时期，曾经也出现过如孩子意外身亡等惨痛事故。此外，由于家庭教育功能的缺失，留守儿童在生活、学习、健康、心理等诸多方面所出现的问题也亟须专业服务的介入。

介入与服务留守儿童群体方面，宝丰县人民政府创新社会管理模式，采取政府购买社会工作服务的方法，通过整合社会各界力量，创新开展留守儿童暑期托管项目。自 2013 年开始，依托各级领导的正确引导和大力支持，宝丰县民政局在推进社工人才队伍建设、政府购买社会服务、社会共治等方面进行了有益探索，先后采用了政府购买、社会共治等方式，成功将社会工作通过治理主体的多元化形式介入到社会治理中来，现如今已形成了较为成熟的"宝丰模式"。

所谓宝丰模式，具体来说就是宝丰县通过开展社会工作介入社会治理领域，用以解决社会问题，提高政府的治理水平，"暑期留守儿童托管项目"是宝丰模式的集中体现。在具体的实践中，积极和郑州大学展开合作，利用郑州大学社工人才培养的专业优势。在提供专业服务和研究方面，郑州大学于1988年设置了社会工作专业，是全国最早成立社会工作专业的四所高等院校以及首批三十三个社会工作硕士研究生（MSW）培养试点单位之一。"宝丰县留守儿童假日托管项目"为双方的第一个合作项目，也是宝丰县社会工作介入社会治理的初步尝试，是"宝丰模式"的重要导入点。项目坚持政府主导，突出公益，由政府出资委托3A级以上社会组织承办，该项目采取政府购买的模式，依托民办学校设立了六个留守儿童暑期托管中心，由政府出资向这些民办学校购买留守儿童的托管服务。同时，该项目作为2014年河南省高校大学生重点社会实践项目，由郑州大学社会工作系师生成立社会工作实践小分队全程介入每个项目学校开展专业社会工作。

2014年初，河南省宝丰县被民政部确定为全国社会工作服务示范地区，这是民政部在全国范围内开展的首批社会工作服务标准化建设示范创建活动。首批61个示范地区中，宝丰县是河南省唯一的县域示范点。宝丰县人民政府和郑州大学分别作为社会工作服务机构和从事社会工作教学研究单位，为贯彻落实国家相关文件精神以及推进河南省社会工作的整体发展进行了合作洽谈，并于2014年5月签署了"合作建设社会工作服务示范区战略协议"。宝丰县建立郑州大学社会工作实践基地暨社会工作专业人才培训基地，宝丰县通过和郑州大学社会工作系的密切合作，丰富和完善了"宝丰模式"，推动了"宝丰模式"的进一步发展，也有利于"宝丰模式"不断总结进步，向全国推广。

二　项目内容

1. 项目名称：宝丰县留守儿童假日托管社会工作服务项目

2. 项目周期

2014年7月7日至2014年8月7日（Ⅰ期已完成）

2016年7月7日至2016年8月7日（Ⅱ期已完成）

3. 项目目标

为留守儿童赋权，通过专业服务增强留守儿童的人际交往能力、情绪处理能力、应对意外伤害的自我保护能力、健康生活的自理能力和自觉自主的学习能力。

具体目标：

（1）项目Ⅰ期服务：运用社会工作方法，以6所项目学校为基地，为托管的留守儿童提供专业服务。围绕项目目标对留守儿童提供专业服务。围绕项目目标对留守儿童的需求以及需求满足的情况进行评估。（已完成）

（2）项目Ⅱ期服务：将服务辐射至留守儿童的家长、教师及社区的居民，重建留守儿童的家庭支持功能，整合社区资源，构建多元化、可持续的留守儿童社会照料体系。（已完成）

（3）项目Ⅲ期规划：品牌建设和推广。为留守儿童假期托管项目确立品牌，进行资源链接和品牌宣传。对项目的运行机制进行提炼，尝试建立可复制、可面向全国范围推广的留守儿童社会工作服务长效机制。

4. 项目服务对象

留守儿童；留守儿童的家长；留守儿童的学校及教师；留守儿童所居社区。

5. 项目重点

（1）留守儿童的成长教育、安全教育、感恩教育。

（2）社会资源整合，建构留守儿童社会支持体系。

（3）"宝丰模式"品牌建设和推广。

三 项目运作

宝丰县人民政府采取政府购买的形式，制定购买原则，遴选项目承办单位。和郑州大学公共管理学院合作组建项目领导小组和项目统筹小组，构建组织工作平台，保障项目运行和专业服务品质。

1. 项目承办保障机制

（1）政府责任体现

宝丰县民政局向每个项目点投入一万元项目运作经费，项目结束后还会依据各点服务质量的评估结果给予相应的奖励补贴。此外，宝丰县民政局为所有项目点托管儿童购买了暑期保险，保险时间为7月7日到8月6日，保险范围为在校发生的安全事故，保费为每校500元。这一举措极大地减轻了承办单位对托管儿童安全的后顾之忧。

（2）家庭、社会责任体现

经成本核算，宝丰县农村学校一个月内就餐费约人均300元，各项目承办单位主动将就餐费减免为200元，住宿费、校车接送费用100元，共计300元，不在学校吃住的留守儿童全部免费。这一执行标准得到了家长的充分认可，报名踊跃，农村各个学校招生数量均远远超出了预算名额。

2. 专业服务品质保障机制

根据项目点数量，由郑州大学社会工作系派出的社会工作专业师生组建社会工作服务团队，分组入驻每个项目点，围绕项目每期的具体工作目标提供一线社会工作专业服务，同时组建专家督导团，对一线服务进行专业督导。

（1）服务原则

坚持保密、平等、尊重、接纳、诚信、助人自助、自决的社会工作服务专业伦理。

（2）服务周平均工作量

一次团体活动；一至两个系列小组活动；存续 1 个个案；其他。

（3）档案管理

工作日记、周工作计划、周工作总结、活动记录、项目中期工作汇报和总结、项目终期工作汇报与总结、项目服务质量评估。

四 项目承办学校遴选

"宝丰县留守儿童假日托管项目"（Ⅰ期）与（Ⅱ期）共遴选出六所与七所民办学校作为项目承办单位。由民办学校承接项目的主要原因为：民办学校具备较好的住宿条件，生源中留守儿童的比例较高。

七所项目承办学校的基本情况如下：

宝丰县李庄霞光小学（见图7—1），经2013年社会组织规范化建设评估认定为3A级单位，位于宝丰县东部李庄乡；

宝丰县星光文化艺术学校，经2013年社会组织规范化建设评估认定为4A级单位，位于宝丰县北部商酒务镇；

图 7—1　宝丰县李庄霞光小学

宝丰县曙光学校，经 2013 年社会组织规范化建设评估认定为 3A 级单位，位于宝丰县西部前营乡；

宝丰县前营兴华学校，位于宝丰县西部前营乡；

宝丰县前营新天地学校，位于县城龙兴路；

宝丰县小神童学校（见图 7—2），位于县城龙兴路北段；

图 7—2　宝丰县小神童学校

宝丰县小太阳幼儿园，位于龙兴路与建材街交叉口。

承办学校除霞光学校为主动申请外，其余为宝丰县民政局民管办和社工指导中心经调研后沟通协调确定。这七所学校在宝丰县知名度较高，办学质量较好，学生生源充足，大部分都在400—500人，且在教学质量评估中名列前茅。

五　郑州大学社会工作服务团队简介

Ⅰ期自2014年7月7日开始，由郑州大学社会工作系27名师生组建的郑州大学公共管理学院"泽心社会工作服务小分队"正式入驻宝丰县"留守儿童假日托管社会工作服务项目"的各个项目学校（见图7—3）。本期项目服务周期为2014年7月7日至2014年8月7日。

图7—3　郑州大学公共管理学院2014年社会实践团队

2014年暑期，郑州大学共组建了4支全国大学生社会实践重点团队，13支河南省大学生社会实践重点团队，200支院系社会实践重点团队。全校还有其他学生组建的暑期社会实践小分队1024支。郑州大学公共管理学院"泽心社会工作服务小分队"在出发前就已经被学校遴选为河南省大学生社会实践重点团队。

Ⅱ期自2016年7月7日开始,由郑州大学社会工作系30名师生组建的"郑大携手宝丰城,同心关爱留守情"社会工作服务团队,正式入驻宝丰县"留守儿童假日托管社会工作服务项目"的七个项目学校(见图7—4)。本期项目服务周期为2016年7月7日至2016年8月7日。

图7—4 郑州大学公共管理学院2016年社会实践团队

本次社会工作服务覆盖到宝丰县7个项目学校的862名留守儿童。截至2016年8月7日项目结束,本次社会工作服务项目分别在七所学校举行,采取访谈法针对所有项目承办学校进行了一次需求和服务质量的评估;七个承接暑期留守儿童托管项目的学校结合本校情况,围绕项目目标共设计了27个服务主题,策划并实施了58个团体/小组活动、开展了33个个案,并为每个案主建立了服务档案。

郑州大学社会工作服务团队在专家督导团的专业督导下,设计了本期项目的目标和规划,并结合专家建议对各项目学校进行了一次整体性的需求评估。在宝丰县人民政府、各项目学校领导和教师的支持和配合下，各分队依据各自学校的情况，针对本校留守儿童的具体需求实施了服务发展计划。

第二节 宝丰县农村留守儿童方面存在的问题

儿童时期是人身体发育、性格养成、知识积累的关键时期，而家庭教育缺少、错位、不完整是农村留守儿童问题存在的主要原因。家庭是孩子的第一所学校，具备启蒙性、终生性、个体性、感染性等学校教育无法满足的特点。父母在孩子的成长过程中扮演着不同的角色，对孩子的性格、品格、价值观形成发挥着十分重要的作用。宝丰县地处河南省中西部，农村群众大多仍是守着土地，靠天吃饭，种植的农作物较为单一，经济效益差。因此，宝丰县的青壮年劳动力也随着当今盛行的打工经济浪潮，到河北、山西、广州等地外出务工。对于宝丰县农村留守儿童而言，父母进城打工，一年甚至几年都不回家，与父母相处的时间微乎其微，聆听父母的谆谆教导，感受严父慈母的家庭气氛，无疑是一种奢望。留守儿童与父母之间的交往存在时间上的长期间断性、空间上的远距离性、交往的非面对面性以及互动频率极低的特点。因此留守儿童的生活环境不稳定，缺乏父母亲的关爱，部分留守儿童成长发展受到一定影响，出现了一些值得关注的问题。

一 生活水平较低

留守儿童的父母出去到外面工作，这些儿童或者由老一辈进行照料，或者寄养在其他亲戚家里，甚至有些让孩子自己照顾自己，如果家中有几个小孩，那么责任自然就落到了最大的孩子的身上。儿童时期的生活调理，对于智力发育和身体成长都极为重要，由于没有父母很好的生活照顾，而监护者往往缺乏营养知识，缺乏对营养的正确态度，导致部分留守儿童营养严重不足，身体健康受到很大损害。

二　教育环境较差

孩子的成长是在学校教育、家庭教育、社会教育相结合的主体框架教育体系中进行的。在学校靠教师，在家靠父母。孩子的成长过程主要漫步于两个驿站——学校与家庭。孩子成长过程中，随时会出现诸多变化因素：比如思想的变化，心理、生理的变化，学习成绩的变化，这些都需要老师和家长的沟通和交流。而留守儿童在成长过程中缺乏父母的关爱与监督，加上由于天然的血缘、亲缘关系，监护者多采用溺爱的管教方式。较多地给予物质、生活上的满足和过多的宽容放任，而较少精神、道德上的管束和引导。于是，"学好了，没人夸；学坏了，无人骂"，渐渐使孩子对学习产生一种无所谓的态度。他们的自觉养成习惯差，缺乏自我约束能力，在行为表现上开始出现偏差，各种超越道德、规则的行为开始在孩子身上出现。

三　亲情关怀缺失

由于经济原因加上路途遥远，留守儿童的父母很少回家，孩子在身心成长过程中无法得到父母的引导和关心，家长也无法了解子女的心理变化，而有的家长以为只要让孩子吃好穿好就是对孩子最好的，却忽略了情感的关怀。监护人不可能完全替代父母，很难时刻关注孩子的情绪情感变化。长期分离和缺乏联系，导致留守儿童在日常生活中享受不到父母的关怀，遇到困难不能从父母那里找到感情的支持，在学习、生活过程中出现一些差错得不到及时的引导、纠正，久而久之，便形成一些明显的心理行为问题。一些留守儿童表现出内心封闭、情感冷漠、行为孤僻等个性特征，不同程度地存在性格缺陷和心理障碍。

四 安全状况堪忧

留守儿童的人身安全是父母家人最大的牵挂。留守儿童社会阅历浅，涉世未深，稚嫩柔弱，安全防范意识、自我保护意识不强，对外界潜在危险不设防，对人身不法侵害难抗拒，正处于最需要保护的时期，属于实质意义上的"弱势群体"，经常受到同学、邻居的欺负，而监护人的责任不落实，监护人缺乏防范意识，儿童又缺乏安全意识，自我防护能力弱，经常成为不法分子侵犯的对象。

五 社会关爱不足

与父母的分离，亲情的缺失使留守儿童在生理、心理以及社会适应方面产生了很大的变异，导致形成多方面的性格缺陷和不同程度的心理障碍，造成这些留守儿童感情脆弱、悲观消极、缺乏应有的自信；有的敏感、多疑、愤世嫉俗、暴躁易怒、形成了较强的逆反心理，很难融入正常的同龄人群体。加之，目前农村的社会活动和人际关系基本上是以家庭和亲缘关系为纽带展开的，对于自己家庭及亲缘关系之外的其他人的困难处境，他们虽有同情的态度，却很少有人会真正地去给予扶助和关怀。在这种情况下，留守儿童只能依赖自己探索并解决问题。于是，这些留守儿童容易出现行为、道德上的缺陷，产生一些不良行为，触犯社会规范，然后走上歧路。

第三节 "宝丰模式"的运行机制

自 2013 年开始，在宝丰县人民政府的指导、民政局的统筹、关工委与团委等部门的支持下，以宝丰县留守儿童的暑期托管为核心的社会工作介入社会治理项目取得了丰硕的成果。至 2016 年 8 月份，"宝丰模式"已经形成了完善的运作体系，包括组织协调、校园对接、社会力量等方面形成了多位一体的成熟化可复制性系统，用以保障社会工作介入社会治理的项目得以持续化开展。

一 前期的筹划

1. 健全组织机构

宝丰县人民政府成立了宝丰县社会工作人才队伍建设领导小组，由组织部长任组长，主管副县长任副组长，领导小组下设办公室，民政局长兼办公室主任，努力构建组织部门牵头抓总，民政部门具体负责，教育、公安、司法、财政、人力资源和社会保障、卫生、人口计生等单位以及工会、共青团、妇联、残联等部门密切配合，社会力量广泛参与的工作格局。在民政局设置了独立的社会工作管理机构社工指导中心，加大与县人才领导小组的沟通和协调，开展了一系列积极有效的社会工作，推动社会工作专业人才队伍建设工作不断进步。

2. 加强宣传，建立机制

通过网络、电视、报纸等多种形式，宣传推进社会工作人才队伍建设。由组织部和民政局联合下发文件，在全县范围内动员组织社会工作者职业水平报考工作。建立了社会工作专业人才奖励机制，对通过社会工作职业水平考试的同志报销费用，在职的获得社会工作师证书的给予每月 200 元补助，获得助理社会工作师证书的给予每月 100 元补助，提高报考社会工作职业水平证书人员的积极性和主动性。

3. 注重培训，建设队伍

为进一步宣传和推动宝丰县社会工作专业人才队伍建设，多次举办社会工作知识专题培训班。对县社会工作人才队伍建设领导小组成员单位主管领导、全县大学生村官、各单位报考社会工作师人员和全县民政系统干部职工进行社会工作知识的普及培训。经过培训，学员们的专业素质得到了进一步提高，为自己在岗位上更好地开展和推动社会工作服务打下了良好的基础。2014 年 5 月举办了社会工作者职业水平考试考前辅导班，聘请郑州大学教授对全县近百名报考人员进行教材培训。

4. 加强合作，引进人才

和郑州大学社会管理学院合作，在宝丰县挂牌成立郑州大学社会工作实践基地和郑州大学社会工作专业人才培训基地，并签订了郑州大学—宝丰县合作建设社会工作服务示范地区战略协议。联合成立了"郑州大学—宝丰县社会工作实践培训基地办公室"，围绕如下领域开展工作：县域社会工作人才队伍建设及管理研究；具有中国特色的农村社会工作实务探索；协助推进公益慈善类、社区服务类社会组织建设，推进政府购买社会工作服务的开展；健全农村社会保障体系，围绕老年人、妇女、儿童等弱势群体进行福利项目研究及服务模式探索。根据工作需要，郑州大学组织社会工作专业的师生到宝丰县进行社会实践，开展专业服务和相关研究，并为宝丰县每年开展社会工作专业人才培训提供师资力量，指导宝丰县逐步建立社会工作人才培养体系，该项合作对于培养宝丰县职业化、高层次、优秀的社会工作人才，全面加快宝丰县社会建设步伐具有十分重要而积极的意义。

5. 积极探索，大胆创新

由于外出务工人员的增多，留守儿童这一特殊群体不断增大，宝丰县目前有留守儿童1.2万人左右。针对近年来留守儿童监管缺失，意外伤害事件频发的状况，宝丰县设计并实施了"留守儿童暑期托管"项目（见图7—5），该项目以留守儿童假日看护、成长教育、整合社会资源、建构留守儿童社会支持体系为重点，以留守儿童及其家长、学校老师、社区为服务对象，采取政府购买服务的方式，开展专业的社会工作服务。

图7—5 暑期托管留守儿童们

二 专业服务开展

1. 儿童生命成长课程

郑州大学社会工作服务团队经过精心策划，确立了本次项目专业服务的特色课程——"儿童生命成长课程"。在与学校负责人进行沟通后，每个项目学校均由社工开设"儿童生命成长课程"，平均一周安排2次课时。课程内容围绕项目确立的五个目标：增强留守儿童的人际交往能力、情绪处理能力、应对意外伤害的自我保护能力、健康生活的自理能力、自觉自主的学习能力，同时结合各基地社工观察发现的具体要求进行设计。所有项目点每周会确定一个活动主题，作为儿童生命成长课程的内容，并围绕这一主题开展一系列的团体、小组和个案活动。

特色主题分类如下：

（1）破冰系列主题：如曙光学校的"初遇曙光、分享你我"，霞光小学的"手牵手，一起走"，兴华学校的"走进彼此，你我相伴"，文龙学校的"我们在一起"活动主题。

课程目标：社会工作者与儿童建立信任关系，走进儿童，初步评估服务需求；同时通过团体活动提高儿童的自我表达能力和人际交往能力。

课程形式：通过观察课、团体和小组活动完成。

效果评估：各服务团队均达到了破冰效果，和儿童初步建立起信任关系，社工和儿童关系逐渐亲密起来。

（2）安全系列主题：如兴华学校的"健康成长，快乐成长"，文龙小学的"安全教育，自我保护"活动主题（见图7—6）。

图7—6　安全教育题板

课程目标：让儿童了解基本灾害种类、危险以及基本的应对方式，让学生意识到生命可贵，同时增强儿童面对意外伤害的自我保护能力。

课程形式：安全小讲堂，包括生活安全小常识介绍，观看安全知识小视频（多选用动画片形式的宣传片）。

效果评估：通过多种形式的安全知识及生活小常识的宣讲，培养儿童养成良好的生活习惯，最明显的成效在于大多数儿童最终都养成了饭前洗手和便后洗手的好习惯。儿童对一些有安全隐患的物品和事件也有了认识和判断，具备基本的应对能力。

（3）人际沟通系列主题：如曙光小学的"快乐天使，你我同在"、霞光小学的"手牵手、一起走"和"蓝天下、共成长"、星光文化艺术学校的"信任·你我"和"积极情绪培养"、兴华学校的"健康生活、快乐成长"主题活动。

课程目标：让儿童懂得正确的情绪表达与控制，培养他们的团结、合作意识和集体荣誉感，令儿童能够以积极快乐的心态生活学习。

课程形式：户外团体活动，小组活动。

效果评估：通过活动，儿童学会了与他人沟通协调与合作，人际交往能力得到显著提升。各点社工均反馈，原来内向不善于表达的儿童在项目末期大多都变得活泼开朗，乐意参加集体活动。

（4）自立、自理能力训练系列主题：如文龙小学的"自理与自我保护"、小神童学校的"好孩子、好习惯"等活动。

课程形式：课堂知识小课堂，室内外团体活动

效果评估：儿童对自己的不良生活习惯及不当行为有了一定认知，自制力取得提升。社工反馈，低年级儿童多动、爱打小报告的情况得到了明显改善。

（5）学习兴趣培养系列：如霞光学校的"拥抱过去、展望未来"、星光文化艺术学校的"理想·大学"，曙光学校的"学海畅游、拥抱世界"以及小太阳学校的"少年梦·中国梦"主题（见图7—7）。

图7—7 "少年梦·中国梦"畅想现场

课程目标：通过介绍未来大学生活的美好景象，讲述励志故事，激发儿童的学习兴趣。

课程形式：课堂宣讲、相关视频播放。

效果评估：让儿童学到了诸多课外知识，丰富了知识面，拓展了视野，提高了学习课外知识的积极性，提升了孩子们自主自觉的学习意识。

2. 星光文化艺术学校爱心教学纪实

（1）第一周

本周就是我们小组在星光文化艺术学校正式开始工作的第一周，我们满怀期待，期望能与在校老师和同学们共同度过这个愉快的假期。

本周的主要工作如下：

整理并建立全校学生的信息库，主要收集内容包括姓名、性别、父母双亲外出务工及所占比例、父母亲任一个外出及所占比例等。要求用表格记录。

完成本周社工课的活动策划，并根据年级的不同具体实施活动策划【附录一】。在同学们中建立基本的社工概念，让老师及个别校领导了解社工的活动原理和特色。在这个过程中，我们要善于总结活动经验，弥补工作经验的不足，提高专业实践水平。

其他，熟悉学校生活和教学时间安排，配合完成学校分配的值班任务。

【附录一】

"我们在一起"小组活动策划（见图7—8）

（1）活动名称：我们在一起

（2）活动时间：7月7日—7月13日

（3）参与对象：星光文化艺术学校在校生

（4）活动地点：星光文化艺术学校活动室

（5）活动目的

使同学们学会自我介绍，加快班级同学相互认识，促进班级融合；同学在游戏中体会集体的力量，培养团队协作能力，发现并培养组织领导者；让同学们体会社会工作的技巧，建立社工概念。

（6）活动流程

学习自我介绍→"击鼓传花"游戏→"巧解千千结"游戏→组员相互分享游戏经验→老师和组员共同分享活动经验→开心小短片（时间不够时可省略）。

第七章　宝丰县农村留守儿童治理的"宝丰模式" / 233

图 7—8　"我们在一起"小组活动现场

（7）详细计划

表 7—1　　　　　　"我们在一起"活动策划

个别活动时间	目标	内容及步骤	所需物资	备注
15：30—15：55	完成准备工作	1. 通知好班级同学，请他们及时回教室； 2. 联系好老师； 3. 社工检查是否带齐物品	花球 相机	1. 务必提前打电话提醒参加组员前来； 2. 工作人员戴工作证； 3. 一名工作人员负责迎接组员
15：55—16：00	同学对本小组活动有整体的了解	1. 社工对组员的参与表示欢迎； 2. 介绍本节小组（内容、时间、工作人员等）	相机	1. 负责照相的工作人员开始工作； 2. 观察员开始观察同学反应，并记录或调整解决
16：00—16：10	学会自我介绍和交新朋友	1. 社工和同学互动，讲授自我介绍的技巧； 2. 分享	相机	1. 工作员先做示范 2. 做好拍照、摄影工作

个别活动时间	目标	内容及步骤	所需物资	备注
16：10—16：30	组员了解本次活动的目的，增加对小组的认知，增强活动效果	1. 小组领导介绍本次小组活动的规则； 2. 开始游戏【备注一】； 3. 分享	花球 相机	保持活动活泼有秩序
16：30—17：00	培养团队协作能力，发现并培养组织领导者	游戏：巧解千千结【备注二】	相机	1. 工作员邀请同学先做示范； 2. 做好拍照、摄影工作
17：00—17：10	组员和社工进行分享	组员分享此次活动的经验与体会	相机	

（8）所需物资及预算列表（仅第一节）（见表7—2）

表7—2　　　　　　活动所需物资及预算

序号	物资	单价	数量	总额	备注
1	照相机		1个		没有，用手机拍
2	花球		1个		自己做
3	开心视频		1个		已准备好

（9）可能遇到的问题和对策（见表7—3）

表 7—3　　　　　　　活动可能会遇到的问题和对策

问题	对策
组员不愿意分享游戏的经验	说童谣、讲故事； 分享照顾孩子的有趣经历和感受
组员听不懂普通话	主持人熟悉当地方言，能正常地和组员沟通交流； 请组员代为解释
组员之间发生争执	工作人员及时发现进行调解； 在许可的条件下，调换座位
组员不愿参加游戏	态度诚恳地邀请组员； 语言幽默地介绍游戏的有趣之处，吸引组员

（10）人员安排

工作员：协同领导、掌控时间。

观察员：观察组员的行为并记录，必要时可以记录小组竞赛的比分或是成绩。

拍照人：拍摄影像资料。

（11）注意事项

①可能有同学不愿意参与游戏，要注意及时发现这些同学，鼓励他们积极参与。

②在进行第二个游戏时，可以先请 6 个同学进行游戏，然后 12 个同学一起做，最后全组同学一起做。

③学生人数较多，所需时间可能会超时，注意活动时间的调整。

（12）备注

【备注一】

游戏介绍：班级同学按情况分为一、二组，选出每一组的小组长和义工组长。播放一段音乐，开始进行"击鼓传花"活动，花球从每一组最后一个同学开始，依次向前传动，不允许投掷花球或跨越传递。音乐结束后，立即停止传花球。计算哪一组传过的人数多，哪一组为获胜组，三局两胜。输的一方的两位组长要表演节目。

【备注二】

游戏介绍：分别请第一组和第二组进入活动室进行游戏。组员围成一个紧密的圆圈，手拉手，请同学记住自己的左手和右手分别拉的是谁，记住之后，工作人员拍手请组员随意快速交换位置，但要保持圆圈的队形。拍手停止后，同学们立刻停止走动，开始寻找自己的左右手拉着的同学，重新拉手。紧接着同学们就要开始想办法使队形恢复到原来的圆圈状。

(2) 第二周

本周就是我们小组在星光文化艺术学校正式开始工作的第二周，经过上一周工作的经验积累，我们已基本熟悉了星光学校的生活，也和许多小学生们建立了良好的关系，这十分有利于我们下一步工作的开展。下一周，我们要更加注重将社工的价值观和精神融入到我们的活动之中，提升活动的专业性。

本周的主要工作如下：

本周要开始心理教育的课程，针对在校学生的心理需求，设置心理教育课的主要内容。在课后要主动总结，以期心理教育的内容更符合学生们的需要，更符合学生们的接受能力和实际情况。

完成本周社工课的活动策划，并根据年级的不同具体实施活动策划【附录一】。在同学们中进一步建立基本的社工概念，让老师及个别校领导了解社工的活动原理和特色。在这个过程中，社工人员不仅是学生们娱乐活动的组织者，更是学生们从活动中获得经验和感悟的引导者。爱心广播站将在下周正式开播，各个组员要积极提供素材，相互配合和帮助，积极反映托管中心日常生活情况和学生们的感想，让爱心广播站成为记录学生生活和想法、传递社工关怀的驿站。

做好相关宣传工作，积极和其他小组和外部环境进行交流，努力提高本次留守儿童暑假托管中心的社会关注度，增加本次活动的社会影响力。其他，配合学校工作，积极参与准备汇报表演的事务。

【附录一】
"信任·你我"小组活动策划（见图7—9）
（1）活动名称：信任·你我
（2）活动时间：7月22日—7月25日
（3）参与对象：星光文化艺术学校在校生
（4）活动地点：星光文化艺术学校教室和操场
（5）活动目的

使同学们发现自己是独特的，他人也有独一无二的地方，促进同学间相互理解，促进班级融合；同学在游戏中体会集体的力量，培养团队协作能力，发现并培养组织领导者；让同学们体会社会工作的技巧，建立社工概念。

（6）活动流程

"大风吹"游戏→分享游戏经验→"盲人过街"游戏→组员相互分享游戏经验→老师和组员共同分享活动经验→"故事接龙"（时间不够时可省略）

图 7—9 "信任·你我"小组活动现场

（7）详细计划（见表 7—4）：

表 7—4　　　　　　"信任·你我"活动策划

个别活动时间	目标	内容及步骤	所需物资	备注
15：30—15：55	完成准备工作	1. 通知好班级同学，请他们及时回教室； 2. 联系好老师； 3. 社工检查是否带齐物品	"盲人过街"游戏活动场地；相机	游戏线路的难度设计要符合学生们的情况
15：55—16：00	同学对本小组活动有整体的了解	1. 社工对组员的参与表示欢迎； 2. 介绍本节小组（内容、时间、工作人员等）	相机	1. 负责照相的工作人员开始工作； 2. 观察员开始观察同学反应，并记录或调整解决
16：00—16：15	认识独特的"你""我"	1. 引导学生们自己发现自己和他人的独特之处； 2. 进行"大风吹"游戏【备注一】； 3. 分享	相机	1. 工作员先做示范； 2. 做好拍照、摄影工作

续表

个别活动时间	目标	内容及步骤	所需物资	备注
16:15—16:30	增强班级同学间的相互信任	1. 小组领导介绍本次小组活动的规则； 2. 分组； 3. 开始游戏【备注二】	相机	保持活动活泼有秩序
16:30—16:40	提高学生们的反思能力，促使学生在游戏中成长	学生和社工一起分享本次社工课的活动感想	相机	做好拍照、摄影工作

（8）所需物资（见表7—5）

表7—5　　　　　　活动所需物资

序号	物资	单价	数量	总额	备注
1	照相机		1个		没有，用手机拍
2	绳子		1卷		已有
3	开心视频		1个		已准备好

（9）可能遇到的问题和对策（见表7—6）

表7—6　　　　　　活动可能遇到的问题和对策

问题	对策
组员不愿意分享游戏的经验	说童谣、讲故事； 分享照顾孩子的有趣经历和感受

续表

问题	对策
组员听不懂普通话	主持人熟悉当地方言,能正常地和组员沟通交流; 请组员代为解释
组员之间发生争执	工作人员及时发现进行调解; 在许可的条件下,调换座位
组员不愿参加游戏	态度诚恳地邀请组员; 语言幽默地介绍游戏的有趣之处,吸引组员

(10) 人员安排

工作员:协同领导、掌控时间。

观察员:观察组员的行为并记录,必要时可以记录小组竞赛的比分或是成绩。(赵仙玉、杨美玲)

拍照人:拍摄影像资料。

(11) 注意事项

①可能有同学不愿意参与游戏,要注意及时发现这些同学,鼓励他们积极参与。

②在进行"盲人过街"游戏时,可能有同学因为害怕而不敢参加,由此要适当调整游戏难度,并鼓励同学们参与。

③学生人数较多,所需时间可能会超时,注意活动时间的调整。

(12) 备注

【备注一】

游戏介绍:由社工起头,首先想好想要描述的同学的特征,然后说:"大风吹。"其他的所有人说:"吹什么?"社工说出已经想好的特征描述,所有的同学要判断描述的是不是自己,一旦判断出描述的是自己时就要迅速站起来,说自己是被描述的那个同学,并由他开始下一轮"大风吹"。如果被描述的同学没有及时站起来,要让所有同学一起指出是谁,然后请他站起来自我介绍和描述自己的外表。

【备注二】

游戏介绍:首先在班内将所有学生分为两组,再请所有的同学去操场,按照分组情况站好队,社工分配"盲人组"和正常组,按照预先准备好的线路进行游戏。

(3) 第三周

本周就是我们小组在星光文化艺术学校正式开始工作的第三周,经过前两周的工作之后,我们已形成了较为完善的组内分工和常务工作模式,并且和学校内的同学们建立了良好的关系,这些都十分有利于接下来各方面工作的开展。

本周的主要工作如下:

常务工作:

第一,本周要开始心理教育的课程,针对在校学生的心理需求,设置心理教育课的主要内容。(主要负责人:赵仙玉)

第二,完成本周社工课的活动策划,并根据年级的不同具体实施活动策划【附录一】。(主要负责人:杨丽)

第三,爱心广播站相关工作继续开展,营建学生们想法的抒发地和校内大事的播报地。(主要负责人:杨美玲)

第四,做好相关宣传工作,积极和其他小组和外部环境进行交流,努力提高本次留守儿童暑假托管中心的社会关注度,增加本次活动的社会影响力。(主要负责人:杨萌)

积极推动个案工作的进展。第二周我们已经确定了5个个案工作对象,并对他们的问题进行了初步的了解和评估。本周要针对个案的实际情况,开展具体的社会工作干预活动,引导他们获得良好的行为方式,改善他们的人际关系。

积极推动小组工作的开展。积极推进以班级为对象的小组工作开展,社工通过小组工作的方式开展社工课,促进班级融合,个人能力提升。

其他,配合学校工作,积极参与准备汇报表演的事务。

【附录一】
"学习情绪处理"小组活动策划
(1) 活动名称:学习情绪处理
(2) 活动时间:7月21日—7月25日
(3) 参与对象:星光文化艺术学校在校生
(4) 活动地点:星光文化艺术学校教室和操场
(5) 活动目的

学会正确表达情绪,并且能够适当地调整自己的情绪;学会识别他人的情绪,学习安慰他人的技巧;让同学们体会社会工作的技巧,建立社工概念。

(6) 活动流程

"按图变表情"游戏→分享游戏经验→"心情医生"情景剧→组员相互分享游戏经验→老师和组员共同分享活动经验→"故事接龙"(时间不够时可省略)。

(7) 详细计划(见表7—7)

表7—7　　　　　"学习情绪处理"活动策划

个别活动时间	目标	内容及步骤	所需物资	备注
15:30—15:55	完成准备工作	1. 通知好班级同学,请他们及时回教室; 2. 联系好老师; 3. 社工检查是否带齐物品	卡纸,相机	卡纸上情景的描述要简单易懂,可采取经典童话故事桥段

续表

个别活动时间	目标	内容及步骤	所需物资	备注
15：55—16：00	同学对本小组活动有整体的了解	1. 社工对组员的参与表示欢迎； 2. 介绍本节小组（内容、时间、工作人员等）	相机	1. 负责照相的工作人员开始工作； 2. 观察员开始观察同学反应，并记录或调整解决
16：00—16：15	学习表情及其适当解决策略	1. 请参与者按所抽情景卡来变化表情； 2. 鼓励其他同学提出解决策略【备注一】； 3. 分享	相机，情景卡纸	1. 工作员先做示范； 2. 做好拍照、摄影工作
16：15—16：30	学会识别他人表情和一些安慰技巧	1. 分组讨论针对某一情绪的安慰技巧； 2. 小情景剧展示【备注二】	相机，心情医生卡和心情病人卡	保持活动活泼有秩序
16：30—16：40	提高学生们的反思能力，使他们在游戏中成长	学生和社工一起分享本次社工课的活动感想	相机	做好拍照、摄影工作

（8）所需物资（见表7—8）

表7—8　　　　　　活动所需物资

序号	物资	单价	数量	总额	备注
1	照相机		1个		没有，用手机拍
2	卡片		若干张		已有
3	开心视频		1个		已准备好

(9) 可能遇到的问题和对策（见表 7—9）

表 7—9　　　　　　　　活动可能遇到的问题和对策

问题	对策
组员不愿意分享游戏的经验	说童谣、讲故事； 分享照顾孩子的有趣经历和感受
组员听不懂普通话	主持人熟悉当地方言，能正常地和组员沟通交流； 请组员代为解释
组员之间发生争执	工作人员及时发现进行调解； 在许可的条件下，调换座位
组员不愿参加游戏	态度诚恳地邀请组员； 语言幽默地介绍游戏的有趣之处，吸引组员

(10) 人员安排

工作员：协同领导、掌控时间。

观察员：观察组员的行为并记录，必要时可以记录小组竞赛的比分或是成绩。（赵仙玉、杨美玲）

拍照人：拍摄影像资料。

(11) 注意事项

①可能有同学不愿意参与游戏，要注意及时发现这些同学，鼓励他们积极参与。

②情景剧一定要提前邀请班级同学来排演，并让他们保密。

③学生人数较多，所需时间可能会超时，注意活动时间的调整。

(12) 备注

【备注一】

游戏介绍：每一张卡纸上都写有故事情境和相应表情，请一位同学上讲台上抽取一张卡片，并按照卡片上的内容表现出相应表情，由台下同学猜出表情类型，然后请两到三个同学发言判断这个是积极、中性还是消极感情，并由他提出自己的解决方案。一轮结束，然后重新邀请一位同学上台表演表情，然后如上。

【备注二】

情景剧的准备：表演是情绪悲伤地哭泣，需要两名参演学生，分别饰演悲伤心情患者和悲伤心情医生，具体表演内容参演同学和社工商讨决定。

3. 个案服务案例分享

个案服务主要针对行为有明显偏差的儿童展开（见图7—10、表7—10），鉴于本次服务周期较短，社工全部属于跨地域服务（郑州→宝丰），因此本期个案服务重点在于为社工发现的重点服务对象建立个案服务档案，便于后期跟进介入。

图7—10 参加个案中的孩子

表 7—10　个案记录范例：小神童学校个案访谈记录

姓名	胡××	联系方式		1378186×××
性别	女	年级	二	年龄	8

第一次访谈	访谈时间：2014 年 7 月 10 日下午 7 点 30 分 访谈地点：小神童学校二年级教室 　　按照案主的情况，她应该被归为留守儿童。据我的观察，学校里存在问题的留守儿童分为两类，一类是显性问题留守儿童：如脾气暴躁、性格暴戾，和同学们难以和平相处，常常用拳头解决问题，不遵守课堂纪律；另一类是隐性问题留守儿童：少言寡语，性格内向，平时遵守纪律，按时完成老师布置的任务，但却会因为一些很小的事件流泪伤心，和同龄孩子相比，这些孩子好像总是有很多内心的"秘密"，行为方面也常常会有一些和同龄孩子不一样的倾向，例如特别依赖老师，总是独来独往等。胡××就属于第二类隐性问题留守儿童，虽然她在我们班是非常听话的孩子，但是总是表现得非常腼腆，不愿意在同学面前表现自己；平时下课常常黏着我们社工老师，特别喜欢和社工老师有身体接触；第一次访谈时，我挑选了比较轻松的下课环境，并不是将案主和小伙伴们分开进行访谈，目的是为了不让案主感觉到自己区别于他人。 　　在闲聊的轻松氛围下，我了解到案主从一年级开始就就读于小神童托管学校，长期以来父母一直很少回家，平时大概两个星期来接一次兄妹两人，而且常常是星期天才把两人接走，回家之后案主和哥哥由祖父祖母照顾。在这样的生长环境下，案主很小就有了自己照顾自己的能力，案主会自己洗澡、洗衣服、做简单的饭菜等。而且在托管学校刚开学的时候，有一名三年级的新生因为不会洗澡而苦恼，案主还协助社工老师帮助那名女学生学会了洗澡洗头。 　　经过这次访谈，我了解到了案主的基本家庭情况和存在的问题。初步的思路是从"问题"和"能力"两个维度出发——缺乏父母关爱与自理能力较强。因为案主是一个性格内向的小女孩，我不希望通过生硬的扳正方式来直接介入，而是通过鼓励的方式先帮助她建立自信，发挥她自理能力较强的优势，让其通过自己的努力逐步来克服习惯方面的弱点。

续表

姓名	胡××		联系方式	1378186×××
性别	女	年级	二	年龄	8

<table>
<tr><td>第二次访谈</td><td>

访谈时间：2016年7月17日下午9点40分

访谈地点：小神童学校操场

经过一个星期的接触，和案主的关系已经进一步拉近。为了帮助案主发挥自己的优势，建立自信，我任命她为班级小组组长，带领本组组员，负责班级卫生的维护。

这一次访谈，我尝试着鼓励案主说出自己担任班级小组组长的体会。案主刚认识只是表达自己能够担任组长非常开心，因为"可以管别人了"。接着我询问案主："你知道老师为什么让你担任小组组长吗？"她摇摇头，然后我提起她帮助高年级同学学习洗澡的事情，启发她的过人之处。听到表扬，案主腼腆地笑了。我进一步对案主说："那么担任了小组长，你感觉你自己要怎么做？"案主想了想说："自己应该表现得好点。""以身作则。"我提示道。

和一周前不愿意说话的她相比，现在她开始主动地向我反映班里同学的表现情况，描述表现不好的同学时，还带着气愤的情绪，虽然我将这些理解为一种希望参与班级管理积极性的表现，但是不得不承认，这其实是一种"打小报告"的行为。除此以外，案主向我表达了上课常常有"坐不住"的困扰。

经过这次访谈，我发现案主除了懂事、会照顾自己外，还有很强的集体意识。下一阶段的我的案主服务目标是进一步帮助案主增能，强化她自强自立的意识；发挥她有集体意识的优点，拓宽其社交圈；配合第三周的"行为纠正"课程，提升其自我管理的能力，自制力，纠正其"打小报告"和"多动"的不良行为习惯。

</td></tr>
</table>

续表

姓名	胡××		联系方式	1378186××××
性别	女	年级	二	年龄	8

第三次访谈	访谈时间：2016 年 7 月 25 日下午 7 点 30 分 访谈地点：小神童学校社工老师办公室 　　这一次访谈的背景是"行为纠正"课程开展一周之后，我们这周的行为纠正课程主要通过"集体静坐反思""生命成长课程""思修知识竞赛"几种方式进行。经过前两周的努力，案主在自信方面已经有了明显改观，课堂小动作也逐渐减少。不过我又发现了新的问题，案主特别喜欢"打小报告"。我认为爱打小报告这种行为的根源还是在于案主对自己处理问题的能力不自信，将问题的判断权交给老师，既满足了自己维护班级秩序的成就感，又逃避了对自己来说棘手的问题。 　　这次访谈是在我的办公室进行的，只有我和案主两个人，但是和前两次一样，我们并没有聊一些关于案主家庭的话题，为了不让案主感觉到这是专门在找她谈话，我以邀请她玩纸牌的方式开头。在玩纸牌的过程中，案主又开始向我打班里同学的小报告。这一次，我中断牌局，并告诉案主，如果自己不能解决问题，仍旧向我打小报告，那我们以后就再也不玩纸牌了。随后我伸出小拇指和案主约定，如果在接下来的一个星期内不打小报告，那么将得到我的"神秘礼物"，案主十分欣然地接受了这个约定。
第四次访谈	访谈时间：2016 年 8 月 3 日下午 4 点 访谈地点：小神童学校社工老师办公室 　　写这次访谈记录时，我们这次的"暑期托管项目"已经临近尾声，近 1 个月的相处，我对案主的情况已经基本掌握清楚，但是不得不说这一个月内的四次个案访谈并没有达到预期目的，而且还存在许多潜在问题。例如：案主是在社工老师的鼓励下逐步增能，她对社工老师有很大的依赖性；由于接触时间较短，我们并没有和案主的家人取得联系，我们的工作重心主要局限于"增能"，倾向于让案主自己走出问题，但从长期看，家庭才是案主成长过程中的最重要的影响因素，社工老师的介入只是暂时的，不可能从根本上解决问题。

续表

姓名	胡××		联系方式	1378186××××
性别	女	年级	二	年龄	8

第四次访谈	上一次访谈过后，案主遵守了约定，在一个星期内基本没有再打小报告，虽然有的时候需要社工老师的提醒，但最终还是坚持下来拿到了"神秘礼物"，这是我和她都十分喜悦的结果。这一次的访谈，我的重心在于启发案主向父母表达爱，唤起父母对她的关心，同时做好我与他的离别情绪处理。 通过与案主的谈话，我了解到案主平时很少与父亲母亲通电话，于是我尝试让她改用写信的方式。案主起初不知道在信里写什么，最后在我的提示下，她将学校里发生的一些小事件写在了信里，在信的末尾，案主还画了一幅爸爸妈妈大哥二哥团聚的"照片"，不禁让人动容。 在离别情绪处理方面，我给案主讲了《小马过河》的故事，告诉她社工老师就好像故事里的其他动物，案主就好像故事中的小马，想要渡过那条河，成为一匹"骏马"，还是要自己来做，别人说的终究不是自己的体会。
备注	在本次暑期托管项目期间，我对案主开展了四次访谈，但是我认为案主很多方面的问题并不能在一个月内得到迅速解决，希望以后可以有机会继续关注案主的后续成长。

四 资源链接

除针对留守儿童开展专业服务外，郑州大学社会工作团队还积极进行资源链接：包括媒体资源链接、NGO资源链接和社会资源链接。

1. 媒体资源链接

在本次项目执行过程中，宝丰县和郑州大学社工系积极进行媒体资源链接，接受了中国新闻社、《工人日报》、香港《文汇报》、《河南日报》、《大河报》、《平顶山日报》等媒体记者对项目的开展情况进行的采访和报道。截至目前，本期项目已经被大公网、人民网、中新网、中国青年网、新华网、香港《文汇报》、《河南日报》、《大河报》、《东方今报》、《平顶山日报》等几十家媒体报道和进行相关新闻转载。

2. NGO 资源链接

本次项目执行中，链接到中国社会福利基金会对项目进行实地考察和走访。中国社会福利基金会副秘书长肖隆君一行三人对几个项目学校进行了探访，其分支基金"免费午餐"的执行长也对这几个学校的餐厅和厨房进行了重点考察，为今后的合作奠定了基础。

3. 社会资源链接

本次项目执行中，成功链接到宝丰县社会各界对该项目的支持和帮助，纷纷到各个项目点进行慰问和资助。平顶山市优秀青年企业家带领员工采购了1200斤西瓜和2000套文具亲自到6个托管中心慰问，并为乡下的4个托管中心各捐助1000元现金。

当地媒体及时对关爱儿童的慈善行为进行了专门的报道，并在地方新闻中播出。这一资源的链接及媒体宣传效应，为项目下一步的开展营造了良好的社会氛围，也令该项目呈现出了政府搭台，群众广泛参与的全新气象。

第四节 "宝丰模式"的管理机制

一 健全组织、加强领导

为进一步做好留守儿童关爱保护工作，维护未成年人合法权益，促进留守流动儿童健康成长。2016年2月，由宝丰县委带头，县妇联负责召开关爱留守儿童专题座谈会，创新工作理念，结合实际，制定工作方案，以县委、县政府两办文件下发了《宝丰县留守儿童网格化管理实施细则》和《宝丰县人民政府妇女儿童工作委员会各成员单位职责》，对相关单位职责进行明确分工。为了加强对留守流动儿童工作的统一领导、管理及跟踪工作，把关爱留守儿童工作落到实处，在全县13个乡镇建立了留守儿童网格化管理工作领导小组。领导小组组长由乡镇党委副书记担任，办公室设在乡镇妇联，由各乡镇妇联主任担任办公室主任。

二 建立档案、动态监测

为全面掌握留守儿童学习、生活及家庭教育现状，宝丰县县妇儿工委对全县13个乡镇0—16周岁留守流动儿童进行排查摸底，规范建档工作，为开展工作提供依据。据统计，全县共有留守儿童3264人，其中男童1824人、女童1440人。通过对留守流动儿童在学习、生活等活动中的表现及健康状况进行调查登记，并将他们父母的通信地址、电话、务工地点以及临时监护人身体状况和文化程度等有关资料进行归档，及时掌握情况，便于此项工作有序进行。

三 建立阵地、夯实基础

在宝丰县建立28个示范性"儿童之家"（见图7—11），构建乡镇政府主管、乡镇妇联牵头，辐射各个行政村的留守儿童服务指导体系，指导各留守儿童之家的建设工作，建立留守儿童家庭档案，对外出务工、经商等家庭情况实行动态管理；开展咨询、受理帮助请求，为留守儿童提供法律援助、扶贫济困和其他帮扶；定期开展慰问，组织留守儿童开展暑期社会实践等公益性活动；同时，引导家庭与学校互动，共同做好留守儿童的家庭教育及管护工作。截至2016年4月底，社会各界爱心人士的捐款已累计两万多元，相关设施配备已全部到位，为留守儿童网格化管理工作顺利开展奠定了坚实的基础。

图 7—11　儿童之家

四　建立爱心队伍、构建微信平台

为进一步拓展妇女儿童工作，宝丰县妇联委员会一是要求各乡镇发挥牵线搭桥作用，通过报刊、宣传栏、短信等渠道，广泛招募"代理妈妈"，党员志愿者、机关干部、职工与留守儿童一对一结对帮扶。为切实发挥好"代理妈妈"队伍的作用，要求在帮扶活动中做到"五个一"，即：每月与留守儿童联系 1 次以上，指导孩子给父母写信或通话 1 次以上，与班主任联系 1 次，与临时监护人沟通 1 次，每年陪孩子过 1 次节日，弥补留守儿童家庭亲情的缺失，不让一个留守儿童成为"有父母的孤儿"。目前，宝丰县共招募到了 98 名"代理妈妈"。二是切实发挥微信网络群在新媒体阵地建设中的作用。在宝丰县 13 个乡镇建立乡镇妇联主任与村妇代会主任微信群和村级妇代会主任与留守儿童家长微信群，尝试用微信服务的方式来推动妇联工作，加强同妇女儿童的沟通交流。乡镇妇联主任与村妇代会主任微信群，定期发布工作信息、情况通报，加强交流互动。村级妇代会主任与留守儿童家长微信群，针对留守儿童缺少关爱、父母教育缺位等问题，为留守儿童家长搭建交流家教体验、传播科学家教知识的平台。目前，县级微信群已建立，入群人数 27 人。13 个乡镇微信群已建立，入群人数 148 人。48 个行政村建立微信群，入群人数 123 人。

五 "宝丰模式"的运行特点

"宝丰模式"之所以会受到留守儿童家庭乃至社会的普遍认可，首先是其满足了留守儿童及其家庭的迫切需求；其次，其运行机制也为整个项目的顺利实施提供了组织保障、资金保障、责任承担以及服务品质保障。并且，随着外出务工人员增多，越来越多的儿童成为留守儿童，这个情况不局限于某个城市，某个县市，已经成为整个社会需要面对和解决的问题，留守儿童问题是否能够妥善解决直接关系到每个家庭的幸福，也直接关系到国家和民族的未来，"宝丰模式"探索出一条解决农村留守儿童问题的有效路径，具有很重大的社会意义，自然而然会得到社会的普遍认可！

具体而言，有以下特点：

1. 组织保障：政府主导，促成多方合作

在"宝丰模式"中，当地政府始终扮演主导及统筹角色，从最初的项目方案的设计到政府购买社会组织模式的建立以及促成与专业社会工作团队的合作，政府机构都起到了举足轻重的作用。

2013 年，宝丰县政府就开始探索政府购买社会组织服务的实践路径。2013 年 6 月由宝丰县民政局社工指导中心和民管办根据宝丰县社会组织的现状，研究确定了具有资质的社会组织承接政府购买留守儿童社会工作服务，并和社会组织签订购买服务的协议。协议签订后，政府又指导社会组织招募合适的大学生和志愿者参与托管工作（见图7—12）。

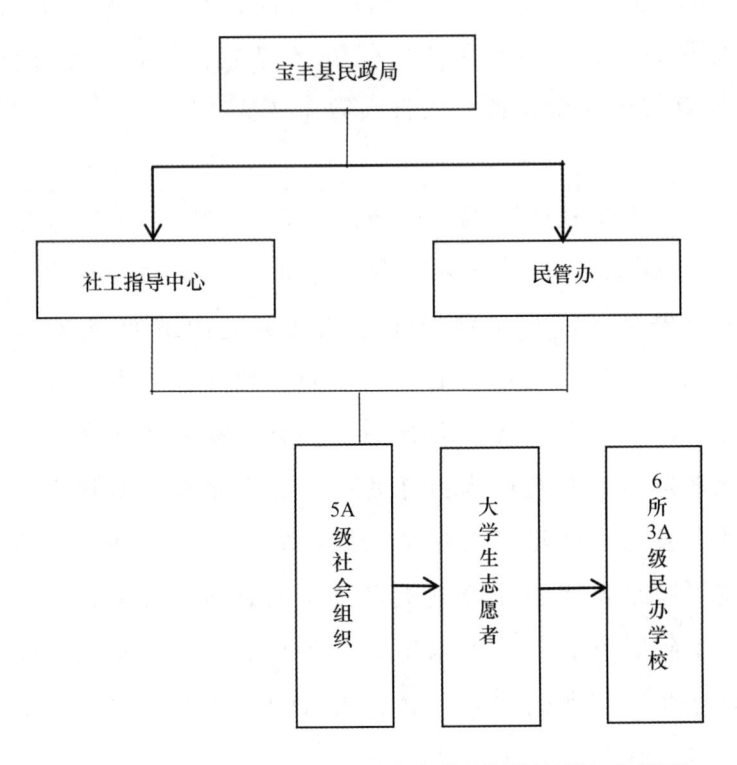

```
           宝丰县民政局
           ┌──────┴──────┐
        社工指导中心      民管办
           └──────┬──────┘
     ┌────────────┼────────────┐
  5A级社会组织 → 大学生志愿者 → 6所3A级民办学校
```

图7—12　2013年民政局启动留守儿童托管项目初始模型

2013年项目虽然取得了显著成效，但作为项目负责部门的宝丰县民政局也开始意识到政府扮演了过多的服务角色，要逐渐由主导部门和服务者变为引导者和监督者。2014年初，宝丰县民政局就开始积极联系设置有社会工作专业的高校，以获取专业团队的支持。2014年5月，宝丰县民政局与郑州大学社会工作系签订了"合作建设社会工作服务示范区战略协议"，并在宝丰县建立了郑州大学社会工作实践基地暨社会工作专业人才培训基地，以此平台为基础，一方面培养宝丰县当地的社会工作人才，另一方面让社会工作专业人才参与项目，应对一期项目无法解决的问题，确保项目的服务质量。2016年，在民政部门的统筹和建议下，各个托管学校和社会力量成为了项目主要角色，各学校的积极性与能动性得到充分发挥，走出了宝丰县留守儿童托管项目多样化、特色化的道路。

2. 资金保障：政府出资，确保项目持续推进

宝丰县民政局在《2013年关于"留守儿童暑假日间托管项目"实施方案》中明确规定，购买社会组织进行社会服务的资金由政府财政承担，项目工作费用由民政局办公经费承担。2013年宝丰县财政投入8000元，确保了一期项目的顺利实施。

2014年宝丰县财政共投入13万元，其中12万用于六个项目试点，1万元用于项目后期的服务评估。六个承办单位一经确定，政府便向每个中心拨付了1万元的启动资金，用于师资及志愿者招聘，项目结束后又根据每个学校招收儿童的人数及其实际开支进行了补贴和奖励。经成本核算，当地农村学校一个月的人均餐费约为300元，六个承办单位主动将就餐费用减免为200元，不在学校吃住的留守儿童则全部免费。

2015年宝丰县政府投资30万元，投入到十五个项目试点中。政府的财政投入确保了项目的公益性，在政府承担主要责任的同时也强调了家庭和社会责任，其具体的执行标准得到了留守儿童家长的一致认可。

由于项目开展3年以来形成的对留守儿童的关怀沉淀与良好的社会效应，2016年7月初，7所项目承担学校积极主动奉献爱心和资源，除学生的意外伤害险是政府出资外，其余资金均为学校自承担，将留守儿童托管项目打造成为回馈家乡群众、帮助留守儿童成长的社会公益项目。

3. 责任承担：政府出面，为儿童购置商业保险

留守儿童中最为棘手的问题就是监管缺失以及监管责任的承担问题，留守儿童会因监管缺失而面临较多的个人安全隐患。宝丰县"留守儿童暑期日间托管项目"是以留守儿童的安全监管作为切入点而设计的。为了更加有效地确保留守儿童的人身安全问题，首先，在项目实施前明确划分责任主体，打消社会组织参与暑期留守儿童托管服务项目的疑虑。其次创新工作解决方式，引入商业模式，购买商业保险。宝丰县民政局在2014年项目启动之初，便以政府的名义与当地商业保险公司进行了合作洽谈，最终为每一个承办服务的民办学校统一购买了为期一个月的集体意外伤害保险。宝丰县政府为托管中心的留守儿童购置了意外伤害保险的做法，很好地解决了社会组织的后顾之忧，充分调动了他们承接社会服务的积极性。

4. 服务保障：专业团队+志愿团队+当地专业人才培养

"宝丰模式"中的具体服务由两个服务团队提供，一为与当地政府合作的高校专业团队，二为政府委托每个托管中心面向社会招聘的师资以及大学生志愿者团队（见图7—13）。在项目的执行中，二者有着明确的分工和职责。高校社会工作的定位是为项目设计科学合理的执行方案，明确不同阶段的项目执行重点，并为托管中心的留守儿童提供专业社会工作服务；面向社会招聘的师资以及大学生志愿者则需要承担留守儿童生活以及学习辅导方面的责任。民办学校的校长为托管中心的负责人，具体部署和安排工作。专业团队和志愿者各司其职，相互配合，为留守儿童服务提供了品质保障。

此外，宝丰县近年来也非常注重本土社工人才队伍的培养和建设。2011年11月，宝丰县委、县政府联合印发了《宝丰县中长期人才发展规划（2010—2020年）》（宝文〔2011〕181

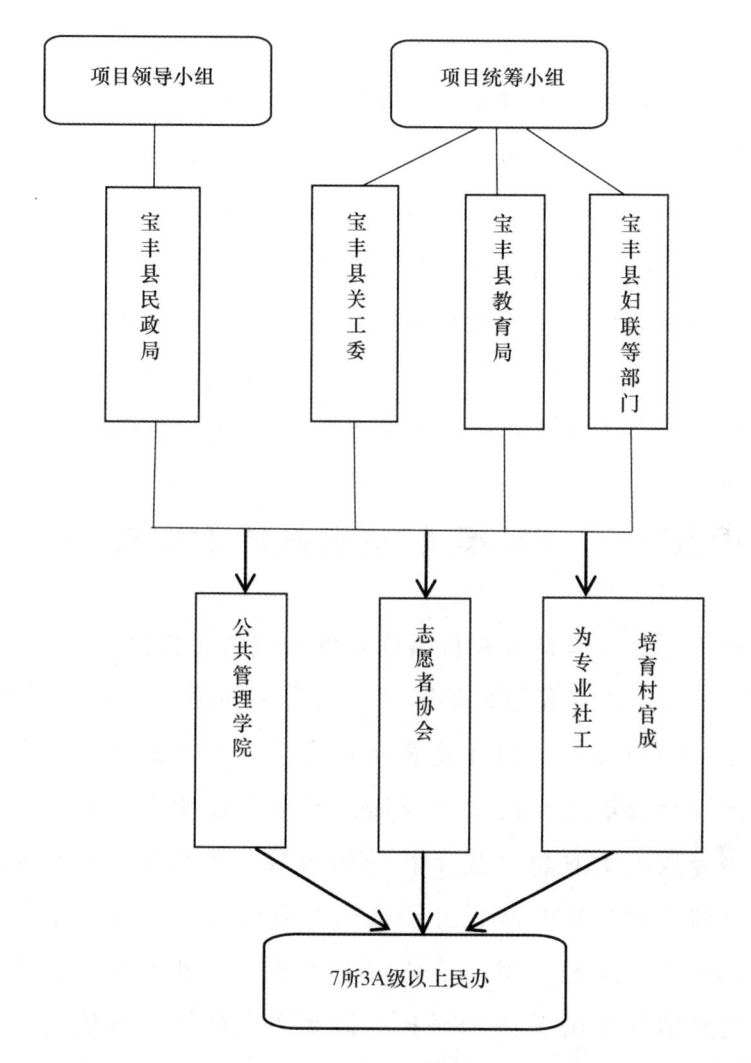

```
                    ┌──────────────┐      ┌──────────────┐
                    │ 项目领导小组 │      │ 项目统筹小组 │
                    └──────┬───────┘      └──────┬───────┘
                           │             ┌───────┼────────┐
                    ┌──────┴───┐   ┌─────┴──┐ ┌──┴───┐ ┌──┴──────┐
                    │ 宝丰县   │   │ 宝丰县 │ │宝丰县│ │ 宝丰县   │
                    │ 民政局   │   │ 关工委 │ │教育局│ │ 妇联等   │
                    │          │   │        │ │      │ │ 部门     │
                    └────┬─────┘   └───┬────┘ └──┬───┘ └────┬────┘
                         ▼             ▼         ▼          ▼
                    ┌─────────┐  ┌─────────┐ ┌──────────┐
                    │ 公共管理│  │ 志愿者  │ │ 培育村官 │
                    │ 学院    │  │ 协会    │ │ 成为专业 │
                    │         │  │         │ │ 社工     │
                    └────┬────┘  └────┬────┘ └────┬─────┘
                         └────────────┼───────────┘
                                      ▼
                           ╭──────────────────────╮
                           │ 7所3A级以上民办       │
                           ╰──────────────────────╯
```

图7—13　2016年7月"宝丰模式"运作模型

号），为社会工作专业人才建设设定了具体的目标，即到2020年，宝丰县社会工作人才总量达到1000人，其中助理社会工作师500人，社会工作师350人，高级社会工作师150人。为了实现这一目标，宝丰县积极采取了开发与设置社会工作岗位、建立健全社会工作人员职业水平评价制度体系、组织社会工作人员参加社会工作师职业水平考试，以及为在岗社会工作专业技术人才发放补贴等多项措施。比如，宝丰县民政局组织统一培训，考试费用全部报销，鼓励全单位的部门人员均考取助理社会工作师证，还大力倡导各村的村官参与培训，以每个月发放200元补助为激励措施，使这些本土化专业的社工团队扎根于宝丰县的各个角落，全面覆盖并且服务于宝丰县所有人。这些举措使宝丰县形成理解尊重、关心支持社会工作专业人才的良好社会氛围，激发了广大社会工作专业人才的工作热情和创造潜能，也为留守儿童等项目的可持续发展储备了专业人才。

第五节 "宝丰模式"的实践意义和推广价值

一 社会工作介入农村留守儿童治理的现实意义

近年来，留守儿童的抑郁症自杀案例和溺水事件层出不穷，引起全社会的关注。留守儿童问题是当今突出的社会问题。随着中国社会政治经济的快速发展，越来越多的青壮年农民走入城市，导致广大农村产生了特殊的未成年人群体——农村留守儿童。留守的少年儿童正处于成长发育的关键时期，他们无法享受到父母在思想认识及价值观念上的引导和帮助，成长中缺少了父母情感上的关注和呵护，极易产生认识、价值上的偏离和个性、心理发展的异常，一些人甚至会因此而走上犯罪道路。

根据权威调查，中国农村目前"留守儿童"数量达到了6122.55万人，其中河南省有654.8万，居全国第二。57.2%的留守儿童，父母一方外出，42.8%的留守儿童，父母同时外出。留守儿童中的79.7%由爷爷、奶奶或外公、外婆抚养，13%的孩子被托付给亲戚、朋友，7.3%为不确定或无人监护。

随着人口的迅速增长和城市化进程的加快，农村的人口越来越多，而农村的劳动力供给却满足不了劳动力需求，这就导致越来越多的青壮年都选择在城市务工。这样的情况下，由于其经济能力不足，孩子只能留在家中，和父母分离。很多外出打工者选择把孩子交给孩子的爷爷奶奶、外公外婆，有的还会把孩子交给自己的兄弟姐妹照顾。

像千千万万留守儿童的父母亲一样，文化程度不高的黄某，本想通过背井离乡努力挣钱，给孩子们创造更好的学习成长环境。可现实是，孩子们的生活条件好了，求学之路也不再艰难，但学习成绩却远远达不到他们的期望。"孩子，一定要好好学习！"这位姓黄的家长说。"嗯、嗯、嗯……"在电话那头，10岁的这个孩子不停地点头。对话中这是一对父女，家住平顶山市宝丰县商酒务镇。这位家长现在在苏州一家建筑工地上打工，孩子是宝丰县星光文化艺术学校小学四年级（1）班的学生。多年来，他们最频繁的感情交流就是通过电话。

父母在外地工作，常年不回家，和孩子聚少离多，因此孩子很难感受到自己父母带来的爱，很容易产生对父母的偏见。同时导致不爱跟别人交流，孤僻冷漠，缺乏爱心。也有的孩子因为不在父母身边，少了相应的约束，会变得自由散漫，不爱学习，容易加入不良少年的队伍，常常会以打架解决问题。在这样的信息化时代，很多尤其是农村的孩子，对外面的世界知道的少之又少，消息更是闭塞。这样使得他们很难形成正确的人生观和价值观，从而对他们未来的发展产生很大的影响。因此，留守儿童的社会帮扶项目的长期落实，对庞大的留守儿童群体及留守家庭而言，都具有非常重要的现实意义。

二 "宝丰模式"的推广价值

近年来，我国各地都将农村留守儿童问题作为现阶段的重大社会问题给予了高度重视，政府将留守儿童关爱服务工作纳入经济社会发展总体规划和社会管理创新总体部署，进行顶层设计，统筹推进。但从目前各地对留守儿童群体的介入情况来看，对这一群体的社会保护仍停留在政策摸索阶段，留守儿童在家庭环境、年龄、性别方面的差异决定了留守儿童需求的多样化以及问题的复杂性，致使已有的介入手段存在诸多局限。

已有的介入手段普遍存在以下问题：第一，介入周期短，缺乏长期可持续项目。第二，介入层面浅，无法满足农村留守儿童及其家庭最迫切的需求。第三，多头治理，资源重复投入。从现有的介入主体来看，政府的不同部门以及诸多社会组织都有不同程度的介入和干预，但多个主体之间缺乏组织和协调。从已生成的项目运行状况来看，倡导性的项目多于已经付诸实践的项目，短期项目多于周期性、长期项目。在这种状况下，"宝丰模式"的创建从服务内容、成效以及运行机制方面来看，都颇具实践意义和推广价值。

1. 项目设计以需求为本，具有长期性和建设性

（1）满足了农村留守儿童暑期安全监管的需求

需求是一个项目存在以及持续发展的根本，是否满足服务对象的需求是评判一个项目优劣的首要指标。留守儿童的需求虽然多样和复杂化，但是其人身安全以及教育问题是其家庭最关切的问题。

在2016年郑州大学公共管理学院社工对宝丰县留守儿童的一次需求评估中发现，通过随机抽样获取的478个留守儿童样本中，有47.1%的留守儿童在暑期的度假方式上选择了"待在家里"，有19.5%的留守儿童选择了"找朋友玩"，有8.6%的留守儿童选择"去亲戚家"，只有5.4%的留守儿童选择"去父母打工的城市"度假。而在这些儿童中，父母均外出务工的占到30.1%，约占留守儿童总数的1/3，其中寄宿生占到了

96.3%，有55.6%的儿童与祖父母一起居住。这些留守儿童平时基本由学校进行监管和教育，暑期离校后大多由老人监管或者处于无人监管的状态。留守儿童的度假方式既单调又存在较大的安全隐患，每年暑假留守儿童意外伤害的事件屡有发生，留守儿童假日监管缺失成为其外出务工父母最为担心的问题，监管也是留守儿童家庭最为迫切的需求。"宝丰模式"以保障暑期儿童的安全为切入点，同时引入专业团队为留守儿童全面增能，满足了留守儿童及其家庭最迫切的需求。

（2）满足了贫困留守儿童暑期教育的需求

农村留守儿童中有很大一部分属于贫困儿童。在总数为478名的留守儿童调查样本中，56.9%的儿童家庭经济状况不太好，11.3%的儿童家庭经济状况较差。在农村，不少留守儿童家庭没有经济能力为孩子报名收费较高的托管班与兴趣班，一些农村地区也基本没有这种性质的暑期辅导班。宝丰县"留守儿童暑期日间托管项目"是公益性的，留守儿童凭当地村委会证明，交纳少量餐费就可入托或免费入托，这种公益性的项目，自然能够吸引诸多贫困的留守儿童家庭。

（3）满足留守儿童综合发展的需求

在宝丰县2016年的Ⅱ期项目中，每个托管中心都常驻社工专业师生4—5人，服务团队对中心内所有的留守儿童进行了需求评估，确定了为留守儿童赋权，通过专业服务增强留守儿童人际交往能力、情绪处理能力、应对意外伤害的自我保护能力、健康生活的自理能力、自觉自主的学习能力的服务目标。为期一个月的专业服务覆盖到了当地862个留守儿童，围绕项目目标设计了27个服务主题，策划并实施了58个小组活动，开展了33次个案服务，并为每个案主建立了服务档案。通过项目效果的评估，不少留守儿童的综合能力有了显著提升，参与评估的862名儿童中，88.9%的儿童表示喜欢托管中心。

2. 项目运行机制科学合理，充分整合社会资源

2016年的"宝丰模式"已经不同于之前政府购买社会服务的简单框架，当地政府通过资源整合、责任承担、财政保障以及政策引导形成留守儿童的社会共治模式。

（1）政府部门间的资源整合

在2016年的项目运行中，宝丰县形成专门的项目领导小组和统筹小组，项目发起部门仍为宝丰县民政局，但统筹小组则联合了宝丰县关心下一代工作委员会。部门间的联合在很多问题的解决上以及资源的链接和动员上都颇具优势。在2016年的工作规划中，宝丰县政府已经计划将"留守儿童暑假日间托管项目"纳入办公会议，将由县级领导出面成立专门的领导小组，整合民政局、关工委、共青团、妇联以及地方的媒体部门资源，共同推进工作。这种工作模式有效整合了不同部门的资源，避免了不同部门对同一目标群体的重复投入和盲目投入。

（2）社会资源的整合

近年来，各地政府都在积极探索政府购买社会组织服务的实践路径，从已有的模式上看，基本是一对一的合作关系，而在宝丰模式中出现了参与主体的多元化。

首先，当地政府在调动社会组织的积极性方面做了大量的前期工作，宝丰县民政局民管办充分了解了社会组织参与政府购买的主要顾虑，通过为托管中心整体购买学生意外伤害保险的方式消除了其承办服务的顾虑，同时政府财政也为项目运行提供了资金保障。

其次，当地政府促成与高校专业团队的合作。两者的合作从严格意义上来讲并非一种购买关系，高校社会工作发展也需要积累本土经验，参与社会实践，这种合作关系是基于双方需

求达成的。

再次，社会工作专业团队的入驻除其本身专业知识的整合之外，也链接到了大量的社会资源。社会工作者的职能之一便是进行资源链接，在2014年的项目执行过程中，六个试点的社工专业师生除面向留守儿童的服务之外，还积极进行了资源链接。社会工作者具有较强的品牌建设和宣传推广的意识，其首先对媒体资源进行了资源链接，截至项目结束，全国几十家知名新闻媒体都对该项目进行了综合报道，有不少为整版报道。此外，社会工作者也进行了NGO资源方面的链接，某国家级基金委已经对项目进行实地考察和走访，确定了长期的合作。此外，在项目执行过程中，社会工作者还成功链接社会各界对项目的支持，平顶山市优秀的企业家带领员工采购了水果和玩具亲自到六个托管中心进行慰问，并为每个托管中心捐赠了现金。

"宝丰模式"最大的创新点就是充分调动了社会各界的力量，形成多中心参与社会治理模式，为关爱留守儿童创造了良好的社会氛围，形成留守儿童问题的社会共治模式。在这一过程中，当地政府的角色和努力是关键的。

第八章　社会工作介入社会治理的"宝丰模式"的总结与展望

古语"郡县治，天下安"，同样适用于当代中国。习近平总书记在20世纪90年代初就指出，"县一级工作好坏，关系国家的兴衰安危"。在他看来，县是承上启下的一级，县一级治理在国家治理中居于重要地位，同时也对维护整个社会的和谐稳定起着基础性的作用。① 当前我国正处于经济转轨、社会转型的关键时期，在社会发展取得辉煌成就的同时，一系列社会深层的矛盾开始凸显出来。党的十八大以来，党中央坚持以民为本、执政为民理念，把民生工作和社会治理工作作为社会建设的两大任务，高度重视、大力推进，改革发展成果更多更公平惠及全体人民。此外，中共十八届三中全会提出"推进国家治理体系和治理能力现代化"的改革发展目标。社会治理体系作为其重要组成部分，这既是改革的系统性、整体性、协同性的必然要求，也是国家和社会进步的必然要求。

社会治理是一个十分广阔的领域，在社会发展中占有重要地位，同时也是社会发展的助推力量。为此，本书经过实地调

---

① 张广昭、陈振凯：《"郡县治天下安"的高端思考七常委参加县级民主生活会启示》，《人民日报》（海外版）2014年6月26日。

研，以河南省宝丰县社会工作介入社会治理所取得的经验、方法为研究点，全面剖析社会工作介入社会治理的新模式。河南省宝丰县人民政府在2014年通过采取政府购买社会工作服务的方式，整合社会各界力量，连续两年开展留守儿童暑期托管项目，在社会治理工作中积累了大量经验，既解决了留守儿童的难题，又调动了民办教育参与社会治理的积极性。经过两年多的实践探索，该县逐渐形成政府购买服务、民间组织承办、专业社会工作人员以及社会各界力量积极参与的社会共同治理模式。为了更好地了解该项目的持续开展情况，以及总结宝丰县社会工作介入社会治理经验，2016年7月8日，郑州大学调研小组一行通过一周的查阅搜集资料和实地调研，分别对宝丰县6所参与留守儿童托管项目的学校负责人、教师、留守儿童，以及留守儿童家长进行了详细和深入的访谈，从调查结果来看，绝大多数儿童和家长对于项目的服务是持满意态度的。无疑，该县的社会工作介入社会治理工作取得了长足进步，已经走在了全河南省前列。

第一节 宝丰县社会工作介入社会治理的概要回顾

一 宝丰县社会工作介入社会治理的主要做法

社会工作的专业化是确保社工机构公信力及社工服务优质性的前提。为确保社工介入社会管理的专业性，该县政府在社会工作购买的过程是通过多家民间机构公平、公开的程序进行招标，极力培育一批信誉好和素质高的社工机构参与社会管理及社会服务。宝丰县从注册社工职业资格、确立社工专业地位等方式致力于打造一支专门化的社工队伍。在注册社工职业资格方面进一步明确社工岗位的资格标准，制定政府指导标准价格下的社工协议薪酬制度，建立社工注册管理制度，鼓励传统社会管理从业人员通过培训和参加国家职业资格考试取得社工职业资格。

宝丰县社会工作介入社会治理新突破。在引入社会工作介入社会治理创新的几年中，宝丰县在不断的探索与实践中感受到社工专业服务给社会管理带来的巨大变化。如2013年该县司法局把实际工作与社会工作有效结合，这种结合主要表现在：社会工作人员协助社区矫正；法律援助对象需要社会工作人员对他们进行心理疏导；为破解传统社会管理模式中居民办事难，政出多门的难题，宝丰县在引入社会工作服务的同时进一步整合资源，创建了以社区为核心的多位一体服务模式，从而取得了良好的治理效果。具体的做法是，做大社区平台，社区中的服务岗位和服务项目全部由政府向社工机构购买。这样，既方便了社区居民的办事效率，又拉近了社工与居民的关系。

二 宝丰县社会工作介入社会治理创新的主要成效

宝丰县依托开展留守儿童假日托管社会工作服务项目为突破口，借鉴国内外社会治理经验，结合本地实情现状，切实探索出了一种满足基层需求的社会治理格局，并逐步完善了基层治理的硬件设施，进一步加强和完善了基层社会治理模式。通过政府主导，其他组织积极参与协调，形成了民众踊跃参与的社会治理新格局。在宝丰县政府积极推进社工服务介入社会治理创新的几年中，宝丰县政府各项工作已初步取得较好的成效，已经初步建立起"政府推动民间运作"为主要特征的现代社会治理体系，社工服务遍及全县各个乡镇，社工服务涉及民生需求和弱势群体、帮扶等十多个领域，服务质量总体良好，社工的专业认同感在逐步提升。总结近几年发展经验，深切地感受到宝丰县的社会工作介入社会治理创新正是立足本土的特点，将西方社会工作价值理念、方法与在本地具体的经济状况、政治体制、文化传统和社会氛围相结合，并根据制度建设、专业角色分工与社会服务效果为依据，形成了以制度介入、专业角色介入与社会服务介入三位一体的长效机制（见图8—1）。

图8—1 对乡镇工作人员进行访谈

总结其经验如下：

第一，政府发挥积极主导作用。政府是主导社会工作介入社会治理的重要推手，在宝丰县，整个政府的相关部门都对社会工作介入社会治理体系非常重视，不仅从政策制定和资源整合层面上制定指导细则，而且政府投入很大经费购买社会机构的服务，不断完善社会管理岗位设置、编制设立及人才培训设立机构。

第二，激发了民间组织整合社会力量，使其提供专业服务。十八届三中全会通过的《中共中央关于全面深化改革若干重大问题的决定》提出:"正确处理政府和社会关系,加快实施政社分开,推进社会组织明确权责、依法自治、发挥作用。适合社会组织提供的公共服务和解决的事项,交由社会组织承担;支持和发展志愿服务组织;限期实现行业协会商会与行政机关真正脱钩,重点培育和优先发展行业协会商会类、科技类、公益慈善类、城乡社区服务类社会组织,成立时直接依法申请登记。加强对社会组织和在华境外非政府组织的管理,引导它们依法开展活动。"[①] 宝丰县政府依据《决定》精神,并结合本县实际情况,有效地调动社会各界力量实现多元共治、社会协同。吸纳更多的人员参与到其中,充分调动社会组织进行社会治理,使其能够在治理的过程中发挥自身的作用;结合使用不同的社会治理手段和方法,建立有效的应对激化社会矛盾相关问题的机制,从而为社会的经济发展健康、和谐和稳定夯实了根基。

第三,加强对社会治理公共安全体系建设,健全了监督机制。社会治理离不开群众的踊跃参与,基层社会稳定脱离不了治理机制的健全。宝丰县通过进一步完善社会治理机制建设,加大对人力、物力、财力的投入,扎实打造了健全的基层社会服务体系建设,从而为社会主义和谐社会建设奠定了扎实的基础,提升基层社会发展能力。

第四,立足民生实际,解民生之所需。宝丰县的暑假留守儿童托管项目,立足民生实际,既秉承了传统社会在新时期发展的规律,又实现了新环境下的有效创新,在加强党的基层建设、推动社区治理现代化、促进城乡经济发展等方面都具有典型的示范意义。在社会工作介入社会治理的进程中,该县通过持续的落实、完善各种政策制度和机构的设立,进一步推进社会工作介入

[①] 《中共中央关于全面深化改革若干重大问题的决定》,中国共产党十八届三中全会通过,2013年11月15日。

社会治理实践工作。并探索建立一套完整的流程评价、监督与考核体系。另外，在落实方面做到更加精准化、精细化，以构建网状治理体系，通过信息化平台建设等多元化的手段和方式，探索提升基层治理能力与基层善治的长效机制，进而为推动基层善治提供机制保障，实行多元化主体参与。各职能部门通过不断加强自身建设，积极调动与激发社会力量和社会资源的共同参与。最重要的是该县坚持传承和创新相结合。充分发挥媒体的宣传导向作用，从而在深度、广度上取得持续的进展，不断总结宝丰在创新改革和发展中的新思想、新观点、新成就，已经形成可复制、可推广的试点经验。从而真正做到了社会工作介入社会治理创新与发展的统一，理论与实践的统一。

第二节 宝丰县社会工作介入社会治理的实践意义

一 社会工作是介入社会治理的现实需求

社会工作与社会治理存在着高度的契合性。社会治理借助国家机器系统与社会组织系统的协调配合，从而实现对社会的有效治理，达成资源整合、利益协调、风险管理、公共服务、社会发展五大功能，并通过专业服务，主要为弱势群体提供专业帮助。社会工作正是以独特的专业视角介入，社会治理中的各个方面并可以从中发挥重要作用。

社会工作最早起源于西方，是一门专业和职业化工作，发展至今已有100多年的历史。它遵循以人为本、助人自助、平等公正的专业价值观，运用专业知识、技能和方法，整合社会资源帮助有需要的个人、家庭、群体和社区，协调社会关系，预防和解决社会问题，提高国民生活质量，促进社会和谐稳定。

我国自20世纪80年代中后期开始引入专业社会工作以来，社会工作实现了迅速发展，在社会治理中凸显出积极的助推作用。随着我国社会转型的加速和改革的深入，一些深层次的社会矛盾和社会问题不断凸显，为了解决存在的现实难题，中央十八届三中全会从"推进国家治理体系和治理能力现代化"的高度提出要创新社会治理体制，并从改进社会治理方式、激发社会组织活力等角度对创新社会治理体制做出顶层设计，把社会工作引入到社会治理层面上，从而赋予社会工作促进和谐社会建设之重任。

1. 社会工作介入社会治理的作用。费孝通先生在《社会学概论》中讲道："社会工作就是在党和政府的领带下，应用各种社会力量，包括民间的和各种团体的力量对群众的社会生活、福利事业进行管理。其中特别是对丧失和缺失适应社会生活能力的人采取适应措施，帮助他们恢复健全的社会生活，维护社会秩序，保持一定的社会制度的牢固与发展。"由此可见，社会工作与社会治理存在着高度的契合性。

2. 社会工作介入宝丰县社会治理概括。2014年初，民政部在全国范围内开展了首批社会工作服务标准化建设示范创建活动。河南省宝丰县被民政部确定为全国社会工作服务示范地区，首批61个示范区中，宝丰县是河南省唯一的县区示范点。宝丰县人民政府和郑州大学分别作为社会工作服务示范地区和从事社会工作教学研究单位（见图8—2），为贯彻落实国家相关文件精神以及推进我省社会工作的整体发展进行了合作洽谈，并于2014年5月签署了"合作建设社会工作服务示范区战略协议"，实施开展了"宝丰县留守儿童假日托管项目"合作，项目坚持政府主导、突出公益，由政府出资委托3A级以上社会组织承办。该项目采取政府购买服务的模式，依托民办学校设立了六个留守儿童暑期托管中心，由政府出资向这些民办学校购买留守儿童的托管服务。通过专业的社会工作服务，不仅将服务辐射至留守儿童的家长、教师及社区居民，又整合社区资源，构建多元化、可持续发展的模式。宝丰县人民政府创新社会治理模式，采取政府购买社会工作服务的方式，整合社会各界力量，创新开展社会工作方式，把社会工作作为切入社会治理的立足点。以该县留守儿童假日托管社会工作服务项目为例，既深入分析基层社会对社会工作的需求，同时也反映出全国社会工作发展状况和空间。

图 8—2 郑州大学社会工作实践活动启动仪式

宝丰县人民政府以社会工作为切入点来探讨社会治理的创新，采取政府购买的形式，制定购买原则，遴选项目承办单位，并和郑州大学公共管理学院合作组建项目领导小组项目统筹小组，构建组织公众平台，保障项目运行和专业服务品质。在实施过程中，不仅对项目的运行机制进行提炼，尝试建立可复制、可面向全国范围推广的留守儿童社会工作服务的长效机制，而且在组织建设和服务保障机制上下大功夫，确保了主体责任的划分和具体责任的落实。该县民政局作为具体实施主体责任单位，不仅凸显出政府责任、家庭和社会责任，同时也减轻了承办单位对托管儿童安全的后顾之忧，充分显现出社会治理对构建和谐社会的积极作用。

二 社会工作是介入社会治理精细化管理的载体

治理和管理一字之差，体现的是系统治理、依法治理、源头治理、综合施策。自党的十八届三中全会首次将"社会治理"的概念提出来后，受到社会各阶层的广泛关注和讨论。这一理念的提出，不仅是对当前社会管理制度的自我更新，更是对构建未来社会制度的精细化转变。同时，也是党和国家对过去社会管理模式的反思，是社会建设理念的调整和完善。在社会的治理过程中，政府的角色和承担的部分社会治理的职能更多是转移到公共组织中，形成了政府主导、公共组织、社会多方参与共同治理的新局面。凝聚成社会建设与发展的合力，从而达到社会治理效能最大化。

推进社会治理关键在于政府和社会多方参与主体的无缝式对接，要发挥社会工作专业的优势，把其纳入到治理体系中，发挥出作为社会治理主体应有的作用。要激活全社会的活力，形成新的社会治理格局，实现社工服务助推社会治理创新，重建社会信任。社会治理所强调的是社会多种行为主体的共同参与、协商与共同管理。其中，社会工作具有不可或缺的作用，它通过专业化的服务，起到协调各种社会矛盾、预防和化解社会风险的效果。从2014年宝丰县积极推进留守儿童假期托管服务项目以来，并依托社会工作服务介入社会管理的几年中，宝丰县取得了较好的成绩。初步建立起了政府主导民间参与的模式，社会工作服务在该县得到了群众的普遍认同。

三 社会工作介入社会治理的现实意义和路径探索

虽然改革开放后我国各项事业取得了飞跃式的发展，经济增长取得了较好成绩，人民生活特别是基本民生得到了一定改善，但是经济社会持续发展也遇到新的问题。这种在一定程度上受新自由主义影响的发展政策带来了对社会公平正义的伤害，贫富差距持续加大，弱势群体虽然获得一些关照但其被边缘化的程度在加深。随着GDP崇拜下对城市化、土地财政思路的选择，各种社会矛盾不断积累，官民矛盾愈加尖锐。在这种大背景下，党的十六届四中全会提出的"建立健全党委领导、政府负责、社会协同、公众参与的社会管理格局"再次以更加集中和突出的方式提上议事日程，社会治理这一政府日常用语也成为政府和学术界关注的核心话题。十六届六中全会在构建和谐社会的总部署中对发展社会工作强化公共服务和社会管理给予的高度重视就反映了新的期待。近年来，宝丰县政府十分关注社会治理，并期望社会工作能在其中发挥协同作用，以十八届三中全会创新性地提出社会治理的治国思路，结合本县实情，定位于社会工作必须在新的框架下找准所需服务社会、参与创新社会治理的介入点。

1. 政府主导社会工作介入社会治理创新工作

社会工作是现代社会的社会制度之一，其社会职能是通过解决困难群体等基本民生问题而促进社会和谐、实现社会工作，这些与共建共享的社会治理是相通的。宝丰县成立了由政府和相关部门组成的项目领导小组，负责全县社会工作介入社会治理的协调机制，并在县民政局设置社会工作中心具体负责事项的具体推进与协调（见图8—3）。该县推进社会工作介入社会治理的最大特色就是民间力量积极参与运作，政府在向民间机

图8—3 项目实施学校一角

构购买公共服务时，主要做法是采用购买社会工作服务这种方式，大力培育一批信誉好、素质高的社工机构参与社会治理和社会服务。

2. 社会工作的专业化是保障社工优质服务的前提

为确保社工介入社会治理的专业性，宝丰县政府从注册社工职业资格、确立社工专业人才培训等方式致力于打造一支专业化的社工队伍。通过对全县大学生村官进行筛选（见图8—4），鼓励大学生村官通过培训和参加国家职业资格考试取得社工职业资格，使他们转岗为服务基层社会的社会工作者。这些措施是宝丰县政府以社会工作为切入点对社会治理模式的探索，同时也化解了专业性人才缺失的难题，具有积极的现实启示意义。

在引入留守儿童暑期托管项目中，该县政府在不断的探索与实践中感受到社会工作给社会治理带来的巨大变化。宝丰县政府以留守儿童暑期托管项目为社会治理切入点，综合布局，逐步建立起以社会工作推动现代化管理的体系。社会工作涉及民生需求和弱势群体帮扶的多个领域，服务质量总体优良。总

图 8—4　调研人员深入基层和大学生村官交谈场景

结近几年的发展经验，宝丰县的社会工作介入社会治理创新正是立足本县实际情况，有针对性地寻找解决矛盾的主要抓手，利用社会工作专业化服务化解发展中的难题。并形成了以政府主导、专业服务介入、综合治理的新路径，同时也对社会秩序产生了积极影响。

3. 宝丰县社会工作介入社会治理的切入点

该县在社会治理的体系构建中，让社会工作充分发挥着独特的专业本质功能，并以新时期的转型、社会的转轨、现代化的推进，为社会工作介入本县社会治理创造了广阔的空间。从先进国家社会工作所取得的好方法、好经验来看，介入社会治理是社工专业发展的使命。王思斌教授认为，社会工作是一种帮助人和解决社会问题的工作。它帮助社会上的贫困者、老弱者、身心残障者和其他不幸者；预防和解决部分经济困难或生活方式不良而造成的社会问题；开展社区服务，完善社会功能，提高社会福利水平和社会生活素质，实现个人和社会的和谐一致，促进社会的稳定与发展。

4. 宝丰县社会工作介入社会治理路径探索

第一，社会治理是相关各方在沟通、协商的基础上，基于共识而进行的对相关事务的管理，是一种合作共治。社会治理是多方的共同治理，它强调协商、共识的达成，强调相关各方的平等参与而不是权力的行使或强制。这里的"多方"不只包括在社会管理中有权力的政府部门和权力群体，也包括被治理的对象。宝丰县政府在社会治理工作中始终发挥着主导作用，从启动"留守儿童暑期日间托管项目"开始之初，就积极探索政府购买社会组织服务的实践路径，进而促成政府与专业社会工作团队的合作。这些体现出政府在以社会工作参与社会治理过程中的积极实践。另外，在政府职能转变中充分发挥出主动性，处处体现出从关怀民生为工作出发点，并使社会工作以社会治理为切入点，在民生工作中取得了良好的治理效果，从而促进了各项事业的发展。

第二，宝丰县在取得经济快速发展与社会全面进步的同时，传统的社会管理模式也面临着挑战，社会矛盾日渐凸显，暴露出深层次的问题，从而迫使政府职能进行转变。在这种经济快速发展带来社会矛盾交织的情况下，如何处理好传统社会管理的问题，寻求一种制度性的方式推动民间力量参与并形成有效的机制，在激发社会内在活力的同时，积极调动民众力量，成为摆在该县政府面前的议题，由此，专业社会工作介入社会治理成为现实的新课题。

第三，在对社会工作介入社会治理工作的探索中，宝丰县政府始终深入贯彻落实科学发展观，把该项工作作为全县重点民生工程的立足点，加强和创新社会管理，社会建设取得新进步。基本公共服务水平和教育事业迅速发展，从而促进社会保持和谐稳定。2013年6月，由宝丰县民政局社工指导中心和民管办根据宝丰县社会组织的现状，首先在全县范围内筛选具有

第八章 社会工作介入社会治理的"宝丰模式"的总结与展望 / 277

3A级教学资质的社会组织承接政府购买留守儿童社会工作服务，并和社会组织签订了购买服务协议（见图8—5）。这就在源头上确保了该项目的可靠性和安全性。其次，宝丰县民政局在和社会组织签订购买服务协议后，政府又指导社会组织招募合适的大学生和志愿者参与项目主体实施中，并由社工指导中心对项目开展进行全程监督，加强了在服务质量的保障。最后，在一期项目取得了显著的成效后，该县民政局开始由主导者和

图8—5 承办学校获得的资质奖牌

服务者变为引导者，从政府职能转变为引导社会组织力量的多方参与，形成政府购买、社会组织承办、专业社会工作介入以及社会力量积极参与的社会共治模式。（见图8—6）

图8—6　调研人员调查社会工作介入社会治理需求情况

第四，在留守儿童暑期托管项目实施过程中，一方面，宝丰县政府通过公平透明的竞争促进了民间机构的积极进取精神，同时实现政府与社工机构的良性互动。另一方面，社工机构为了能够取得政府的购买服务,就必须不断地调整机构的服务方向,各个机构根据政府及社会管理的需求设计了针对各类弱势群体的社工服务,并且逐步提升社工服务的专业化服务水平以赢得群众的满意。

第五,借助外部资源提升本土公共服务水平。宝丰县政府通过和郑州大学公共管理学院签订了社会工作人才培养实践基地(见图8—7),依托郑州大学社会工作专业,对新社工进行有针对性的辅导,在试点前期,郑州大学社会工作专业督导的主要内容包括提供社工实务建议、传授社工专业知识与技巧提供社工精神支持等。同时,参与社工机构和岗位的设置与评估。正是借助了郑州大学社会工作专业的先进经验,宝丰县的社工服务介入社会管理创新一直保持着较好的专业化水准。又在管理模式创新上有重大突破,其不仅完成了对公共资金合理合法使用的责任,也提升了民间组织服务社会的公信力。

图8—7 郑州大学社会工作学生暑期实践

第三节 社会工作介入社会治理的总结与展望

一 社会工作介入社会治理的借鉴价值

从"社会管理"到"社会治理"的新格局概念的转变。管理和治理虽然只一字之差,但后者却宽泛而富有弹性,其兴起于20世纪80年代末,是学术界颇为热门的术语,但始终没有统一的定义。联合国下属的全球治理委员会在1995年发布了一份题为《我们的全球伙伴关系》的研究报告,对治理做了明确的界定:"治理是各种公的或私的个人和机构管理其共同事务的诸多方式的总和。它是使相互冲突的或不同的利益得以调和并且采取联合行动的持续的过程,它既包括有权迫使人们服从的正式制度和规则,也包括各种人们同意或认为符合其利益的非正式的制度安排。"[1]

1. 将"社会管理"提升为"社会治理",有助于正确处理政府与社会的关系

从社会发展趋势来看,社会治理符合国家与社会关系的政治理论。[2] 在《家庭、私有制和国家的起源》中,提出了马克思主义的国家观,认为国家只是一个历史现象,不是从来就有的,而是社会发展到一定历史阶段的产物,国家产生于社会,也必然会随着社会的发展而逐渐消亡。西方政府失灵和福利国家危机现象都表明了国家中心论的衰落,公民社会理论成为政治学主流思潮。无论马克思主义"国家—社会"中的社会,还是西方"国家—经济领域—公民社会"中的公民社会,都离不

---

[1] 全球治理委员会:《我们的全球伙伴关系》,牛津大学出版社1995年版,第23页。
[2] 何增科:《论改革完善我国社会管理体制的必要性与意义》,《毛泽东邓小平理论研究》2007年第8期。

开国家与社会的关系。① 在社会治理的框架体系下,公民和社会组织有权参与社会活动,能够共同参与公共管理,发挥社会主体地位,从而有机会反映自身诉求,解决社会问题,激发社会活力。社会管理讲的是政府职能,社会治理讲的是社会中多主体的公共合作治理,社会治理中内在地包含了政府所做的社会管理;被包容在社会治理中的政府社会管理,将不再仅仅是刚性维稳、强力管控,会越来越体现为"柔性社会管理"。政府以外的机构和个人也将在社会治理中发挥越来越大的积极作用,成为政府的合作伙伴。

2. 将"社会管理"提升为"社会治理",也表明了一种积极的社会治理观

十八届三中全会通过的《决定》中提出了创新社会治理体制的理念和目标,"必须着眼于维护最广大人民根本利益,最大限度增加和谐因素,增强社会发展活力,提高社会治理水平,全面推进平安中国建设,确保人民安居乐业、社会安定有序"。这一理念和目标实质是三个统一:一是激发社会活力与促进社会和谐的统一,二是促进人与社会共同发展的统一,三是体现在发展中保持和谐与在和谐中推进发展的辩证统一,② 实质上是倡导了一种积极的社会治理观。如深圳的"社工+义工"联动模式,有三个特点。一是政府主导。主要表现为社工岗位由政府开发,社工服务主要通过政府购买。二是充分整合社工与义工资源。"社工+义工"联动治理模式旨在通过社工引领义工,义工辅助社工,整合社工与义工两支队伍,优化社会工作人力资源,形成优势互补,共同服务于社会需要,提升公共服务的

---

① 麻宝斌、任晓春:《从社会管理到社会治理:挑战与变革》,《学习与探索》2011年第3期。

② 韩庆祥:《为什么要创新社会治理体制?》,《光明日报》2013年12月12日。

质量。三是借鉴香港经验与本土化相结合。深圳"社工+义工"联动模式是在充分借鉴香港社会服务经验的基础上逐渐发展起来的。借鉴香港经验促进了社工服务的规范化、专业化。

3. 社会工作介入社会治理能够有效稳定社会秩序

社会工作既是一项科学的助人活动，也是一种社会制度，成为现代社会解决社会问题的制度化手段，成为国家保障人民生活、维护社会正常运行的必不可少的一部分。社会工作是社会治理的支持条件，在创新社会治理体制中发挥着重要作用。社会工作被赋予促进和谐社会建设之重任，与社会工作的性质及活动特征有关。社会工作的本质特征是为有困难的人提供社会服务，并帮助其渡过难关。社会工作的前身是慈善活动，最初的"友善访问员"不但对遭遇困难者予以同情，而且对其施以援手，帮助他们渡过难关。后来，社会工作将服务理念、服务方式方法制度化，以保障良好的服务效果。可以说，社会工作真心实意为困境人士服务的情怀，从服务对象的需要出发开展的服务，以平等和尊重为基础的互动，细致的、关照到服务对象心理反应的工作方法，不但向服务对象传递着服务，而且向他们传递着理解和温暖，营造着社会资本。在服务对象的行为出现偏差时，社会工作者也以与人为善的态度对其施以援手，帮助他们重建合理的行为方式和生活方式。社会工作者用心倾听着服务对象的心灵呼声，通过同理、服务、陪伴和同行，"用生命影响生命"，自然会促进社会的和谐。

社会工作的第一目标就是解决困难群体生活困难的情况，通常来讲就是满足基本衣食住行等生理需求，社会工作的重要任务就是对生活上有困难的人给予必要帮助，促使困难群体恢复正常生活，如通过社会工作帮助下岗职工再就业、帮助流浪者有居所等。社会工作能够减少导致民生问题的一些因素，改善民生福祉，如促使失业者重新就业，使贫困者得到救济，使鳏寡孤独人群得到安置，使受灾者得到救助等，①促进人民的安居乐业。

4. 社会工作能够有效促进流动人口的社会融合

流动人口是因我国户籍制度而产生的一个概念，指离开了户籍所在地到其他地方居住的人口，目前尚无明确、准确和统一的定义。流动人口的社会融合问题是当前社会治理亟待破解的难题，事关社会和谐稳定大局，必须高度重视。②目前我国流动人口的社会融合水平较低，流动人口缺乏社会认同和归属感。通过政策路径可以使流动人口的身份从"乡里人"变为"城里人"，或者从"外来人"变为"本地人"，但是这仅意味着流动人口市民化的实现，并不意味着流动人口实现了社会融合。市民化只是社会融合的前期阶段，社会融合包括经济立足、社会适应、文化交融和心理认同四个方面，只有满足上述四个方面，流动人口才是真正地融入了城市社会。但是仅仅通过政策途径难以实现心理认同，促进流动人口的社会融合需要科学、专业的工作方法介入。社会工作者可通过社会工作专业方法，帮助流动人口了解并适应城市生活方式，纠正流动人口的负面自我评价，顺利地融入城市社会。③社会工作能够有效促进犯罪人员的再社会化。所有文明社会中都存在违法犯罪的现象，对罪犯必须进行惩罚、强制性改造。罪犯改造是再社会化的重要形式之一，罪犯通过再社会化，可学得一定的劳动技能，树立法制观念，加强社会责任感，改变过去的恶习和生活方式等，促使

---

① 李迎生：《社会工作概论》（第二版），中国人民大学出版社 2010 年版。
② 张春生、杨菊华：《应重视解决流动人口的社会融合问题》，《中国党政干部论坛》2012 年第 11 期。
③ 高春凤：《社会工作介入流动人口城市社区融入的思考》，《社会工作》2010 年第 5 期。

其由被迫接受改造向自我约束、自我教育的状态过渡。

5. 社会工作是基于利他主义为社会成员提供社会服务的职业

因此，社会工作必定能在以强调服务的社会治理中发挥举足轻重的作用。社会工作实施社会政策，把社会政策从文本变为现实，也为社会成员提供个性化服务。强调服务的社会治理模式才可能使社会实现"善治"。社会工作者通过他们的专业性社会服务可以从深层次上改善社会关系，化解社会矛盾，促进社会和谐。还有，社会工作不但是社会福利服务的传递者，它还是社会正义的维护者。当作为工作对象的社会成员的问题是由社会政策缺失、政策实施扭曲等制度和结构因素所致时，社会工作者会成为社会正义的卫道士，去谋求推动不合理政策的改变。社会工作者的改变政策的行为并不意味着与现有政策的激烈冲突，在许多情况下是通过说理、示范、正反对比等方法实现的。社会工作者以自己追求社会进步的坚定信念和坚韧的、脚踏实地的努力，去寻求社会政策的改变，以促进人类福祉和社会的发展，这与创新社会治理的目标是一致的。

6. 社会工作介入社会治理能够有效增强治理的合法性

传统的社会管理常常是自上而下的管理。在这种管理中，被管理者既无权参与决策，也无权参与管理的实施过程。有学者提出，社会在治理对象缺场的情况下，在完全不了解群体的生存状况、喜怒哀乐，也不了解被治理者主体感受的情况下就自上而下地去控制他们甚至清理他们，这种把边缘人群完全"他者化"的强者心态是非常可怕的，不但不能实现善治及巧治，反而根本上会损害构建和谐社会的根本目标。另外，当今许多群体性事件发生的原因，很多是因为利益的各方，尤其是管理者与被管理者缺乏应有的沟通与协商，各方当事人的需要不能被对方理解，最后利益不能得到协调，冲突因此而起。

社会工作可以推动组织的成立与成长，社会成员以组织化力量参与协商治理。就像当前很多社区中，社会工作者推动成立了诸多兴趣小组、行业加强组织、维权组织等。组织比个人更有力量，这些组织在各种关系到自身利益的博弈中能参与协商，他们的声音能够得到应有的重视。比如在社区拆迁中，社区组织可以跟政府、开发商一起坐下来协商以平衡各方利益。

社会工作者通过政策倡导参与协商治理。社会工作者既提供社会服务也要进行研究。他们在与案主的互动中了解案主的生存状况和存在的问题。社会工作的系统理论告诉我们个人是社会的一部分，个人因素与社会环境是息息相关的。通过政策倡导去促进政府或相关组织改变现有的措施。社会工作者甚至可以组织社会运动以引起大众和政府关注而改变现有的制度环境。虽然在短期内可能破坏了秩序，但是从长期来看则有利于促进社会的和谐。因此，社会工作体现了协商治理的精神，会大大提高社会治理的合理性与合法性。

二 社会工作介入社会治理的前景展望

社会工作在社会治理层面发挥的基本功能是增进社会融合、促进社会秩序。社会工作对于社会问题的假设是困境人士缺乏社会支持，社会的冷漠化使自己能力不足又缺乏社会资本的人士陷入困境。社会工作就是要承担起修补社会漏洞、传递人文关怀、重建社会网络的责任。这种帮助对当事人来说是一种社会福利服务，它可以尽量弥合当事人与外部环境的裂痕，促进社会整合与社会融合。社会工作的社会整合与社会融合功能可以通过社会工作的福利服务实现，也可能通过社区重建和政策倡导来实现。在社会解构的情况下，社会工作通过服务可以帮助人们重建社会网络、重建社区。在政策缺位、政策滞后的情况下，社会工作者就要通过政策倡导、完善社会政策来维护群众权益，在制度层面解决现实的和潜在的社会问题，从而促进社会秩序。

长期以来，中国社会工作采取的是政府主导、教育先导、服务回应的发展战略，社会工作顶层制度设计与社会工作底层实务推进没有实现同步，影响了社会工作的全面发展，造成了宏观和微观的区隔。下一步，要继续抓好社会工作顶层制度设计，为底层项目实施提供方向和政策依据，避免地方和一线机构因开展项目缺乏政策指导而出现的项目针对性不强、满意度不高等问题。要围绕制度主体研究制定社会工作行政机构建设、社会工作服务组织发展等方面政策；围绕制度内容建立健全社会工作专业人才培养、评价、使用、激励以及社会工作服务推进与督导评估等方面政策；围绕制度环境制定政府购买社会工作服务以及志愿者队伍建设等方面政策；围绕服务领域制定出台社区矫正、人口计生、医疗卫生、防灾减灾等领域专门政策；围绕管理服务环节加快标准研制步伐、建立健全社会工作标准体系，切实提升社会工作的法制化、标准化和规范化水平，形成条块结合、环环相扣、涵盖广泛的宏观社会工作政策体系；要抓好社会工作底层项目实施，既为顶层制度政策落实提供实践基础，又为顶层制度设计调整完善提出实践参考和底层需求，避免政策不接地气、流于形式等问题。社会工作的专业理念只有在服务民生中才能得到彰显，专业方法只有在基层实践中才能得到有效运用，政策效果只有在项目工程中才能得到检验。

就结合宝丰县在社会工作介入社会治理中所取得经验来看，还存在着不足，我们认为应该从以下几方面加强完善，使社会工作真正适应并融合基层实情，使之切实成为破解基层社会治

理中发展问题的治理手段,并为基层社会治理提供好的方法和思路:

1. 社会工作发展要注重主体培育

遍布城乡社区的各类社会工作服务组织特别是民办社会工作服务机构,作为社会治理中的新兴主体,相对于其他主体来讲,发展基础最为薄弱,但对转变政府职能、改善治理方式却起着至关重要的作用。下一步,要抓好前期扶持,扩大民办社会工作服务机构数量,实现外延式规模扩张。以民办社会工作服务机构孵化基地为契机,通过提供服务场所、启动经费、简化登记程序、引进专业社工人才等措施,积极支持各地孵化一批专业性强、制度规范、服务水平高的民办社会工作服务机构。要抓好后期发展,提高民办社工机构服务效能,实现内涵式质量提升,深入研究社会需求,开发服务产品,为民办社会工作服务机构植入更多的社会工作项目。通过加强标准管理、推动行业自律、强化社会监督,全面提升社会工作服务机构内部治理能力、专业服务能力和资源整合能力,使机构获得自我管理、自我成长、自我发展的长期生命力。

2. 社会工作发展要注重资源整合

政府、学校和社会组织之间良好的伙伴关系是社会工作发展和社会工作专业化的决定性力量。宝丰县社会工作最大的本土化优势在于从诞生之日起就走了一条政府、学校和社会组织合作发展的道路,一定程度上使社会工作专业化、职业化和大众化有了相对均衡的起点,较短时间内取得了显著的发展成效。下一步,需要推进政社分开、政事分开和简政放权,政府的责任主要在行政资源的顶层推动,通过政策建构和行政手段着力解决影响社会工作发展的政策性、宏观性和机制性问题,引领社会工作发展方向,构建社会工作发展格局;高等院校、科研院所的责任主要在专业人才资源的集聚储备，通过学历学位教育和持续培训着力解决社会工作专业人才的数量和素质问题，增强社会工作专业能力，提高社会工作专业地位；社会组织的责任在于社会资源的吸纳使用，通过开发岗位、开展项目着力解决社会工作实务创新和深化问题，拓展社会工作服务、践行社会工作使命；要加强三种资源之间的互联互动，保证整体合力；要将党委政府的领导、高校专家的指导和社会组织的督导紧密结合，着力解决政策制度、专业教育与一线服务相互脱节、各自为政的问题，用好政策杠杆、教育杠杆和服务杠杆，促进资源的合理流动，最终形成分工合作、责任共担的社会工作服务体系。

3. 社会工作发展要注重环境营造

社会工作作为一种酝酿社会活力、激发社会系统优化升级的正能量，对联结社会主体、配置社会资本、促进社会协商、挖掘社会潜能具有重要影响。各类社区组织和广大社会组织是蕴藏社会活力的富矿，也是社会工作的重要载体。良好的社会治理不仅需要运行高效的行政管理体制，还需要充满活力的社会协调机制。下一步，要充分调动公益性、服务性组织的主动性和积极性，为它们参与协商、开展活动、发挥作用、激发活力创造更大的空间，真正使它们成为政府的好帮手、百姓的好伙伴。另外党委政府要主动作为，对各类社会工作主体既不能不放手，也不能大撒手，理顺多元治理主体之间的关系，避免出现因治理主体缺位、越位、失位导致失灵问题产生。要加快形成社会生活共同体，主动发展、引导、促进、支持社会工作主体发挥作用，要充分发挥社会工作协调机制在社会治理方面的独特作用，利用社会工作专业人才宣传倡导、组织动员、资源策动等方面专业优势，引导和发动广大群众、志愿者、社区组织和社会组织参与社会事务。

从宝丰县的社会工作的发展和参与社会治理所取得的经验和效果来看,社会工作为介入社会治理创新提供了新的经验,但是社会工作参与和促进社会治理体制创新的制度条件还没有建立起来,这里最主要的是政府特别是社会治理主导部门对社会工作的基本作用和职能的看法需要进一步确立,社会工作人才队伍发展和发挥作用的制度应进一步建立,社会工作在社会治理体系中的地位和角色要进一步明确,社会工作的能力建设还应进一步加强。以宝丰县的社会工作介入社会治理为案例来剖析,可以预见,我国未来社会工作人才队伍建设将取得质的飞跃,社会工作在我国社会治理创新中的地位将进一步提升,角色将进一步凸显,空间将进一步拓展,成为推进社会建设、发展社会事业、实现伟大中国梦的一支不可替代、不容忽视的重要力量。

参考文献

1. 《中国共产党第十八次全国代表大会报告》，2012年。
2. 《中国共产党第十九次全国代表大会报告》，2017年10月18日。
3. 《中共中央关于全面深化改革若干重大问题的决定》，中国共产党十八届三中全会通过，2013年11月12日。
4. 《中共中央关于构建社会主义和谐社会若干重大问题的决定》，中国共产党十六届六中全会通过，2006年12月29日。
5. 《国家中长期人才发展规划纲要（2010—2020年）》，2010年6月7日。
6. 《宝丰县人民政府2016年政府工作报告》，2016年2月16日。
7. 《宝丰县人民政府2017年政府工作报告》，2017年6月8日。
8. 王思斌：《社会工作导论》，高等教育出版社2013年版。
9. 孙立亚：《社会工作导论》，中国财政与经济出版社1999年版。
10. 何国良、王思斌：《华人社会社会工作本质的初探》，香港：八方文化企业公司2001年版。
11. 王刚义：《社会工作学》，吉林大学出版社1990年版。

12. 王思斌：《社会工作概论》，高等教育出版社 2014 年版。

13. 俞可平：《治理与善治》，社会科学文献出版社 2000 年版。

14. ［美］道格拉斯·诺斯：《制度、制度变迁与经济绩效》，上海三联书店 1994 年版。

15. ［美］伊恩·罗伯逊：《社会学》下册，商务印书馆 1991 年版。

16. ［美］詹姆斯·马奇、［挪］约翰·奥尔森：《重新发现制度》，生活·读书·新知三联书店 2011 年版。

17. ［美］O. 威廉姆·法利、拉里·L. 史密斯、斯科特·W. 博伊尔：《社会工作概论》（第 9 版），隋玉杰等译，中国人民大学出版社 2005 年版。

18. 柳拯：《规律与模式：从制度视角建构中国本土社会工作》，中国社会出版社 2010 年版。

19. 全球治理委员会：《我们的全球伙伴关系》，牛津大学出版社 1995 年版。

20. 李迎生：《社会工作概论》（第二版），中国人民大学出版社 2010 年版。

21. 胡锦涛：《坚定不移沿着中国特色社会主义道路前进为全面建成小康社会而奋斗》，《人民日报》2012 年 11 月 9 日。

22. 姜晓萍：《国家治理现代化进程中的社会治理体制创新》，《中国行政管理》2014 年第 2 期。

23. 周昌祥：《创新基层社会治理的有效方式：以服务为本的社区社会工作》，《社会工作》2014 年第 2 期。

24. 王思斌：《以社会工作为核心实现服务型治理》，《中国社会科学报》2015 年 1 月 23 日。

25. 李晓慧：《社会工作专业的国际新定义》，《中国社会工作研究》2015 年第 1 期。

26. 范燕宁：《在对现实世界的批判反思中把握社会工作的专业本质》，《社会工作》（学术版）2006年第10期。

27. 夏学銮：《论社会工作的内涵和外延》，《萍乡高等专科学校报》2000年第2期。

28. 张康之：《社会治理的价值》，《国家行政学院学报》2003年第5期。

29. 李立国：《创新社会治理体制》，《中国民政》2014年第1期。

30. 刘美玲：《社会工作对留守儿童成长问题介入的模式探索》，《成都信息工程学院学报》2007年第22期。

31. 皓凯英：《学校社工介入农村留守儿童问题的必要性与可行性探讨》，《郑州航空工业管理学院学报》2012年第6期。

32. 张广昭、陈振凯：《"郡县治天下安"的高端思考七常委参加县级民主生活会启示》，《人民日报》（海外版）2014年6月26日。

33. 何增科：《论改革完善我国社会管理体制的必要性与意义》，《毛泽东邓小平理论研究》2007年第8期。

34. 麻宝斌、任晓春：《从社会管理到社会治理：挑战与变革》，《学习与探索》2011年第3期。

35. 韩庆祥：《为什么要创新社会治理体制？》，《光明日报》2013年12月12日。

36. 张春生、杨菊华：《应重视解决流动人口的社会融合问题》，《中国党政干部论坛》2012年第11期。

37. 高春凤：《社会工作介入流动人口城市社区融入的思考》，《社会工作》2010年第5期。

38. 《民政部关于进一步加快推进民办社会工作服务机构发展的意见》，2014年4月17日，中华人民共和国民政部官网（ht-

tp：//www.mca.gov.cn/article/zwgk/fvfg/shgz/201404/20140400622265.shtml)。

39.《走进宝丰》，2015年11月7日，宝丰县政府门户网站（http：//www.baofeng.gov.cn/publicfiles//business/htmlfiles/bfxzfw/zjbf/index.html)。

40.《宝丰县人民医院将实施医养结合，打造医疗康复新模式》，2015年12月4日，大河网（http：//news.ifeng.com/a/20151204/46528289_0.shtml)。

41.《宝丰县留守儿童暑期托管中心开始运行》，2014年7月3日，河南省教育网（http：//news.haedu.cn/dsjj/pds/093540qjHl.html)。

后　　记

　　自从1987年社会工作专业在北京大学建立以来，中国内地的社会工作发展已经有了三十多年的历史，经过三十多年的重建与发展，社会工作在国内粗具规模。中共十八届三中全会明确了"创新社会治理体制"的任务，提出了"社会治理"的全新理念，党的十九大又进一步提出要打造共建共治共享的社会治理格局，加强社会治理制度建设，完善党委领导、政府负责、社会协同、公众参与、法治保障的社会治理体制，这表明了党和政府对过去维稳式社会管理的反思，对新的社会管理方式的探索，对现代国家治理体系和治理能力现代化的积极实践。社会工作作为一种科学的助人服务活动和社会力量，对共建共享社会治理格局也有自己的追求，并在此过程中承担着不可替代的作用。而且重要的是，社会工作与共建共享的社会治理具有同构性，二者之间高度契合。

　　近年来，河南省宝丰县在社会工作专业人才培养、社工机构培育、开展社工专业服务等方面进行了积极有效的探索和实践，取得了良好的成效。2007年宝丰县被民政部确定为社会工作人才队伍建设试点，2014年宝丰县被民政部确认为社会工作服务示范地区，成为全国仅有的两个农村示范地区之一。为了梳理和总结社会工作介入社会治理的"宝丰模式"，并做出行之有效的推广，我们开展了此次关于河南省平顶山市宝丰县社会工作介入社会治理的相关研究，试图通过实证研究的方法，分析宝丰县近年来在社会工作方面进行的先行探索和积极创新，总结探索过程中的经验，并立足宝丰县的实际情况，提出进一步的发展目标。

从2015年6月开始，经过前期准备，中间两次实地调研，后期两次材料补充，到最终完成21万余字的《社会工作参与社会治理——基于宝丰县的实地调查》，整个研究过程历时三年，课题组投入了大量的时间和精力。在整个课题调研和本书写作过程中，刘学民教授总揽提纲的拟定和全书的写作修改工作，韩煜旻老师、许冰老师、桂玲玲老师、李照作老师多次参与了课题讨论与课题调研，公共管理学院的硕士研究生徐茜、汤晨、雷云翔、梁亚丹、白倩云、何梦、周慧婷、何殁、张鹏远、陈含秋、凡东伟、谷庆紫、杨婷、刘晓文、王柏秀、段阿玉、齐一鸣、张浩、陈怡璇和孙永哲同学无论在课题调研、材料补充还是本书写作中都付出了大量的劳动，特别是在后期的写作修改过程中，孙永哲和陈怡璇两位研究生做了大量工作。同时，我们的调研和写作也得到了宝丰县委、县政府和相关局委、乡镇领导和同志们的广泛支持和帮助，宝丰县县长许红兵同志、副县长胡进栓同志高度重视，多次对调研工作进行指导和部署，民政局局长杨天照、何四军，副局长王亚龙，社工中心指导主任张秋等同志都为课题的调研做了大量组织和服务工作。如果没有这些支持和帮助，我们根本无法顺利完成课题的研究，无法将本书呈现给大家，可以说这本书是大家集体智慧的结晶。在此，我向所有为之辛勤付出的朋友表示衷心的感谢。

刘学民

2018年11月27日

于郑州大学